Das Thema mobilisiert Emotionen. „Wer nicht arbeitet, soll auch nicht essen." Für wen gilt das? Wie soll es gelten? Soll es überhaupt gelten? Wer soll auf Arbeit angewiesen sein, um sein Brot zu verdienen? Wie ist die vorhandene Arbeit zu verteilen? Unter welchen Bedingungen soll der Zugang zu sozialstaatlichen Leistungen stehen?
Das sind Fragen, um die man nicht herumkommt. Spätestens mit der Ausbreitung der Massenarbeitslosigkeit geben sie sich als gesellschaftliche Grundsatzfragen zu erkennen. An sie knüpfen konfligierende Interessen und Anschauungen. Die Auseinandersetzung um sie ist entsprechend konfliktreich. Über Notwendigkeiten, das gesellschaftliche Verhältnis von Arbeiten und Essen zu reorganisieren, läßt sich viel reden. Aber damit ist sozialwissenschaftlich erst wenig gesagt. Denn Politik an den Grenzen des Arbeitsmarktes muß sich in einer turbulenten Umwelt zurechtfinden. Alte Solidaritäten, Interessenkonvergenzen und Kollektiv-Akteure erodieren, die Ausbildung neuer zeichnet sich nur undeutlich ab. Um die Zukunft von Arbeitsmarkt und Sozialer Sicherung im Kontext von Individualisierungs- oder Sozialisierungsprozessen sind zur Zeit zähe Interpretationskämpfe in Gang. Man muß sie verstehen lernen, um in ihnen zu bestehen.

Der Autor, geboren 1948, ist Wissenschaftlicher Mitarbeiter am Wissenschaftszentrum Berlin für Sozialforschung. Er lehrt Soziologie an den Universitäten Frankfurt und Klagenfurt.

Arbeiten und Essen

Passagen Gesellschaft

Passagen Gesellschaft

Herausgegeben von

Georg Vobruba

Georg Vobruba
Arbeiten und Essen

Politik an den Grenzen des Arbeitsmarkts

Passagen Verlag

Deutsche Erstausgabe

CIP–Titelaufnahme der Deutschen Bibliothek

Vobruba, Georg:
Arbeiten und Essen: Politik an den Grenzen des Arbeitsmarkts/Georg Vobruba. – Dt. Erstausgabe. – Wien: Passagen-Verl., 1989
(Passagen Gesellschaft)
ISBN 3-900767-33-5

ISBN 3-900767-33-5

Graphisches Konzept: Ecke Bonk, Düsseldorf 1988
Satz: Fuldaer Verlagsanstalt
Druck: Interpress Budapest

Inhalt

Für Dieter Seefranz
(1941 – 1983)

Vorwort

Das Thema mobilisiert Emotionen. „Wer nicht arbeitet, soll auch nicht essen." Für wen gilt das? Wie soll es gelten? Soll es überhaupt gelten? Wer soll auf Arbeit angewiesen sein, um sein Brot zu verdienen? Wie ist die vorhandene Arbeit zu verteilen? Unter welchen Bedingungen soll der Zugang zu sozialstaatlichen Leistungen stehen?

Das sind Fragen, um die man nicht herumkommt. Spätestens mit der Ausbreitung der Massenarbeitslosigkeit geben sie sich als gesellschaftliche Grundsatzfragen zu erkennen. An sie knüpfen konfligierende Interessen und Anschauungen. Die Auseinandersetzung um sie ist entsprechend konfliktreich. Über Notwendigkeiten, das gesellschaftliche Verhältnis von Arbeiten und Essen zu reorganisieren, läßt sich viel reden. Aber damit ist über die Möglichkeiten solcher Reorganisation sozialwissenschaftlich erst wenig gesagt. Denn Politik an den Grenzen des Arbeitsmarkts muß sich in einer turbulenten Umwelt zurechtfinden. Alte Solidaritäten, Interessenkonvergenzen und Kollektiv-Akteure erodieren, die Ausbildung neuer zeichnet sich nur undeutlich ab. Um die Zukunft von Arbeitsmarkt und sozialer Sicherung im Kontext von Individualisierungs- oder Sozialisierungsprozessen sind zur Zeit zähe Interpretationskämpfe im Gang. Man muß sie verstehen lernen, um in ihnen zu bestehen.

„Arbeiten und Essen" steht in engem Zusammenhang mit zwei weiteren, von mir herausgegebenen, Bänden: *Strukturwandel der Sozialpolitik* und *Der wirtschaftliche Wert der Sozialpolitik*.

Der Großteil dieses Buches entstand im Zuge meiner Arbeit am Wissenschaftszentrum Berlin für Sozialforschung, Forschungsschwerpunkt Arbeitsmarkt und Beschäftigung.

Berlin im Juni 1989 *Georg Vobruba*

Grundlegungen

Arbeit

Dimensionen des Begriffs

Die Bedeutung des Begriffs Arbeit entfaltet sich in zwei Dimensionen. Arbeit bedeutet einerseits Mühsal, Last, Bewältigung des Notwendigen und andererseits die spezifisch menschliche Art des Umgangs mit der Umwelt, Selbstkonstitution des Menschen, Selbstverwirklichung. Diesen beiden Bedeutungsdimensionen entsprechend finden sich in zahlreichen Sprachen Begriffspaare.

Das Griechische unterscheidet zwischen *poein* und *ergazestai*, das Lateinische zwischen *laborare* und *facere* beziehungsweise *fabricari*, das Französische zwischen *travailler* und *ouvrer*, das Englische zwischen *labour* und *work*, das Deutsche zwischen *arbeiten* und *werken* beziehungsweise *schaffen*. (M. Riedel)

Das Etymologische Wörterbuch von Kluge und Götze (1953) führt das Wort „auf ein germanisches Verbum ‚arbejo' zurück, was soviel wie ‚bin ein verwaistes (und deshalb zu mühevoller Arbeit verdingtes) Kind' heißt." (Fetscher 1983: 56)

Im historisch frühen Sprachgebrauch scheint die Bedeutung von Arbeit als Mühsal stets zu überwiegen. Es läßt sich dies schon mit dem biblischen Fluch „im Schweiße deines Angesichts sollst du dein Brot essen" (1. Mose 3.19) belegen. In den antiken Klassengesellschaften galt Arbeit sozial um so minderwertiger, je direkter sie der Bewältigung des existentiell Notwendigen diente und je mehr sie Körpereinsatz verlangte. Gesellschaftsideal war Muße, sei es, um zurückgezogen privat, sei es, um engagiert in öffentliche Angelegenheiten – Politik – zu leben. Arbeit als Notwendigkeit blieb Sklaven überlassen, worauf die Gesellschaften zwar ruhten, die selbst jedoch außerhalb der Gesellschaft zu existieren hatten. Gegen die sklavenhaltenden antiken Klassengesellschaften, gegen die müßiggehende Oberschicht, richtete sich das frühe Christentum, etwa mit dem Satz des Apostel Paulus „Wer nicht arbeitet, der soll auch nicht essen" (2. Tess. 3.10).

An der gesellschaftlichen Minderwertigkeit von Arbeit änderte sich lange Zeit nichts. An der Spitze der mittelalterlichen Gesellschaftshierarchie stand der Waffentragende, dessen Aufgabe die Kriegsführung und keinesfalls Arbeit war. Der Status bäuerlicher Arbeit war, entsprechend der Abhängigkeit des Agrarvolkes von den waffentragenden Rittern, niedrig. Zunehmende gesellschaftliche Aufwertung erfuhr die Arbeit erst mit der Ausbildung spezifischer Stadtkulturen. Die Tätigkeit der Handwerker, die dies betraf, wurde freilich jeweils nach ihrer Zunft bezeichnet. Arbeit als abstrakter Überbegriff handwerklicher Tätigkeit existierte nicht.

Der Aufstieg der Bedeutung von Arbeit in gesellschaftspraktischer und gesellschaftstheoretischer Hinsicht erfolgte mit dem Umbruch zur Neuzeit. Praktisch wichtig für den Übergang war die Wirksamkeit des Protestantismus. In seiner seelsorgerischen Praxis wurde Berufsarbeit und beruflicher Erfolg zum Indiz göttlicher Auserwähltheit. Damit wurde erstmals Arbeit abstrakt in einen hohen gesellschaftlichen Wertrang gehoben. In der Folge wurden Arbeit und Arbeitsdisziplin insgesamt mehr und mehr zum gesellschaftlichen Allheilmittel. Der theoretische Bedeutungszuwachs des Arbeitsbegriffs folgt aus dem Wandel der Weltbilder im Umbruch zur Neuzeit. Traditionelle Weltbilder kennzeichnet allesamt eine ihnen zugrundeliegende absolutistische Struktur. Sie sind auf einen Schöpfer hin zentriert, auf den als „unbewegten Beweger" jedwede

Erklärung letztendlich zurückgreift: Was ist und was sein soll, ergibt sich aus seinem Willen. Mit dem Umbruch zur Neuzeit verlieren solche Erklärungsmuster ihre kognitive Überzeugungskraft und normative Verbindlichkeit. Was bleibt, sind dezentrierte Weltbilder, in denen die Subjekte – „zurückverwiesen auf sich selbst" (Dux 1982: 303) – radikal an Bedeutung gewinnen. Sie werden nun als Tätige, Arbeitende zu Urhebern ihrer selbst und ihrer Lebensverhältnisse. Mit der Freisetzung der Subjekte aus traditionellen Sinnzusammenhängen und ihrer Anerkennung als durch Arbeit Schaffende und sich selbst Schaffende liegen die Denkvoraussetzungen für zwei spezifisch neuzeitliche Wissenschaftsdisziplinen vor: für die philosophische Anthropologie und für die Politische Ökonomie. Diese beiden Disziplinen markieren die Ebenen, auf denen Aspekte der Arbeit seither diskutiert werden.

Marx hat auf beiden Ebenen Aussagen gemacht. So ist ihm Arbeit „eine von allen Gesellschaftsformen unabhängige Existenzbedingung des Menschen, ewige Naturnotwendigkeit, um den Stoffwechsel zwischen Mensch und Natur, also das menschliche Leben zu vermitteln". Ebenso aber sieht er in Arbeit eine Last, und „das Reich der Freiheit beginnt in der Tat erst da, wo das Arbeiten, das durch Not und äußere Zweckmäßigkeit bestimmt ist, aufhört". Marx knüpft daran unmittelbar eine Forderung innerhalb der Ökonomie der Arbeitskraft: die Forderung nach der Verkürzung des Arbeitstages. Von Habermas stammt der Nachweis, daß die Verwendung des Arbeitsbegriffs auf der philosophisch-anthropologischen Ebene bei Marx zweierlei Bedeutung hat. Zum einen ist er anthropologischer Terminus, da über ihn die Selbstkonstitution der menschlichen Gattung erschlossen werden soll. Zum anderen ist er erkenntnistheoretische Kategorie, da die Aneignung – im allgemeinsten Sinn des Wortes – der Welt durch Arbeit erfolgt. Mit dieser doppelten

Grundsätzlichkeit der Verwendung des Begriffs Arbeit nimmt Marx allerdings einen prekären positivistischen Reduktionismus in Kauf, da der Begriff Arbeit stets von instrumenteller Rationalität beherrscht ist. Daraus folgt die Notwendigkeit, Gesellschaftstheorie auf die beiden Fundamentalbegriffe „Arbeit und Interaktion“ zu gründen.

Die Fortsetzung der Diskussion auf der Ebene der Politischen Ökonomie führte zu Reflexionen über die spezifische Verfaßtheit von Arbeit als Lohnarbeit in industriell-kapitalistischen Systemen und zur Klassifizierung der modernen lohnarbeitszentrierten Gesellschaften als Arbeitsgesellschaft (Arendt 1981). Im Denkrahmen der (Mikro-)Ökonomie wird Arbeit als ein Produktionsfaktor unter mehreren und werden Haushalte als eine Gruppe von Produktionsfaktorenanbietern unter mehreren betrachtet. Lohn erscheint als Kompensation von Arbeitsleid, die Aufnahme von Mehr-Arbeit unterbleibt ab dem Punkt, an dem das Grenzleid zusätzlicher Arbeit gleich ist dem Grenznutzen des Lohnes, der sich aus zusätzlicher Arbeit erzielen läßt. Arbeit wird so in strikter Parallelität zu anderen Produktionsfaktoren begriffen. Dies macht den ideologischen Kern bürgerlicher Ökonomie aus. Damit zugleich gehen gesellschaftstheoretisch und praktisch bedeutsame Anknüpfungspunkte für das Verständnis von Unternehmenspolitik, Arbeitsmarkt- und Arbeitszeitpolitik und für die Politik der Organisation von Arbeitskraft (Gewerkschaftspolitik) verloren.

Arbeit auf ihrem Markt

Die Entstehung von Arbeitsmärkten setzt zweierlei voraus. Zum einen müssen die Besitzlosen aus ihren traditionellen Lebens- und Arbeitsverhältnissen freigesetzt werden. Zum anderen müssen ihnen alle Auswege verstellt werden, die auf Existenzmöglichkeiten außerhalb des Arbeitsmarkts hinauslaufen. Diese Bedingung zu erfüllen bedarf es staatlicher Bettelverbote und der zwangsweisen Oktroyierung von Arbeitsdisziplin (Arbeitshäuser). Arbeitsmärkte entstehen also nicht naturwüchsig, sondern ihre Entwicklung muß flankierend politisch unterstützt werden. Dieses Moment der Künstlichkeit schlägt sich in Besonderheiten nieder, die der Arbeitskraft im Vergleich zu den anderen marktgängigen Waren eigen sind. Gewöhnliche Waren werden im Hinblick auf ihre ökonomische Verwertbarkeit hergestellt. Die Entstehung von Arbeitskraft – Geburt – dagegen folgt keinem Marktkalkül. Dies hat zur Konsequenz, daß die Anbieter von Arbeitskraft ihr Angebot nicht strategisch nach Marktgesichtspunkten zu regulieren vermögen. Ebenso sind sie – anders als Kapitaleigner, die Rückgriffsmöglichkeiten auf Vermögensbestände haben – darauf angewiesen, daß ihr Angebot kurzfristig Nachfrage findet. Insbesondere sind sie nicht in der Lage, ihr Angebot strategisch zurückzuhalten, um günstigere Marktverhältnisse abzuwarten. Dies wird durch die dauernd akute Notwendigkeit verhindert, sich mittels Lohnarbeit existenziell zu sichern. Aus diesen Besonderheiten rührt die strukturelle Unterlegenheit der Anbieterseite auf dem Arbeitsmarkt her.

Gegenstand des Arbeitsvertrages ist nicht die Übertragung von Eigentum samt dem Ausschluß des Verkäufers von der weiteren Verfügung über den Kaufgegenstand. Der Arbeitsvertrag regelt vielmehr zentral die Mitwirkungspflicht des Arbeitskraftanbieters bei der Nutzung seiner Arbeitskraft innerhalb einer Zeitstrecke. Der Arbeitsvertrag enthält damit notwendigerweise einen unregelbaren Kern, da Arbeit erst im Arbeitsvollzug tatsächlich realisiert wird, sich dagegen vorweg nicht im Detail festlegen läßt. Der Arbeitsvertrag schließt also – anders als der

Kaufvertrag – dauerhafte Pflichten für den Verkäufer, den Lohnarbeitenden ein, deren Durchsetzung noch dazu erst in der alltäglichen Situation am Arbeitsplatz erfolgen kann. Die Bewältigung des unregelbaren Kerns im Arbeitsvertrag im Sinne des Unternehmens ist die Funktion der Betriebsorganisation und des unternehmerischen Direktions- und Weisungsrechts. Die Unregelbarkeit ist Ursache dafür, daß das Arbeitsverhältnis ein permanentes latentes Konfliktverhältnis ist. Der Kompensation der strukturellen Unterlegenheit der Anbieter auf dem Arbeitsmarkt dienen die Organisationen der Arbeitskraft-Anbieter. Ihre Aufgabe ist es, durch Zusammenfassung der Interessen Möglichkeiten der Verknappung (Arbeitszeitverkürzung) und der strategischen Zurückhaltung (Streik) des Arbeitskraftangebots zu schaffen. Ebenso wird die Unterlegenheit der Anbieterseite durch Einrichtungen des Sozialstaats gemildert, da diese bedingte Existenzmöglichkeiten außerhalb des Arbeitsmarkts eröffnen und damit den Zwang für die Arbeitskraft, jederzeit Nachfrage zu finden, mildern.

Aus den Unterschieden der Arbeitskraft gegenüber gewöhnlichen Waren läßt sich die fundamentale Besonderheit der „Ware“ Arbeitskraft ersehen: Sie ist von ihrem Träger, dem Arbeitenden, unabtrennbar. Sie ist „fiktive Ware“ (Polyani 1977). Daraus folgt, daß Entscheidungen über Arbeitszeit stets zugleich Entscheidungen über die Widmung von Lebenszeit sind. Arbeitszeitpolitik strukturiert also Lebenschancen und ist darum unmittelbar Gesellschaftspolitik.

Die Hoffnung auf Rationalisierung der Arbeit und auf die Nutzbarkeit der Rationalisierungsergebnisse als arbeitsfreie Zeit begleitet die industrielle Lohnarbeit von ihren Anfängen an. Die Gesellschaftsutopien von Th. Morus (*Utopia*), T. Campanella (*Sonnenstaat*) und F. Bacon (*Neu-Atlantis*) beruhten noch auf der Abschaffung des

Müßiggangs privilegierter Gesellschaftsschichten und der Verallgemeinerung von Arbeitspflicht mit dem Ergebnis von kürzeren Arbeitszeiten für alle. Saint-Simon, der französische utopische Sozialist, gründet dagegen seine Utopie bereits auf technische Rationalisierung der Arbeit. Die Theoretiker der Arbeiterbewegung betonen stets die Zweischneidigkeit produktionstechnischen Fortschritts: zwar Ursache von Arbeitslosigkeit einerseits, bei gerechter Verteilung der technologisch bedingten Freisetzungen aber Entlastung von Arbeitsmühe andererseits. Mittel hierzu – und ein zentrales Kampfthema der Arbeiterbewegung – war und ist Arbeitszeitverkürzung.

Entwicklungsperspektiven der Arbeit

Rationalisierung als Problem und Chance gerät in der gegenwärtigen „doppelten Krise der Lohnarbeit" wieder ins Blickfeld. In dieser Krise treffen zwei Entwicklungen zusammen. Zum einen werden die Lohnarbeitsmöglichkeiten quantitativ unzureichend. Es kommt zu hoher Dauerarbeitslosigkeit. Zum anderen werden die Lohnarbeitsmöglichkeiten zunehmend als qualitativ unzulänglich angesehen. Die Kritik an ihnen richtet sich gegen gesundheitsgefährdende Arbeitsbedingungen, (gesundheits-, ökologie- und friedenspolitisch) problematische Produkte und gegen ökologische Folgeprobleme von Produktion und herkömmlicher staatlicher Produktionsförderung. Lohnarbeit erfährt somit in zwei Dimensionen Funktionsverluste. Zum einen schrumpft das Arbeitsvolumen langfristig insgesamt, und seine Umverteilung auf alle, die abhängige Erwerbsarbeit brauchen und wollen, gestaltet sich immer schwieriger. Zum anderen können auch die verbleibenden Möglichkeiten zur Lohnarbeit nicht mehr unbesehen als Chancen gelten.

Überlegungen zur Bewältigung der doppelten Krise der Lohnarbeit können auf Kombinationen von arbeitsmarktinternen und arbeitsmarktexternen Maßnahmen, in unterschiedlicher Gewichtung, zielen. Dieses Ensemble von Möglichkeiten nenne ich „Politik an den Grenzen des Arbeitsmarkts“. Dabei lassen sich jeweils eher „progressive“ und eher „regressive“ Varianten unterscheiden, wie das folgende Vierfelderschema zeigt:

	»progressiv«	»regressiv«
arbeitsmarkt-intern	Arbeitszeitverkürzung, Föderung von qualitativem Wachstum	traditionelle Förderung von quantitativem Wachstum., »Ärmel aufkrempeln in der Krise«.
arbeitsmarkt-extern	garantiertes Grundeinkommen, ökonomisch tragfähige Neue Selbstständigkeit	Reprivatisierung sozialer Risiken. Refamilisierung, Neue Selbständigkeit an der Armutsgrenze.

Die arbeitsmarktinternen Maßnahmen laufen darauf hinaus, das brachliegende Arbeitspotential durch Vermehrung der Nachfrage nach Arbeitskräften in den Arbeitsmarkt zu reintegrieren. Dies kann entweder dadurch erfolgen, daß den bestehenden Arbeitsverhältnissen ein Teil des Arbeitsvolumens durch Arbeitszeitverkürzung entzogen wird. Oder es kann die Nachfrage nach Arbeitskräften durch allgemeines Wirtschaftswachstum ausgedehnt werden, was freilich in beschäftigungspolitisch ausreichendem Maße kaum realistisch und aus ökologischen

Gründen auch kaum wünschenswert ist. Die arbeitsmarktexternen Lösungen zielen darauf, Existenzmöglichkeiten außerhalb des Arbeitsmarkts zu eröffnen. Die einschlägigen politischen Vorschläge und Projekte dazu lassen sich danach unterscheiden, ob sie auf der Basis materieller Existenzsicherheit spielen oder ob sie das materielle Risiko, das mit arbeitsmarktexternen Existenzformen verbunden ist, privatisieren (oder nur deren vormoderne Varianten ideologisch zu revitalisieren trachten). Materiell abgesicherte Existenzen außerhalb des Arbeitsmarkts werden sich in einigen wenigen Fällen auf die eigene wirtschaftliche Ertragskraft stützen können. In der überwiegenden Zahl der Fälle aber läßt sich diese Bedingung nur durch staatlich garantierte Grundeinkommen erfüllen.

Ansätze zur Lösung des qualitativen Aspekts der doppelten Krise der Lohnarbeit werden sich erst aus Kombinationen von arbeitsmarktinternen und arbeitsmarktexternen Maßnahmen ergeben. Denn das Interesse an gesundheitswahrenden, ökologisch verträglichen und friedenspolitisch unbedenklichen Produktionen wird durch das kurzfristig drängende strukturkonservierende Interesse an Arbeitsplatzsicherheit und stetigem Lohneinkommen blokkiert. Es gilt dies in dem Maße, in dem Arbeitskräfte auf die gegebenen Arbeitsplätze und das darauf erzielbare Einkommen alternativenlos angewiesen sind. Lösungen dieser Interessenblockierung sind erst zu erwarten, wenn entweder konkrete Alternativarbeitsplätze angeboten werden können oder wenn die materiellen Lasten von qualitativ motivierten Produktionsumstellungen über ein allgemeines garantiertes Grundeinkommen gesellschaftlich gleich verteilt werden.

In der gegenwärtigen doppelten Krise der Lohnarbeit wird das „Recht auf Einkommen", das – anders als die materiellen Sicherheitsleistungen des Sozialstaats – unter keinen lohnarbeitszentrierten Vorbehalten steht, mehr und mehr als Vorausetzung des „Rechts auf Arbeit“ angesehen. Es ist dies konsequent, da nur über den Weg eines Rechts auf Einkommen die Lohnabhängigen materiell in die Lage versetzt werden, ein „Recht auf sinnvolle Arbeit“ gesellschaftswirksam einklagen zu können.

Arbeitskraft und Arbeitsmarkt

Einleitung

Der Grundtatbestand, in dem sich die Arbeitskraft von normalen Waren unterscheidet, ist: Arbeitskraft ist von ihrem Träger unabtrennbar.

> Vor allem leitet sich die Besonderheit des Arbeitsmarkts daraus her, daß die menschliche Arbeitsleistung bei ihrer marktmäßigen Verwertung mit ihrem Träger, dem Menschen, als Einzelpersönlichkeit untrennbar verbunden bleibt. (Willeke 1956: 321)

Elementare Konsequenz dieses Grundtatbestands ist, daß der Träger der Arbeitskraft, das Subjekt, notwendigerweise in die ökonomischen Vorgänge auf dem Arbeitsmarkt involviert ist.

> Arbeit ist bloß eine andere Bezeichnung für eine menschliche Tätigkeit, die zum Leben an sich gehört, das seinerseits nicht zum Zwecke des Verkauf, sondern zu gänzlich anderen Zwecken hervorgebracht wird; auch kann diese Tätigkeit nicht vom restlichen Leben abgetrennt, aufbewahrt oder flüssig gemacht werden. (Polanyi 1978: 107; vergleiche Brockhaus 1979)

In dieser Bestimmung von Karl Polanyi, der darum von Arbeitskraft als „fiktiver Ware" (vergleiche Polanyi 1977) spricht, sind Besonderheiten der Arbeitskraft in ihrem Arbeitsmarktzusammenhang angedeutet, die ich nun nach drei Merkmalgruppen untersuche: (1) Besonderheiten, die sich aus dem Entstehungszusammenhang der Arbeitskraft ergeben, (2) Besonderheiten, die das Übertragungsproblem der Arbeitskraft von ihrem Anbieter auf ihren Nachfrager kennzeichnen, und (3) Besonderheiten, die den Arbeitskräften zu arbeitsmarktstrategischen Problemen werden.

Der Entstehungszusammenhang von Arbeitskraft

Waren werden in der Erwartung ihrer über den Markt vermittelten ökonomischen Verwertbarkeit produziert. In Art und Umfang des Angebots werden die erwarteten Knappheitsrelationen auf dem Markt reflektiert. Für das Auftreten der Arbeitskraft auf der Angebotsseite des Arbeitsmarkts dagegen können ökonomische Verwertungs- und Knappheitskalküle nur eine untergeordnete Rolle spielen. Ich sehe drei arbeitsmarktfremde Faktoren, die den Umfang des Arbeitskraftangebots entscheidend beeinflussen: das generative Verhalten, sozio-kulturelle Orientierungen auf den Arbeitsmarkt hin und die Berufsqualifikation.

Das generative Verhalten

Für die Geburt und die Aufzucht von Kindern sind arbeitsmarktökonomische Motive nicht maßgebend und können nicht maßgebend sein. Daß dies zwingend so ist, kann man sich am leichtesten klarmachen, indem man einen Einwand gegen diesen Satz diskutiert. Er lautet: Von jeher habe für die Bereitschaft, Kinder in die Welt zu setzen, die Erwartung der Eltern eine maßgebliche Rolle gespielt, später über Arbeitskräfte zu verfügen, die zur familialen Reproduktion beitragen und die – vor allem – als Quelle der Alterssicherung verfügbar sind. Dieser Einwand referiert zutreffende Fakten. Er ist jedoch gerade hinsichtlich moderner kapitalistischer Marktwirtschaften deplaziert. Mindestens zwei Voraussetzungen müssen gegeben sein, um das ökonomische Motiv für Kinderproduktion auf eine reale Grundlage zu stellen. Zum einen muß ein Familienzusammenhang als Produktionszusammenhang gesellschaftlich gewährleistet sein, und zum anderen muß dieser Zusammenhang dauerhaft gewährleistet sein. Diese Voraussetzungen sind am ehesten in traditionalen, normativ sozialintegrierten Gesellschaften gegeben. Sie werden durch den Übergang zu marktmäßiger Vergesellschaftung aber gerade zerstört. Damit bringt dieser Einwand eine lehrreiche Paradoxie ans Tageslicht: In Gesellschaftsformationen ohne oder mit marginaler Bedeutung des Arbeitsmarkts können ökonomische Motive für die Geburt und Aufzucht von Kindern eine Rolle spielen, in Gesellschaften mit dominanter Bedeutung des Arbeitsmarkts dagegen kann dies nicht der Fall sein. Mit anderen Worten: Ökonomische Motive können – wenn überhaupt – nur als nicht-arbeitsmarktbezogene für den Entstehungszusammenhang von Arbeitskraft ausschlaggebend sein.

Hieraus läßt sich eine erste Schlußfolgerung ziehen: Anders als im Falle normaler Waren folgt das Auftreten der Arbeitskraft keinem arbeitsmarktökonomischen Kalkül. Das bedeutet, daß die Entstehung der jeweiligen Angebotsmengen auf dem Arbeitsmarkt nicht mit den erwarteten Knappheitsrelationen auf dem Arbeitsmarkt rückgekoppelt ist.

Dieser Umstand ist die erste Quelle der strukturellen Unterlegenheit der Arbeitskraft auf dem Arbeitsmarkt: Ihr arbeitsmarkt-unabhängiger Entstehungszusammenhang wird ihr auf dem Arbeitsmarkt zum ökonomischen – und zum existentiellen – Problem. Dieser Befund wird durch einen zweiten Bestimmungsfaktor des Arbeitskraftangebots modifiziert, aber nicht aufgehoben.

Selbstverständlich führen Geburt und Aufwachsen nicht zwangsläufig auf die Angebotsseite des Arbeitsmarkts. Dies ist zum einen eine alte historische Erfahrung. „Sie müssen erst gezwungen werden, zu den vom Kapital gesetzten Bedingungen zu arbeiten. Der Eigentumslose ist mehr geneigt, Vagabund und Räuber und Bettler als Arbeiter zu werden." (Marx 1974: 624) In der Tat: Die Abtrennung der „ursprünglichen Produzenten" von ihren Produktionsmitteln im Zuge der ursprünglichen Akkumulation reichte keineswegs aus, um ein stabiles Arbeitskraftangebot sicherzustellen. Sie war als „passive Proletarisierung" zwar notwendige, nicht aber hinreichende Bedingung. Dazu bedurfte es zusätzlichen flankierenden, staatlichen Zwangs – „aktiver Proletarisierung" also –, der arbeitsmarktexterne Überlebensmöglichkeiten abschnitt, repressiver Maßnahmen (Fabrikordnungen) und betrieblicher Sozialpolitik (Betriebswohnungen, Alterskassen und so weiter), um der „Fabrikation des zuverlässigen Menschen" (Treiber, Steinert 1980) willen.

Der historische Prozeß der Orientierung auf den Arbeitsmarkt als exklusive Reproduktionsinstanz betraf vor allem die männlichen Arbeitskräfte. Die gesellschaftlichen Normalitätsvorstellungen über weibliche Lohnarbeit waren und sind weniger eindeutig. Historisch bedeutet dies, daß – bei finanzieller Besserstellung – Nicht-Lohnarbeit von Ehefrauen als männliches Statussymbol galt („stellvertretender Müßiggang") oder als Tribut an die Anstrengungen männlicher (sozialistischer) politischer Praxis gehandelt wurde.[1] Gegenwärtig bedeutet dies, daß die säkular zunehmende Erwerbsneigung von Frauen – sei es aus ökonomischen Gründen, sei es emanzipatorisch motiviert – als Politikum behandelt und als relevanter Unsicherheitsfaktor für mittelfristige Prognosen des Erwerbspersonenpotentials (vergleiche Klauder u.a. 1985) angesehen wird. Folgerichtig ist diese soziokulturelle Komponente des Arbeitskraftangebots Gegenstand gesellschaftspolitischer Beeinflussungsversuche und gesellschaftspolitischer Kontroversen.[2]

Die Berufsqualifikation

Ihre pure Existenz qualifiziert die Arbeitskraft noch nicht zur Lohnarbeit. Allerdings ist mit den bisher genannten Komponenten eine wesentliche Vorentscheidung für die einzelnen Arbeitskräfte gefallen: die Entscheidung über den Umfang des Gesamtangebots und damit eine wichtige Voraussetzung für die Intensität der Anbieterkonkurrenz. In diesem Rahmen haben sich die Bemühungen der Arbeitskräfte zu orientieren, wenn sie ihre Qualifikation auf den Arbeitsmarkt hin zu planen versuchen.

Für Berufswahl und berufliche Qualifikation ist stets eine Gemengelage von zwei Arten von Motiven maßgeblich: zum einen die subjektseitige Neigung zu gewissen Tätigkeiten und die Selbsteinschätzung der eigenen Fähigkeiten, zum anderen die langfristige Erwartung der ökonomischen Chancen, die der Arbeitsmarkt für die Verwertung der eigenen Arbeitskraft bieten wird. Dagegen mag der Einwand erhoben werden, daß gerade in Zeiten eines permanenten Überangebots an Arbeitskräften die Berufswahl strikt auf das Ökonomische reduziert, ihr ein rein ökonomisches Kalkül somit aufgezwungen werde. Aber dieser Einwand geht daneben. Zum einen zeigt ja gerade die Praxis gegenwärtiger Arbeitsmarktprobleme den engen Zusammenhang von Berufsbildung und -fähigkeiten einerseits und Arbeitsmarktchancen andererseits. Und offensichtlich stoßen Qualifikationsbemühungen zwecks Lösung von Arbeitsmarktproblemen auf mehrere Grenzen. Es sind dies erstens Grenzen, die durch subjektseitige Fähigkeiten gezogen sind: Nicht jede(r) kann und will alles tun, und nicht jede(r) kann und will alles lernen. Es sind dies zum anderen Grenzen, die durch die langfristige inhaltliche Festlegung gezogen sind, die eine Berufsausbildung bedeutet. Denn anders als normale Waren, die sich im Prozeß ihrer ökonomischen Verwertung für ihren Anbieter in Geld „auflösen", bleibt der Anbieter von Arbeitskraft stets auf die Qualität seiner Arbeitskraft festgelegt. „Das konkrete Arbeitsvermögen, das die Anbieter von Arbeitskraft anzubieten haben, durchläuft, anders als das Kapital, keine Phase der Liquidität, in der es sich aller stofflichen Bestimmtheit entledigen und sozusagen ein neues Leben anfangen könnte." (Offe, Hinrichs 1984: 53) Während für normale Warenanbieter somit im Prozeß der ökonomischen Verwertung ihrer Waren ein Freiheitsgrad eingebaut ist, bleiben die Anbieter von Arbeitskraft im Prozeß der ökonomischen Verwertung ihrer Arbeitskraft stets inhaltlich festgelegt. Die Unabtrennbarkeit von Arbeitskraftanbieter und Arbeitskraft hat zur Folge, daß die Anbieter in gewisser Hinsicht auf ihrem Angebot stets „sitzen bleiben". Die Möglichkeit, ihre qualifikatorische Festlegung zu ändern, bietet sich den Anbietern von Arbeitskraft erst außerhalb des Prozesses ökonomischer Verwertung; dann, wenn sie „freigesetzt" sind. Damit zugleich aber stellt sich das Problem arbeitsmarktexterner Finanzierung, um diese Möglichkeit realisieren zu können. Dies ist der theoretisch-systematische Ort von Umschulungen. Sie müssen sich auf arbeitsmarktunabhängigen Einkommensbezug gründen und sind darüber hinaus auch stets noch riskant, da sie wiederum auf nichts anderes als langfristige Festlegungen des Arbeitskraftangebots hinauslaufen und da nie sicher ist, ob dem eine entsprechend langfristig konstante Nachfrage korrespondieren wird.

Um die Konsequenz aus den Besonderheiten der Arbeitskraft in ihrem Entstehungszusammenhang in eine Formel zu fassen: Der nicht-ökonomisch regulierte Zugang der Arbeitskräfte zur Angebotsseite des Arbeitsmarkts ist von Bedeutung, gerade weil sie sich auf dem Arbeitsmarkt ökonomischen Kalkülen unterwerfen muß (vergleiche Offe, Hinrichs 1984: 50). Eine Besonderheit der Arbeitskraft auf dem Arbeitsmarkt folgt daraus, daß ihr Angebot zwar nicht marktökonomisch determiniert ist, daß sie sich aber – da sie existentiell auf Verwertung auf dem Arbeitsmarkt angewiesen ist – der „Realfiktion" des Arbeitsmarkts, sie sei eine Ware, zu beugen hat. Dies macht die Anbieter von Arbeitskraft „zu einer nominellen Abart von Kaufleuten." (Tönnies 1963: 62)

Wie sehr sie sich von tatsächlichen Kaufleuten unterscheiden, wird klar, wenn man den Vorgang der Übertragung der Arbeitskraft von ihrem Anbieter auf ihren Nachfrager untersucht.

Das Übertragungsproblem

Gütermärkte konstituieren sich über Kaufverträge. Kaufverträge regeln Eigentumsübertragungen. Mit dem Eigentum überträgt der Verkäufer das Recht an den Käufer, sein Eigentum im Rahmen der Gesetze nach Gutdünken zu nutzen. Zugleich wird der Verkäufer von jeder weiteren Verfügung über das Objekt des Kaufvertrages ausgeschlossen. Diesem Muster entspricht der Arbeitsvertrag nicht. Seine Besonderheiten gegenüber dem Kaufvertrag rühren wieder von der Unabtrennbarkeit der Arbeit von ihrem Träger, dem Subjekt, her. Der Arbeitsvertrag ist „eine unmittelbar die Person ergreifende Verbindung." (Nikisch 1966: 31) Anders als der Kaufvertrag, der den Verkäufer von jeder weiteren Disposition ausschließt, regelt der Arbeitsvertrag zentral gerade die Mitwirkungspflicht des „Verkäufers“ bei der Nutzung des „Verkaufsgegenstandes“. „Der Arbeitnehmer kann die Arbeitsenergie nicht in einen Behälter verpacken und diesen Behälter, gefüllt mit Arbeitsenergie, dem Arbeitgeber übergeben.“ (Brockhaus 1979: 12) Dieser Umstand zeigt, daß die Anbieter von Arbeitskraft überhaupt nur in einem begrenzten Maße kontraktfähig sind. Streng genommen beruht der Arbeitsvertrag auf einer Fiktion: auf der bei Vertragsabschluß notwendigerweise noch unbewiesenen und unbeweisbaren Voraussetzung, daß die Arbeitskraft auch wirklich im Sinn des Arbeitsvertrages arbeiten werde, denn: „Es ist ein wesentliches Merkmal der Arbeitskraft, daß sie nur in ihrem Einsatz existiert.“ (Brockhaus 1979: 10) Daher kann der Arbeitsvertrag gar nicht mehr sein als eine Art „Rahmenvertrag“ (Offe, Hinrichs 1984: 56), dessen konkrete Ausformulierung und Erfüllung nur in der Praxis des Arbeitsvollzuges selbst erfolgen kann. Damit erhält sich im Arbeitsvertrag stets eine gewisse „Unbestimmtheitslücke“ (Berger, Offe 1982). Diese Unbestimmtheitslücke und damit die Regelungsfähigkeit des Arbeitsvertrages ist asymmetrisch. Eindeutig im voraus festlegbar ist nur die Leistungspflicht des Nachfragers nach Arbeitskraft. Er muß ein bestimmtes Entgelt zahlen. „Nach der Seite der zu verrichtenden Dienste ... ist das Arbeitsverhältnis gewissermaßen ‚offen'.“ (Mückenberger 1982: 47) Der Umstand, daß der Arbeitsvertrag einen unregelbaren Kern hat, daß also die von den Arbeitskräften eingegangenen Obligationen nie a priori völlig eindeutig festgelegt sind, macht den Arbeitsvollzug zum gesellschaftlichen Konfliktfeld im Mikromaßstab. Erst hier werden die widersprüchlichen Interessen von Anbietern und Nachfragern im Detail manifest und ausgetragen. Dazu kommt, daß das Unternehmerinteresse sich in ambivalenter Weise auf den unregelbaren Kern des Arbeitsvertrages bezieht. Einerseits birgt die „Unbestimmtheitslücke“ stets die Gefahr, daß sich die Arbeitskräfte ihrer optimalen Nutzung im Betrieb graduell entziehen. Andererseits aber gehört es gerade zum Wesen des Einsatzes menschlicher Arbeitskraft, ihr Dispositionsräume zu belassen, um ihre Fungibilität auch im Fall unvorhersehbarer – und daher vorweg im Detail vertraglich nicht festschreibbarer – Ereignisse zu ermöglichen. „Hierin liegt die Genialität des Lohnvertrages und sein eigentümlicher Status: In einem sehr speziellen Sinne weiß der Einkäufer von Arbeitskraft nicht, was er einkauft, und kauft sie eben deshalb ein.“ (Lüscher 1989: 111)

Angesichts der nur unvollkommenen Definierbarkeit aller Verpflichtungen im Arbeitsvollzug und angesichts des unternehmerischen Interesses an der Erhaltung eines Dispositionsspielraumes für die Arbeitenden läßt sich der „Geist“ des Arbeitsvertrages nur erfüllen, wenn das unternehmerische Direktionsrecht mit der arbeitnehmerseitigen Internalisierung des Betriebsziels korrespondiert. Anders wäre unerklärlich, daß „Dienst nach Vorschrift“ nicht der Inbegriff von Pflichterfüllung, sondern eine subtile Form der Arbeitsverweigerung ist.

Eine zweite grundlegende Besonderheit der Arbeitskraft besteht somit darin, daß auf „ihrem“ Markt keine Eigentumsübertragungen mit eindeutigen Dispositionsregelungen stattfinden, sondern daß in Arbeitsverträgen kompliziert verschachtelte Dispositionsbefugnisse konstituiert werden. Sie sind nur in der Praxis des Arbeitsvollzuges entwirrbar und haben die Herstellung von praktischen Konsensen über die Widmung von Lebenszeit als Arbeitszeit zur Voraussetzung.

Aus dem Umstand, daß der Arbeitsvertrag nach der Seite der Verpflichtungen der Arbeitskraft hin „offen" ist, könnte man auf eine strukturelle Überlegenheit der Arbeitskräfte schließen. Denn die Arbeitskräfte, so könnte man argumentieren, haben nach Abschluß des Arbeitsvertrages samt Festlegung der Leistungsverpflichtung des Unternehmers die Möglichkeit, sich gleichsam graduell aus dem Arbeitsvertrag zurückzuziehen, ohne ihn zu brechen. Die „Unbestimmtheitslücke" ginge somit zu Lasten der Unternehmer.[3]

Diese Argumentation beschreibt einen in der Tat möglichen, jedoch unwahrscheinlichen Fall. Die faktische Kompetenz zur Definition der Unbestimmtheitslücke ergibt sich aus den betrieblichen Machtverhältnissen. Diese aber hängen – mehr oder weniger direkt – mit den Machtverhältnissen auf dem Arbeitsmarkt zusammen.

Für Machtverhältnisse auf Märkten sind zweierlei Determinanten maßgeblich. Zum einen ist die Mengenrelation von Angebot und Nachfrage entscheidend. Schon in diesem Belang unterliegt die Arbeitskraft struktureller Benachteiligung, da, wie ich gezeigt habe, ihr Angebot nicht abhängig von Knappheitskalkülen variierbar ist. Zum anderen entscheiden sich Machtverhältnisse auf Märkten danach, welche Seite über mehr Optionen verfügt, um ihr Interesse zu verfolgen. Optionenvielfalt stellt sich darin dar, daß eine Marktseite von dem fraglichen Markt abtreten und ihr Interesse auf anderen Märkten verfolgen kann. Umgekehrt gesagt: Die unterlegene Seite ist jene, die auf Interessenverfolgung auf einem Markt festgelegt ist. Aus dem Zusammentreffen solcher mit unterschiedlichen Optionsmengen ausgestatteten Partnern entstehen asymmetrische Kooperationsnotwendigkeiten zu Lasten der Seite mit wenigen Optionen.

Arbeitskraft ist eine Potentialität. Sie existiert erst in ihrer Anwendung. Isoliert stiftet sie ihrem Träger keinen Nutzen. „Denn die Ware Arbeitskraft unterscheidet sich von allen anderen dadurch, daß ihre allein mögliche Konsumtion in der Anwendung auf und Verbindung mit gegebenen Arbeitsmitteln (Stoff und Geräten) besteht ..." (Tönnies 1963: 62) Er kann sie nicht selbst „verzehren", ist vielmehr darauf angewiesen, sie mit Produktionsmitteln zu kombinieren. Dies könnte nun zweierlei heißen: Entweder die Arbeitskraft wendet sich an fremden Produktionsmittelbesitz, wird zum Arbeitskraftangebot, oder die Arbeitskraft erwirbt eigene Produktionsmittel, tritt also selbst nicht als Arbeitskraftangebot auf. Letztere Möglichkeit ist der Arbeitskraft jedoch systematisch verstellt. Denn aus dem Umstand, daß Arbeitskraft erst in Kombination mit Produktionsmitteln Nutzen stiften kann, folgt, daß Arbeitskraft an sich nicht belehnbar ist. Kreditwürdig ist (bestenfalls) die unternehmerische Zusicherung, regelmäßig Lohn zu zahlen. Der Arbeitskraft ist so der Zugang zu Kapital und damit der Weg auf die Nachfrageseite von Investitionsgüter- und Arbeitsmärkten versperrt, und sie ist alternativenlos darauf festgelegt, als Arbeitskraftangebot mit Produktionsmitteln kombiniert zu werden.

Dagegen stiftet Kapitalbesitz auch unabhängig von seiner Kombination mit Arbeitskraft Nutzen. Zum einen kann der Eigentümer sein Kapital nutzen, indem er sich direkt an die Konsumgütermärkte wendet. Er verzehrt es. Weiters kann er sich auf den Kapitalmarkt begeben, Finanztitel erwerben und von den Zinsen leben. Und schließlich ist Kapital (Vermögensbestand) – anders als die isolierte Arbeitskraft – per se belehnbar. Ebenso belehnbar sind alle Sachkapitalien – Produktionsmittel, Grund und Boden –, wenn sie vom Kreditgeber als Vermögenswert und liquidierbar angesehen werden.

Kapitalbesitz eröffnet also neben dem Gang auf den Arbeitsmarkt noch weitere Möglichkeiten der Interessenverfolgung. Diese Ungleichheit der Zugangschancen zum Kapitalmarkt bedingt eine Asymmetrie der Positionen von Angebot und Nachfrage auf dem Arbeitsmarkt: Die existentielle Angewiesenheit der Arbeitskraft, mit Produktionsmitteln kombiniert zu werden, hat zur Folge, daß sich das Arbeitskraftangebot nicht strategisch zurückhalten läßt.

> Der vereinzelte Arbeiter ... ist zur Fristung seines Lebens zu fortwährendem Verkaufe gezwungen. Oder soll er seine Ware für einen besseren Markt in der Zukunft bewahren? – Wovon lebt er, während er das Steigen des Preises erwartet? (Brentano 1877: 195)

Dagegen ist die Nachfrageseite des Arbeitsmarkts durchaus in der Lage, „zu warten".

Zu diesem weiteren Optionsspielraum in der Zeitdimension kommt ein ebensolcher in der Mengendimension. Die Nachfrageseite des Arbeitsmarkts verfügt mit Rationalisierungsinvestitionen über ein Instrument, mit dem sie sich graduell von der Angebotsseite des Arbeitsmarkts emanzipieren kann. Dagegen macht die Vorstellung einer spiegelbildlichen Option der Angebotsseite, „auf weniger Produktionsmittel angewiesen zu sein", offenkundig keinen Sinn. Diese Differenz zu Lasten der Angebotsseite rührt daher, daß man mit Kapital – im Rahmen der technischen Möglichkeiten, die man als Besitzer von Produktionsmitteln auch noch laufend vorantreiben kann – zwischen Nachfrage nach Arbeitskräften und Nachfrage nach Produktionsmitteln je nach Kosten wählen kann. Wiederum entsteht eine Differenz der arbeitsmarktbezogenen Optionen und damit ein Machtgefälle zwischen Anbietern und Nachfragern auf dem Arbeitsmarkt.

Diese genannten Faktoren, die aus der Differenz der Optionen von Angebot und Nachfrage auf dem Arbeitsmarkt zu Lasten des Angebots wirksam sind, werden noch durch die Binnendynamik der Angebotsseite verstärkt. Die existentielle Nötigung, seine Arbeitskraft auf dem Arbeitsmarkt anzubieten, ruft ein modellungerechtes Angebotsverhalten hervor. Je näher das Lohn(familien)einkommen sich einer Konsumquote von 100 Prozent und schließlich der Grenze des Existenzminimums annähert, um so mehr müssen die Arbeitskräfte versuchen, durch individuelles Mehrangebot an Arbeitskraft Einkommensausfälle zu kompensieren. Die Unabtrennbarkeit der Arbeitskraft vom Subjekt führt also dazu, daß Arbeitskraft bei Lohnsenkungen nicht marktökonomisch, sondern subsistenzlogisch agiert: Eine bestimmte Einkommenshöhe will oder muß man halten (vergleiche Hohn 1984: 129). Das dadurch diktierte individuelle Mehrangebot an Arbeitskräften führt freilich zu einer Verschlechterung der kollektiven Anbieterposition: Das Ungleichgewicht gegenüber der Nachfrageseite nimmt noch zu, mit weiteren Lohnsenkungen als Folge et cetera. Diese Gefangenen-Dilemma-Situation, in der die isolierten Arbeitskraftanbieter agieren, läßt sich nur politisch lösen; entweder, indem der fehlende ökonomische Verknappungsmechanismus auf der Angebotsseite des Arbeitsmarkts durch kollektive Regulierung ersetzt wird, oder (und) indem den Arbeitskräften die ihnen fehlenden Alternativoptionen zum Arbeitsmarkt politisch ersetzt werden. Ersteres läuft auf die Notwendigkeit von Arbeitszeitverkürzung, letzteres auf die Universalisierung materieller Existenzsicherheit hinaus. Solche Politiken sind – weit davon entfernt, den Mechanismus des Arbeitsmarkts zu stören – Voraussetzung, daß die Arbeitskraft samt ihren Besonderheiten doch wenigstens marktähnlich agieren kann.

1 Dazu ein schönes Beispiel von Franz Schumeier am Linzer Parteitag der Sozialdemokratischen Partei Österreichs, 1898: „Je mehr ein Parteigenosse in der Organisation tätig ist, desto mehr hat die Frau zu Hause zu tun, und ich erkläre Ihnen, daß, wenn Sie zum Beispiel mich ganz für die Partei haben wollen, daß Sie diejenige, die mir meine beste und teuerste Genossin ist, nicht haben können ... Ich verlange deshalb nicht von den Frauen unserer Genossen, daß sie in der Organisation stehen, ich bin zufrieden, wenn sie ihren Männern nichts in den Weg legen, damit diese ihre Pflicht als Parteigenossen erfüllen können." (Protokolle des Linzer Parteitags 1898: 115; zitiert nach Viethen 1985: 64, 65)

2 Typisch dafür ist ein Konflikt in der jüngsten Vergangenheit: „Die Bundesregierung hat gestern vor einer geplanten bundesweiten Aktion des ‚Deutschen Frauenrats' gewarnt, der alle Frauen aufrufen will, sich beim Arbeitsamt als erwerbslos zu melden. Dies würde die Arbeitslosenstatistik weiter verfälschen und den wirklich auf Broterwerb angewiesenen Frauen die Vermittlung eines Arbeitsplatzes erschweren. Der Aufruf geht von der Initiative ‚Frauen gegen Erwerbslosigkeit e.V. Köln' aus. In der Veröffentlichung heißt es unter der Überschrift ‚Frauen, meldet Euch erwerbslos', es sollten sich ‚alle betroffenen Frauen' beim Arbeitsamt ‚erwerbslos melden: Hausfrauen, Frauen und Mädchen mit und ohne Berufsausbildung, Töchter, Ehefrauen, selbst wenn sie keinen Anspruch auf Arbeitslosenhilfe haben, weil das Einkommen des Vaters beziehungsweise des Ehemannes über der Bedürfnisgrenze liegt. Damit könnte das Recht auf bezahlte Arbeit auch für Frauen verstärkt ins öffentliche Bewußtsein gerückt werden.'" (Tagesspiegel vom 26.10.1985)

3 Dieser Gedanke wird neuerdings von der neoklassischen Ökonomie im Rahmen der „Efficient Wage Models" aufgegriffen und für eine Hypothese zur Erklärung von Unterbeschäftigung nutzbar gemacht: Die Unternehmen müssen den Arbeitern einen höheren Reallohn bieten, um sie nicht nur zur Anwesenheit am Arbeitsplatz, sondern auch zu einer produktiven Tätigkeit zu motivieren. Dieser „effiziente Reallohn" liegt oberhalb der Arbeitsangebotsfunktion, die nur die Opportunitätskosten der

Anwesenheit (das heißt den Verzicht auf Freizeit) widerspiegelt, und verhindert deshalb ein Gleichgewicht auf dem Arbeitsmarkt (vergleiche Yellen 1984; zur Kritik vergleiche Spahn 1987).

Das Beschäftigungsproblem Die ökonomische Sonderstellung des Arbeitsmarkts und die Grenzen der Wirtschaftspolitik

gemeinsam mit Heinz-Peter Spahn

Einleitung

Seit mehr als einem Jahrzehnt stehen die Vorgänge auf dem Arbeitsmarkt im Zentrum der wissenschaftlichen und politischen Aufmerksamkeit. Groß ist die Zahl der Untersuchungen von Arbeitsmarktproblemen. Allerdings hat der akute Problemdruck, der vom Arbeitsmarkt ausgeht, eher zu Ad-hoc-Erklärungen und zu sorglosen Verallgemeinerungen geläufiger Theoriemuster angeregt, als daß er zum Anlaß für theoretische Bestimmungen der grundlegenden Funktionsbedingungen des Arbeitsmarkts geworden wäre. So hat der Anstieg der Arbeitslosigkeit in der Bundesrepublik seit den siebziger Jahren zu vielfältigen Vermutungen über Störungen eines – unbefragt unterstellten – Gleichgewichtsmechanismus auf dem Arbeitsmarkt geführt. Als Ursachen werden unter anderem nicht kompensierbare technologische Freisetzungsprozesse, übermäßige Lohnansprüche und eine allgemein gesunkene Anpassungsbereitschaft der Arbeitnehmer genannt. Zudem ist der Eindruck entstanden, daß in den gesamtwirtschaftlichen Zusammenhängen von Nachfrage, Produktion und Beschäftigung seit der ersten Ölkrise ein grundlegender Funktionswandel eingetreten sei und deshalb die tradierten keynesianischen Politikkonzepte nicht mehr greifen.

Bei all diesen Diskussionen wird zumeist der Stand und die Entwicklung der Arbeitslosenquote als Kriterium zur Beurteilung der Wirtschaftsaktivität, der Leistungsfähigkeit des Marktsystems und der Erfolgswirksamkeit der Wirtschaftspolitik verwendet. Damit geht man implizit oder explizit von der Prämisse aus, der Arbeitsmarkt sei ein Markt wie jeder andere, der prinzipiell durch einen flexiblen Preis geräumt werden könne. Die Zunahme von Arbeitslosigkeit in konjunkturellen Krisen wird durchaus nicht nur von Keynesianern auf den Nachfrageausfall zurückgeführt. Dauerarbeitslosigkeit dagegen wird vorwiegend mit zu hohen Lohnkosten erklärt. Die Ansicht, daß bei einem anhaltenden Angebotsüberhang auf dem Arbeitsmarkt der Preis für Arbeit zu hoch sein müsse, findet sich in wissenschaftlichen und politischen Diagnosen quer durch die Disziplinen. Ein prononcierter Vertreter des neoklassischen Marktkonzepts meint: „In einer Marktwirtschaft gelten für Arbeit dieselben Gesetzmäßigkeiten wie für Waren." (Engels 1986: 144) Gegen diese Gesetzmäßigkeiten sei durch überhöhte Lohnforderungen in den 70er Jahren verstoßen worden, und „es passierte das, was die Marktgesetze erwarten ließen: Es entstand Arbeitslosigkeit ..." (ebenda). Interessant ist, daß auch Soziologen, die gemeinhin das Modelldenken der Ökonomen als mechanistisch ablehnen, häufig selbst sich schlichter Marktmodelle bedienen, wenn sie ökonomische Probleme analysieren. So schreibt Dahrendorf: „Die Arbeitslosigkeit beruht auf dem Preis der Arbeit." (1983: 26)

Selbst politische Positionen, die sich im Namen von Arbeitnehmerinteressen gegen solche Ansichten wenden, teilen mit den „Marktoptimisten" den Ausgangspunkt: daß ein deregulierter Arbeitsmarkt wie jeder beliebige andere Markt funktioniere. Wenn man „alle tariflichen und rechtlichen Schutzwälle beseitigt", so Glotz sarkastisch, „dann wäre der Arbeitsmarkt endlich ein richtiger Markt wie derjenige für Apfelsinen." (1986: 147) Damit wird die mangelnde Sozialverträglichkeit von Marktlösungen ihrer analytischen Möglichkeit entgegengesetzt. Indem man jedoch normative Aspekte gegen die (angeblichen) Zwänge von Marktmechanismen anführt, hat man die theoretische Position der „Marktoptimisten" (vielleicht ungewollt) akzeptiert.

Diese „Marktperspektive" bei der Analyse der Arbeitslosigkeit ist im Ansatz verfehlt. Die These, daß auf dem Arbeitsmarkt aus systematischen Gründen die Bedingungen nicht erfüllt sind, die dem Gleichgewichtsdenken ansonsten durchaus seine Berechtigung verleihen, wird im folgenden Abschnitt erläutert. Danach erfolgt eine kurze Einschätzung der Arbeitsmarktentwicklung in der Bundesrepublik. Abschließen werden einige wirtschaftspolitische Konsequenzen und Strategien diskutiert.

Kaum eines der hier vorgetragenen Argumente beansprucht für sich genommen Originalität; jedoch entsteht aus ihrer Verknüpfung eine eigenständige Position zum Beschäftigungsproblem. Dabei gehen wir nicht a priori von einer bestimmten theoretischen Lehrmeinung aus; die elementare Analyse von Arbeitskraft und Arbeitsmarkt zeigt, daß die Entscheidung zwischen einem neoklassischen und einem keynesianischen Ansatz nicht als Glaubensfrage getroffen werden muß, sondern selbst aus theoretischen Überlegungen hervorgehen kann. Aus der theoretischen Angemessenheit des Keynesianismus für die Analyse des Beschäftigungsproblems folgt jedoch nicht notwendigerweise, daß er über wirtschaftspolitische Instrumente zur Lösung dieses Problems verfügt.

Gegen die Annahme, daß Angebot und Nachfrage auf allen Märkten über den Preis ins Gleichgewicht kommen und daß daher die Löhne die entscheidende Rolle bei der Herstellung eines Gleichgewichts auf dem Arbeitsmarkt spielen, lassen sich zwei Fragen vorbringen: Zuerst (1) ist zu fragen, ob der preisvermittelte Gleichgewichtsmechanismus überhaupt für jeden Typus von Märkten gilt. Und dann (2) muß man untersuchen, ob der Arbeitsmarkt jenem Typus von Markt entspricht, für den solche Gleichgewichtsprozesse angenommen werden können.

(1) Entgegen einem verbreiteten Mißverständnis ist der Mechanismus eines Ausgleichs von Angebot und Nachfrage über den Preis direkt nur für einen Markttypus relevant. Er greift nur auf jenen Märkten, auf denen gegebene Bestände gehandelt werden, die je nach Höhe des Preises den Besitzer wechseln. Typischerweise handelt es sich hierbei um Vermögensmärkte (zum Beispiel für Wertpapiere). Tritt dagegen auf Gütermärkten eine Diskrepanz zwischen den Stromgrößen von Produktion und Nachfrage auf, so ist eine Preisänderung zur Wiederherstellung des Gleichgewichts nicht einmal unbedingt erforderlich. Kurzfristig reagiert zumeist der Produktionsumfang und damit die Kapazitätsauslastung. Längerfristig werden, angeleitet durch Kapazitätsunterauslastungen, Anpassungen der Kapazitätsbestände durchgeführt, so daß sich das Güterangebot mittelfristig bei einer wieder erreichten Normalauslastung der Nachfrage angleicht. Welchem dieser beiden Markttypen entspricht nun der Arbeitsmarkt?

(2) Der Arbeitsmarkt nimmt gegenüber beiden Markttypen eine Sonderstellung ein. Das Arbeitspotential ist eine Bestandsgröße. Insofern erfüllt der Arbeitsmarkt die Voraussetzung jenes Markttypus, auf dem Bestände gehan-

delt werden. Jedoch werden die Arbeitspotentiale nicht als Bestände – sprich: Arbeitskräfte – gehandelt. Dies wäre der Fall eines Sklavenmarkts. Insofern weicht der Arbeitsmarkt von ersterem Markttypus ab. Was auf dem Arbeitsmarkt gehandelt wird, sind vielmehr die Ströme an Arbeitsleistungen. Insofern erfüllt der Arbeitsmarkt die Voraussetzungen jenes Markttypus, auf dem Stromgrößen gehandelt werden. Aber die für die Herstellung eines Gleichgewichts notwendige Bedingung der Anpassung der produktiven Bestände, das heißt einer gleichgewichtskonformen Veränderung des Arbeitspotentials, ist auf dem Arbeitsmarkt nicht erfüllt. Insofern weicht der Arbeitsmarkt von letzterem Markttypus ab.

Aus diesen Besonderheiten des Arbeitsmarkts läßt sich schließen: Weder über Mengen- noch über Preismechanismen läßt sich die Hoffnung auf Gleichgewichtsprozesse auf dem Arbeitsmarkt systematisch fundieren. Auf wechselnde Knappheitsrelationen zwischen Arbeitsangebot und -nachfrage reagiert das Arbeitspotential nicht ausreichend und vielleicht sogar in die falsche Richtung. Wanderungsbewegungen zwischen nationalen Arbeitsmärkten und die Erwerbsneigung verändern sich in der Regel so mit der Angebots-Nachfrage-Relation, daß Ungleichgewichte gemildert werden. Diese Anpassungstendenzen des Arbeitskraftangebots stoßen aber dann auf Grenzen, wenn für die Haushalte die Wahrung eines Einkommensstandards notwendig wird. Deshalb kann sich das Arbeitsangebot auch erhöhen, um die verschlechterte Einkommenssituation auszugleichen. Diese einzelwirtschaftliche rationale Strategie muß jedoch die kollektive Marktstellung der Arbeitsanbieter weiter schwächen. Dadurch wird eine selbstregulierende Vollbeschäftigungstendenz – vorsichtig ausgedrückt – außerordentlich erschwert.

Die ökonomische Theorie hat dieses Problem unterschiedlich aufgegriffen. Die Klassik „löst“ es durch die

Annahme eines Bevölkerungsgesetzes, das den für Gütermärkte typischen Gleichgewichtsmechanismus auf den Arbeitsmarkt überträgt. Die Haushalte werden als „Industrie“ interpretiert, die auf eine entsprechende Nachfrage hin Arbeitskräfte produziert und anbietet. Der Umfang dieser Industrie, das heißt die Bevölkerungsgröße, reguliert sich nach den Bedürfnissen des Produktionsprozesses. Im klassischen Denken wird dem Arbeitsmarkt das Mengenanpassungsmodell gleichsam aufgezwungen.[1]

Abgesehen von der schon von Marx erkannten Schwerfälligkeit und der fraglichen empirischen Relevanz des Bevölkerungsgesetzes führt dieser theoretische Ansatz in ein normatives Dilemma: Das Postulat, die freie individuelle Interessenverfolgung garantiere die gesellschaftliche Wohlfahrt, kann nur durch eine Menschenproduktion und -vernichtung gewahrt werden. Der zynische Tribut an die Idee eines über Mengenanpassung sich herstellenden Gleichgewichts auf dem Arbeitsmarkt im klassischen Weltbild ist ein periodisches Opfer an Arbeitskräften: Verhungern als Mengenregulativ des Arbeitsmarkts.

Die Neoklassik gibt die These einer durch die Marktgesetze bestimmten Bevölkerungshöhe auf. Sie betrachtet das Arbeitspotential als exogen gegebene Bestandsgröße. Während in der Klassik die Arbeiterhaushalte ohne Alternative auf die Lohnarbeit angewiesen sind, werden nun, unabhängig von der realen Situation, arbeitsmarktexterne Optionen in das Modell aufgenommen. Dies schlägt sich in einer ansteigenden Angebotsfunktion für Arbeitsleistungen nieder; ein zunehmender Reallohn ist notwendig, um die Individuen zu einem Verzicht auf Freiheit zu bewegen. Bei jeder Konstellation auf dieser Angebotsfunktion herrscht – definitorisch – Vollbeschäftigung, da das Zeitbudget des Haushaltes nach freier Wahl in Markt- und Eigennachfrage nach (Arbeits-)Zeit aufgeteilt wird. Diese „Eigenarbeit“ kann konsumtiv zur Freizeit oder investiv zur Qualifikation oder zur Suche nach besseren Jobs (Sucharbeitslosigkeit) verwendet werden.

Soll die Annahme einer – modellgemäß – steigenden Angebotsfunktion realistisch sein, setzt dies die reale Existenz von Opportunitätskosten des Arbeitskraftangebots für den Anbieter voraus. Das bedeutet, daß er existenzsichernde Alternativoptionen zum Verkauf der eigenen Arbeitskraft haben muß. Das kann entweder (1) bedeuten, daß für den Besitzer von Arbeitskraft die Möglichkeit besteht, seine Arbeitskraft selbst mit Kapital zu kombinieren – also Arbeiterunternehmer zu werden. Oder (2) es kann bedeuten, daß sozialstaatliche Formen der Existenzsicherung als Alternativen zu abhängiger Erwerbstätigkeit verfügbar sind.

(1) Der Zugang zu Produktionsmitteln ist den Arbeitskraftbesitzern jedoch aus systematischen und praktischen Gründen weitestgehend verwehrt. Arbeitskraft existiert nur in ihrer Anwendung (vergleiche Polanyi 1977, Offe, Hinrichs 1984). Das reine Arbeitspotential, solange es nicht mit Produktionsmitteln kombiniert ist, ist daher wertlos. Da das Arbeits-„Vermögen" eben keinen marktfähigen, veräußerbaren und damit beleihbaren Vermögenswert darstellt, können die Haushalte, die nichts anderes als Arbeitskraft besitzen, keine ausreichenden Sicherheiten für einen Kredit bieten und kommen deshalb als Nachfrager auf dem Kapitalmarkt nicht in Frage. Der Besitz von Kapital eröffnet den Zugang zum Arbeitsmarkt, nicht aber der Besitz von Arbeitskraft den Zugang zum Kapitalmarkt (vergleiche Vogt 1983).

(2) Maßnahmen der sozialen Sicherung, die eine begrenzte Option auf Nichtarbeit eröffnen, passen durchaus ins neoklassische Marktmodell. Denn sie kompensieren teilweise die nicht gegebene Möglichkeit zur Eigenarbeit sowie die fehlende Vermögenseigenschaft des Arbeitspotentials. Das politisch vermittelte Transfereinkommen erzeugt

erst jene „Alternativkosten“ des Arbeitens, die das neoklassische Modell a priori unterstellt (vergleiche Vobruba 1986).

Aus dem traditionellen neoklassischen Ansatz folgt das Postulat, daß bei Arbeitslosigkeit über sinkende Löhne Vollbeschäftigung wieder erreicht werden könne. Moderne Varianten der Neoklassik liefern Begründungen für die in der Realität beobachtbare Starrheit der Löhne bei Arbeitslosigkeit – ohne dabei auf das alte Argument der Gewerkschaftsmacht zu rekurrieren.

Keynes' Position zum Problem der Arbeitslosigkeit unterscheidet sich davon grundlegend: Selbst wenn es zu Nominallohnsenkungen käme, muß dies nicht wieder zu Vollbeschäftigung führen. Aus einzelwirtschaftlicher Perspektive ist zwar zu erwarten, daß ein Angebotsüberschuß eines Produktionsfaktors zumeist durch die Senkung seines relativen Preises (im Vergleich zu den übrigen Preisen) abgebaut wird. Da jedoch der Preis der Arbeitskraft als Kostenfaktor in jeden Produktionsprozeß eingeht, vermindert sich bei allgemeinen Nominallohnsenkungen das Kostenniveau in der Gesamtwirtschaft, und zugleich geht die nominelle Güternachfrage der Arbeiterhaushalte zurück. Dies kann dazu führen, daß die Preise im gleichen Umfang wie die Löhne sinken und somit der Reallohn (als relativer Preis der Arbeitskraft) unverändert hoch bleibt oder nur geringfügig nachgibt.

Ein Verfehlen des markträumenden Reallohns der neoklassischen Modellwelt muß demnach keineswegs die Folge einer starrsinnigen Lohnpolitik der Gewerkschaften sein. Aufgrund der makroökonomischen Abhängigkeit des Preisniveaus vom Nominallohn haben es die Anbieter von Arbeitskraft gar nicht in der Hand, über Nominallohnvariationen – und nur auf diese haben sie Einfluß – Positionen auf ihrer Angebotsfunktion zu erreichen (vergleiche Kregel 1987, Hahn, Solow 1986). Auf dem Arbeitsmarkt werden weder bindende Verträge über das Beschäftigungsvolumen noch über die Reallöhne abgeschlossen. Der Satz „Die Vollbeschäftigung liegt in der Hand der Tarifvertragsparteien“ (Engels 1984: 47) ist falsch. Da das Reallohn-(kosten)niveau nicht Verhandlungsgegenstand, sondern Ergebnis des Wirkens ökonomischer Funktionszusammenhänge ist, kann reallohnkostenbedingte Arbeitslosigkeit nicht freiwillige Arbeitslosigkeit genannt werden.

Änderungen in den Knappheitsrelationen auf den Arbeits- und Gütermärkten berühren vor allem den Geldwert.[2] Dieser Funktionszusammenhang ist nach „oben“ bei faktorpreisbedingten Preisniveausteigerungen allgemein bekannt: Mit Nominallohnsteigerungen intendierte Umverteilungsprozesse zugunsten der Lohnempfänger werden durch Inflation zunichte gemacht. Dieser Funktionszusammenhang gilt aber auch in die andere Richtung, nach „unten“. Nominallohnzurückhaltung („Lohngeschenke an die Unternehmer“) nützt den Unternehmen dann nichts, wenn sie zu entsprechenden Verringerungen der Inflationsrate oder zu Deflation führt: Der intendierte Umverteilungsprozeß zugunsten der Gewinnneinkommen funktioniert nicht (vergleiche Spahn 1983).

Aus der Perspektive der makroökonomischen Systemstabilität haben Gewerkschaften somit die Funktion, absolute Lohnsenkungen zu verhindern, die bei einer ungeregelten Lohnkonkurrenz im Fall eines Überschusses an Arbeitskraftangebot auftreten würden; eine dadurch bewirkte echte Deflation verursacht in einer Geldwirtschaft (wie in der großen Weltwirtschaftskrise der dreißiger Jahre) einen Zusammenbruch der Wirtschaftsaktivität, weil es individuell rational wird, Geld zu horten statt Nachfrage zu entfalten oder Kredite zu vergeben. Dazu kommt, daß die reale Belastung der Schuldner mit dem steigenden Geldwert enorm ansteigt. All dies führt dazu, daß die Investitionsneigung zusammenbricht.

Nun kann man einwenden, auch unter Beachtung dieser makroökonomischen Zusammenhänge müsse die Vollbeschäftigung über partielle Lohnsenkungen für bestimmte Arbeitsleistungen erreichbar sein. Arbeitslose müßten prinzipiell bereit sein, ihre Anforderungen an die Qualität der Arbeitsplätze zu reduzieren und zum Beispiel Dienstleistungen (wie Fensterputzen) zu einem solchen Preis anzubieten, daß alle Arbeit finden. Tatsächlich sind im Laufe der Zeit viele Märkte für Dienstleistungen verschwunden. Diese Arbeiten sind „unbezahlbar" geworden, weil der Reallohnanstieg in der Gesamtwirtschaft dem Produktivitätszuwachs folgt,[3] der jedoch nur in einem Teilbereich der Wirtschaft realisiert wird; deshalb verteuern sich bestimmte Arbeitsleistungen überproportional und werden weniger nachgefragt.

Können nun Arbeitslose mit frei vereinbarten Löhnen diese „Marktlücken" füllen? Der Vorschlag, Vollbeschäftigung über Niedriglöhne anzusteuern, gerät hier in ein Dilemma. Durch niedrigere Löhne ließen sich zweifellos mehr Jobs im Dienstleistungsbereich schaffen. Ob man damit allerdings Vollbeschäftigung herstellen kann, ist mehr als zweifelhaft. Lohnkostenbedingte Motive für massive Mehreinstellungen ergäben sich nur aus radikalen Lohnsenkungen. Aber bei radikalen Lohnsenkungen (die für sich genommen zu Löhnen unterhalb des Existenzminimums führen können) werden die Marktgesetze zu einer Korrektur der eingetretenen Verzerrung in der gesamtwirtschaftlichen Lohnstruktur führen. Auch in anderen Bereichen der Volkswirtschaft werden die Löhne sinken – und dies hebt schließlich die Voraussetzung auf, unter der die Strategie einer partiellen Steigerung der Beschäftigung in einem gewissen Ausmaß auch funktioniert: die Voraussetzung eines gegebenen gesamtwirtschaftlichen Einkommens. Die Politik der Deregulierung des Arbeitsmarkts kann den makroökonomischen Funktionszusammenhängen nicht entgehen.

Wir fassen vorläufig zusammen. Zum einen: Der Produktionsprozeß ist ein nach der Seite der natürlichen Ressourcen einschließlich der Arbeitskraft hin offenes System. Die Angebotsseite des Arbeitsmarkts ist jedoch durch keinen zwingenden Gleichgewichtsmechanismus in das ökonomische System der Marktzusammenhänge integriert. Das Ausmaß des Angebots an Arbeitskraft folgt im wesentlichen außerökonomischen Determinanten. Die Mengenreaktionen des Arbeitskraftangebots erfolgen daher auch nicht im Sinne des Gleichgewichtsmechanismus. Dagegen folgen Variationen der Nachfrage nach Arbeitskraft, Absorption und Freisetzung, ökonomischen Gegebenheiten. Sie folgen dem nachfrageabhängigen Wirtschaftswachstum und den technologieabhängigen Änderungen im Verhältnis von Produktion und Beschäftigung. Aus dieser strukturellen Asymmetrie ergeben sich systematisch strategische Nachteile für die Arbeitskraftanbieter auf dem Arbeitsmarkt. Zum anderen: Gegenstand von Arbeitskontrakten sind Nominallöhne. Als Lohnkostenbelastung der Unternehmen relevant und daher für das unternehmerische Nachfrageverhalten nach Arbeitskräften von Bedeutung sind Reallöhne. Die Kosten der Arbeitskraft gehen tendenziell in alle Preiskalkulationen ein. Dies kann zu gegensinnigen Entwicklungen von Nominallöhnen und Geldwert führen: Aus sinkenden Nominallöhnen folgt ein steigender Geldwert und damit Konstanz der Reallöhne. Auf der Vertragsebene intendierte Lohnkostenentlastungen werden auf der Geldwertebene zunichte gemacht. Aus diesem Grunde ist der Preismechanismus zur Herstellung eines Gleichgewichts auf dem Arbeitsmarkt zu schwach.

Daraus ergeben sich zwei Schlußfolgerungen:

(1) Eine anhaltende Arbeitslosigkeit deutet keineswegs auf ein „Marktversagen“ oder auf eine „Krise der kapitalistischen Ökonomie“ hin. Sieht man von konjunkturellen Kri-

sensituationen ab, in denen der makroökonomische Marktmechanismus gestört ist, so kann eine Arbeitslosigkeit über längere Zeit eine Wirtschaftsentwicklung begleiten, die von einer hohen güterwirtschaftlichen Leistungsfähigkeit gekennzeichnet ist. Der Kapitalismus ist ein sehr effizientes System zur Güterversorgung. Vollbeschäftigung ist nichts als eine politische Norm, die dem Funktionsmechanismus der Märkte für sich genommen fremd ist.

(2) Indem das ökonomische System zwar die Beschäftigungshöhe bestimmt, ein Auftreten von Arbeitslosigkeit aber nicht ausschließt, entsteht das gesellschaftliche Problem der Existenzsicherung für diejenigen, die vom Beschäftigungssystem nicht integriert werden. Eine kompensatorische Sozialpolitik, die ein arbeitsmarktexternes Einkommen sichert, gehört deshalb zu den gesellschaftlichen Stabilitätsbedingungen der Marktwirtschaft. Solche Transferzahlungen wurden jedoch an marktwirtschaftliche Prinzipien rückgebunden, indem ihr Bezug unter lohnarbeitszentrierte Voraussetzungen (Anwartschaften, Arbeitsbereitschaft) gestellt wurde (vergleiche Vobruba 1989). Damit ist eine spezifische Selektivität von Sozialpolitik angelegt: Bei anhaltender Massenarbeitslosigkeit wird es den einzelnen unmöglich, diese Voraussetzungen zu erfüllen.

Geht der Arbeitsgesellschaft die Arbeit aus? Beschäftigung und Arbeitslosigkeit in der Bundesrepublik

Die Schlußfolgerung aus der skizzierten – im Kern keynesianischen – Theorie des Arbeitsmarkts ist, daß bei ihm von einem Markt im eigentlichen Sinne nicht die Rede sein kann. Die beiden Marktseiten entwickeln sich unabhängig voneinander, und es existiert kein zwingender Marktmechanismus, der zu einem Ausgleich von Angebot und Nachfrage führt. Man muß das Beschäftigungsproblem in eine Nachfrage- und eine Abgebotskomponente zerlegen. Ein Nachfrageproblem entsteht zum einen aus der Interaktion von Finanz- und Gütermärkten, wenn das Produktionswachstum relativ nachläßt, zum anderen, wenn die Koppelung zwischen Produktion und Beschäftigung aufgrund eines starken arbeitskraftsparenden technischen Fortschritts lockerer wird. Ein Angebotsproblem entsteht dagegen aus Veränderungen des Arbeitspotentials, die sich unabhängig von der Knappheitsrelation auf dem Arbeitsmarkt entwickeln können.

Das Wirtschaftswachstum in der Bundesrepublik folgt einem sinkenden Trend.[4] Damit mußte sich auch das Beschäftigungswachstum vermindern. Es fällt aber auf, daß der Zusammenhang zwischen diesen beiden Größen in den vergangenen Jahrzehnten in Zyklus und Trend nicht nur stabil geblieben, sondern sogar enger geworden ist (Abbildung 1). Das bedeutet, daß die Nachfrage- und Produktionsentwicklung für die Höhe der Beschäftigung eher noch bestimmender geworden ist. Dies liegt daran, daß das Wachstum der Arbeitsproduktivität im Trend ebenfalls nachgelassen hat (Abbildung 2). Dabei lag die Wachstumsrate der Stundenproduktivität in allgemeinen oberhalb der Wachstumsrate der Erwerbstätigenproduktivität. Die Differenz zwischen diesen Zeitreihen ist die Veränderung der effektiven Arbeitszeit pro Erwerbstätigen.

Man kann den langfristigen Überhang der Wachstumsrate der Stundenproduktivität über das Sozialproduktwachstum als Lockerung des langfristigen Zusammenhangs von Produktion und Beschäftigung interpretieren (vergleiche Welsch 1985). Der dadurch bedingte Trend zu einer „produktivitätsbedingten" Arbeitslosigkeit ist jedoch durch die Verringerung der durchschnittlichen Arbeitszeit abgeschwächt worden.[5]

Dabei hat allerdings die tarifliche Komponente dieser Arbeitszeitverkürzung von den sechziger bis zu Anfang der achtziger Jahre in beschäftigungspolitisch unerwünschter Weise abgenommen (vergleiche Mertens 1982: 191). Erst in jüngerer Zeit ist mit den Schritten zur anvisierten 35-Stunden-Woche wieder Bewegung in die Arbeitszeitpolitik gekommen.

Gemeinhin wird jedoch die These einer Entkoppelung von Produktion und Beschäftigung in dem Sinne aufgestellt, daß neue technologische Entwicklungen Produktivitätssteigerungen ausgelöst hätten, welche für die gegenwärtige Massenarbeitslosigkeit verantwortlich seien. Ein solcher Zusammenhang von Produktivitätsentwicklung und Beschäftigungsentwicklung läßt sich empirisch nicht nachweisen.

Von einer ins Gewicht fallenden technologischen Arbeitslosigkeit und davon, daß „der Arbeitsgesellschaft die Arbeit ausgeht“ (Arendt 1981, Dahrendorf 1983), kann keine Rede sein. Die bisherige Entwicklung ist nicht von einem immer stärkeren Produktivitäts- gegenüber dem Wirtschaftswachstum gekennzeichnet; vielmehr ist letzteres hinter ersterem zurückgeblieben, wobei eben auch der Produktivitätsfortschritt eher nachgelassen hat.

Die im Trend rückläufige Arbeitskraftnachfrage beruht viel mehr auf dem abgeschwächten Wachstum als auf höheren Produktivitätsraten. Gegen eine Wachstumsförderung über vermehrte Investitionen wird oft eingewendet, daß der Anteil der Rationalisierungsinvestitionen zugenommen habe und deshalb eine Steigerung der Investitionstätigkeit nutzlos sei, weil sie den Arbeitsmarkt gewissermaßen nicht erreiche. Dagegen ist zu sagen, daß die Einteilung in Erweiterungs-, Ersatz-, und Rationalisierungsinvestitionen nur sehr schwer vorzunehmen ist, da es aufgrund der laufenden Zunahme der technischen Leistungsfähigkeit der Produktionsmittel eigentlich keine Investition gibt, die nicht auch der Effizienzsteigerung dient. Zudem haben auch Rationalisierungsinvestitionen als Nachfragekategorie einen direkten positiven Beschäftigungseffekt. Ein negativer Effekt tritt rechnerisch nur ein, wenn die Kapitalintensität und die Kapitalproduktivität zusammen schneller wachsen als das Sozialprodukt. Die Kapitalproduktivität nimmt jedoch seit längerem ab.[6]

Grundsätzlich ist bei der Debatte um Produktivität und Beschäftigung zu beachten, daß das rentable Produktionsvolumen (insbesondere im Hinblick auf die internationale Wettbewerbsfähigkeit) selbst wieder positiv mit der Rationalisierung verknüpft ist, so daß von dieser Seite kein Grund besteht, in Produktivitätsfortschritten eine Bedrohung zu erblicken. Man kann nicht entschieden genug vor dem Irrglauben warnen, man könne die Produktivität um der Beschäftigung willen vermindern, ohne daß negative Rückwirkungen auf das Produktionsvolumen auftreten würden. Eine Abnahme des Produktivitätsfortschritts ist somit eher ein Negativposten, selbst wenn sich dadurch die Relation zwischen Wachstum und Beschäftigung „verbessert“.

Abgesehen von geringfügigen Modifikationen ist der gesamtwirtschaftliche Zusammenhang zwischen Produktion, Produktivität und Arbeitsnachfrage bemerkenswert konstant geblieben. Aus dem oberen Teil der Abbildung 1 – insbesondere angesichts der völlig regelmäßigen Beschäftigungszyklen – läßt sich jedenfalls nicht schließen, daß Mitte der siebziger Jahre grundlegende Wandlungen und Störungen in den Funktionsmechanismen der Ökonomie eingetreten sind. Dieser Eindruck entsteht erst bei der Betrachtung der Arbeitslosenquote, läßt jedoch im Zusammenhang mit den zyklischen Beschäftigungsveränderungen vor allem auf ein ungewöhnlich starkes

Wachstum des Arbeitspotentials schließen. Dies ist seit Mitte der siebziger Jahre der Fall (Abbildung 3). Dieser Angebotseffekt verdeckt – orientiert man sich an dem ungeeigneten Indikator der Arbeitslosenquote – die positiven Beschäftigungseffekte der Konjunktur, das heißt der (auch staatlichen) Nachfrageentwicklung.

Betrachtet man den gesamten Zeitraum der zurückliegenden Jahrzehnte, so wurde das (selbst variierende) Arbeitspotential in wechselndem Umfang absorbiert. Der große Angebotsüberschuß nach dem Zweiten Weltkrieg wurde mit den hohen Wachstumsraten der fünfziger Jahre sukzessiv abgebaut. Die Arbeitskräfteknappheit des deutschen Erwerbspotentials in den sechziger Jahren wurde durch den Import von Gastarbeitern und Bemühungen um den Arbeitsmarkteintritt von Frauen zu beheben versucht; zwei Gruppen von Arbeitskräften, die man in übrigen in Krisenzeiten regelmäßig wieder nach Hause schickt oder wenigstens zu schicken versucht. Seit den siebziger Jahren belastet wiederum ein erheblicher (inländischer) Potentialüberschuß, der unglücklicherweise mit einer Wachstumsabschwächung zusammentrifft, den Arbeitsmarkt. Klauder beziffert den Rückgang der Erwerbstätigen, das heißt den ökonomisch verursachten Anteil der Arbeitslosigkeit, mit 1,7 Millionen (1973 bis 1984). Bei einer Gesamtzahl von etwa 3 Millionen Arbeitslosen (2 Millionen Registrierte und 1 Million Stille Reserve) bleibt eine durch den Anstieg des Erwerbspersonenpotentials verursachte Komponente der Arbeitslosigkeit von 1,3 Millionen (vergleiche Klauder 1985: 138ff.). Diese Zahlen zeigen die Bedeutung von Angebots- und Nachfragekomponenten in der Entstehungsgeschichte des Beschäftigungsproblems. Blickt man in die Zukunft, so zeigen die Projektionen des IAB (Abbildung 3) die dominierende Rolle der Angebotsseite für das mittelfristig zu erwartende Beschäftigungsproblem.

All dies widerlegt nicht, sondern bestätigt eher die Position Keynesscher Theorie zum Geschehen auf dem Arbeitsmarkt. Ein Wachstum des Arbeitspotentials ist keine hinreichende Bedingung für ein Produktionswachstum.

Die Perspektiven der Wirtschaftspolitik

Die mangelnde analytische Unterscheidung zwischen Beschäftigungs- und Arbeitskraftangebotsproblemen führt in der theoretischen Diskussion und in der wirtschaftlichen Praxis zu Versuchen, durch Eingriffe in den Marktprozeß sowie durch Änderungen institutioneller Rahmenbedingungen ein Arbeitsmarktgleichgewicht herbeizuführen. Die Forderung nach weiteren Reallohnsenkungen steht dabei für den hilflosen Versuch, dem Markt die Integration der Arbeitslosen zu überantworten. Dieser Weg ist aber eher kontraproduktiv, weil er die durchaus intakten Funktionszusammenhänge des Produktionssystems mit zusätzlichen Nachfrageproblemen belastet.

Die Kritik von durch das System der sozialen Sicherung bewirkten Fehlsteuerungen im Marktprozeß ist dagegen durchaus berechtigt. So können gut gemeinte sozialpolitische Maßnahmen faktisch ins Gegenteil verkehrt werden.

> Der besondere Schutz einzelner Gruppen – Frauen, werdende Mütter, Wehrpflichtige, Behinderte, Jugendliche – schlägt mehr und mehr zu deren Nachteil aus. Ihre Chancen am Arbeitsmarkt werden geringer. Es ist eine wichtige Aufgabe der Gesellschaft, werdende Mütter zu schützen, die Opfer der Wehrpflichtigen zu mildern, die Chancen von Behinderten zu verbessern. Wenn man die Kosten aber nicht der Gemeinschaft, sondern dem Arbeitgeber auferlegt, dann müssen die „Begünstigten" die Lasten großenteils selbst in der Form geringer Beschäftigungsschancen oder niedriger Löhne tragen. (Engels 1984: 46)

Daraus läßt sich aber kein Argument für den Abbau von sozialpolitischen Maßnahmen gewinnen, sondern nur schließen, daß die Kosten sozialpolitischer Schutzmaßnahmen möglichst breit gesellschaftlich getragen werden müssen.

Die zuweilen vertretene These, erst die Möglichkeit der Ausnutzung sozialer Leistungen führe zur Entstehung einer – freiwilligen – Arbeitslosigkeit, ist hingegen unhaltbar. „Hinter der Arbeitslosigkeit verbirgt sich oft ein zu zwei Dritteln bezahlter Urlaub. Die Zahl derer ist gewachsen, die regelmäßige Arbeitslosigkeit zum Teil ihres Lebensplanes machen.“ (Engels 1985: 28) Solche Behauptungen sind empirisch ungedeckt und weisen auf ein Theoriedefizit: Allgemein fällt die neokonservative Position, ein „reiner“ Markt kenne kein Arbeitslosenproblem, sogar hinter den Erkenntnisstand der modernen neoklassischen Theorie zurück (vergleiche Hahn 1982). Reformen im Regulierungssystem des Wohlfahrtsstaats können – auch ohne Verletzung sozialer Ziele – bestehende Hemmungen im Wirtschaftsablauf beseitigen, nachhaltige Beschäftigungseffekte sind damit aber nicht zu erzielen. Eher ist durch Deregulierung eine Umverteilung der sozialen Risiken zu erwarten. Vor allem aber bedeutet Deregulierung nicht notwendigerweise mehr ökonomische Effizienz. Soziale Sicherung ebenso wie ein Set an Rechtsnormen als Rahmenbedingungen unternehmerischen Handelns können auch Voraussetzung für vermehrte Flexibilität(sbereitschaft) und höhere Produktivität bedeuten (vergleiche Vobruba 1988a).

Auch Keynes sah in einer Ausweitung der staatlichen Konsum- und Transferausgaben eine Gefahr, da ihre vergleichsweise niedrige „Produktivität“ generelle Finanzierungsprobleme mit sich bringt; ein staatliches Leistungsangebot in der Sozial- und Infrastrukturpolitik müsse die Einsicht in die entstehenden Kosten verdecken und könne zu Fehlanreizen bei ihrer Inanspruchnahme führen.

In bezug auf das Beschäftigungsziel hielt Keynes entgegen einer verbreiteten Meinung eine „defizitfinanzierte" Nachfragepolitik nur in konjunkturellen Krisenzeiten für ein taugliches Instrument. Mittel- und langfristig jedoch galt ihm das Auftreten einer steigenden Staatsverschuldung als Zeichen und Folge davon, daß die Wirtschaftspolitik ihre Aufgabe gerade nicht erfüllt. Diese bestand Keynes zufolge darin, die gesamtwirtschaftliche Nachfrage dauerhaft durch öffentliche Investitionen zu stabilisieren, deren Volumen bis zu 75 Prozent der gesamten Investitionen und bis zu 20 Prozent des Nettosozialprodukts ausmachen sollten – Werte, die bislang nirgends realisiert oder auch nur angestrebt wurden. Dadurch sollte ein für die Beschäftigung ausreichendes Wachstum bei einem (durch entsprechend hohe Steuereinnahmen gesicherten) ausgeglichenen Staatshaushalt erreicht werden (vergleiche Keynes 1980: 224f., 264ff., Guger, Walterskirchen 1987).

Allerdings ist Keynes' Plädoyer für mehr öffentlich (nicht unbedingt staatlich) kontrollierte Investitionen vor dem Hintergrund des damals vergleichsweise niedrigen Staatsanteils am Sozialprodukt zu sehen. Berücksichtigt man zudem, daß die Grenze zwischen öffentlichen Investitionen und öffentlichem Konsum nur schwer zu ziehen ist, so ist der heutige Zustand vom Keynesschen Ziel weniger entfernt als es auf den ersten Blick scheint. Als überzeugter Liberaler würde Keynes heute vermutlich gegen ein weiteres Wachstum der Staatsfähigkeit votieren.

Keynes hat auch selbst die Grenzen jeglicher Beschäftigungspolitik (einschließlich einer rein konsumtiven Nachfrageförderung) frühzeitig gesehen. Sie sind dadurch gezogen, daß bei einer Vollauslastung der Ressourcen (insbesondere auf dem Arbeitsmarkt) eine sich selbst verstärkende Inflationstendenz auftritt, der mit marktwirtschaftlichen Mitteln – und ohne die erreichte Vollbeschäftigung wieder zu opfern – nicht zu begegnen ist.

Die Inflation ist für eine entwickelte Geldwirtschaft deshalb ein (system-)bedrohendes Problem, weil sie den ökonomischen Kern der Funktionsweise des Kapitalismus, die Sicherung und Verwertung von (in monetären Einheiten bewerteten) Vermögen, berührt. Steigende Inflationsraten rufen Abwehrreaktionen der Vermögensbesitzer hervor, die zu Fehllenkungen auf Gütermärkten und letztlich zu einer Flucht aus dem nationalen Geld führen. Das ökonomische System kann sehr wohl mit einer Verletzung des Beschäftigungsziels und einer geringen Inflationsrate leben, nicht aber mit einer fortschreitenden Erosion der Geldwertstabilität. Aufgrund von Erwartungsmechanismen tendiert jedoch jede Inflation zur Selbstverstärkung. Die Inflation ist deshalb – im Gegensatz zum gesellschaftspolitischen Problem der Arbeitslosigkeit – ein ökonomisches Problem, das bekämpft werden muß. Dieser ökonomische Funktionsimperativ setzt sich umstandslos in Politik um, denn die Verletzung des Zieles der Geldwertstabilität trifft alle, die Verletzung des Zieles der Vollbeschäftigung aber nur die Arbeitlosen (vergleiche Spahn 1988, Vobruba 1988).

Keynes war sich der Tatsache wohl bewußt, daß Vollbeschäftigung gewissermaßen eine künstliche Marktkonstellation darstellt, die nur durch eine partielle Außerkraftsetzung von ökonomischen Marktmechanismen (Lohninflation, Kapitalflucht) aufrechterhalten werden kann. Er plädierte deshalb für eine politische Lohnkontrolle und eine Kontrolle der Außenwirtschaftsbeziehungen, insbesondere der internationalen Kapitalbewegungen (was eine Entkoppelung vom Weltmarkt bedeutet). Nur unter diesen Bedingungen ist eine „Politik des leichten Geldes", die den Zinssatz niedrig hält, möglich (vergleiche Riese 1986: 249ff.). Beide Bedingungen sind heute nicht erfüllt, institutionelle Reformen in dieser Richtung nicht in Sicht. Sie gelten auch nicht einmal als wünschbar, weil sie wiederum andere Probleme und Nachteile mit sich brächten.

All dies bedeutet nicht, daß die Möglichkeiten einer nachfrageseitigen Beschäftigungspolitik heute erschöpft sind. Zum einen bietet sich für die – von Keynes favorisierte – Ausweitung öffentlicher Investitionen ein Ansatzpunkt beim Umweltproblem. Die Beseitigung der entstandenen Schäden und die Vorsorge für eine ökologisch orientierte Produktionsstruktur stellen eine gesellschaftliche Aufgabe dar, die dem Wiederaufbau des Produktionspotentials nach dem Zweiten Weltkrieg vergleichbar ist.[7] Auf der anderen Seite wird insbesondere in der Bundesrepublik der Spielraum der Finanzpolitik überhaupt unterschätzt, da der Staatshaushalt weitgehend konsolidiert und das Inflationsproblem angesichts des großen Angebotsüberschusses an Arbeitskraft unter Kontrolle ist.

Die bestehende Arbeitsplatzlücke kann selbst bei einer hohen Investitionstätigkeit nur mittelfristig abgebaut werden. Damit stellt sich die Frage nach den heute möglichen Alternativen der Wirtschaftspolitik. Bereits seit den siebziger Jahren richten sich viele Hoffnungen auf die Arbeitsmarktpolitik. Sie ist ursprünglich in der Phase der Vollbeschäftigung als ein Konzept entstanden, um das Arbeitskraftangebot, das damals Engpaßfaktor war, in struktureller und globaler Hinsicht zu erweitern. Aber auch in einer Zeit allgemeiner Arbeitslosigkeit wird auf strukturelle Diskrepanzen zwischen Arbeitskraftangebot und -nachfrage verwiesen, die eine Arbeitsmarktpolitik zur Förderung von Mobilität und Flexibilität notwendig mache.

Die gewachsenen Strukturprobleme auf Güter- und Arbeitsmärkten sind jedoch eher Folge als Ursache der Wachstumsabschwächung. Bei hohem Wachstum vollzieht sich der Strukturwandel durch Veränderung der sektoralen Wachstumsraten von Produktion und Beschäftigung. Bei niedrigem Wachstum ist hingegen auch ein absolutes Schrumpfen bestimmter Branchen notwendig.[8] Dadurch ergibt sich ein Zwang zu einer erhöhten Mobilität und Anpassungsbereitschaft der Beschäftigten und Arbeitslosen. Das monierte Defizit an Flexibilität auf dem Arbeitsmarkt ist nicht notwendigerweise die Folge eines gewachsenen Anspruchsverhaltens der „unbeweglicher" gewordenen Arbeitnehmer, sondern einfach eine Begleiterscheinung des verringerten Wachstums.

Die Arbeitsmarktpolitik kann die Beschäftigungschancen einzelner Arbeitnehmer(gruppen) erhöhen und zu einer besseren Ausnutzung des durch die gesamtwirtschaftliche Nachfrage gegebenen Beschäftigungspotentials beitragen; sie kann dieses Potential selbst jedoch nur unwesentlich erhöhen. Dies läßt sich beispielhaft an einem Instrument der Arbeitsmarktpolitik verdeutlichen. So können Lohnsubventionen (wie die Lohnpolitik überhaupt) dann Beschäftigungseffekte erzielen, wenn sie die Marktfähigkeit bestimmter Arbeitskraftanbieter oder die relative ökonomische Situation einer Branche oder Region verbessern. Damit wird die Lohn(subventions)politik zur Strukturpolitik, die dann sinnvoll ist, wenn an einer bestimmten Stelle des ökonomischen Systems die Erhaltung von Arbeitsplätzen – aus welchen Gründen auch immer – als besonders wichtig eingeschätzt wird.[9] Im Gegensatz dazu sind allgemeine Lohnsubventionen analytisch allgemeinen Nominallohnsenkungen gleichzusetzen, wenn bei konstantem Budgetdefizit die vermehrten Transferzahlungen an die Unternehmen durch eine Abnahme der Staatsausgaben kompensiert werden und somit die monetäre Nachfrage sinkt. Bei unveränderten Staatsausgaben hingegen sind Lohnsubventionen gleichbedeutend einer expansiven Finanzpolitik und unterliegen den für sie maßgeblichen Restriktionen.

In jüngerer Zeit wird insbesondere die Qualifikationsförderung als arbeitsmarktpolitische Aufgabe betont. Man muß jedoch zunächst festhalten, daß die Unternehmen eigentlich immer über einen Mangel an „geeigneten“ Arbeitskräften klagen – besonders bei Vollbeschäftigung, wenn ein „leergefegter“ Arbeitsmarkt bei hohen Absatzchancen zur Einstellung auch wenig qualifizierter Arbeitnehmer zwingt. Vom Standpunkt der Unternehmen stellt eine von ihnen finanzierte Ausbildung am Arbeitsplatz ein typisch „öffentliches Gut“ dar: Sie tragen die Kosten, können sich jedoch der Erträge nicht sicher sein, weil die dann qualifizierten Arbeitnehmer den Betrieb verlassen und an anderer Stelle ein höheres Einkommen erzielen können. Gleichwohl haben sich die Unternehmen (insbesondere in der Bundesrepublik) stets um die interne Ausbildung bemüht, sei es, weil sie Mittel und Wege sahen, „ihre“ Arbeitnehmer an den Betrieb zu binden oder weil sie in einem impliziten Einverständnis davon ausgingen, daß solche Maßnahmen allen nützen und sich deren Kosten langfristig annähernd gleich verteilen.

Arbeitlosigkeit beseitigt natürlich nicht den Mangel an qualifizierten Arbeitskräften. Sie geht sogar mit einem eher steigenden Anspruchsniveau der Unternehmer einher: Zum einen wird die Erwartungshaltung bestärkt, daß unter den vielen Arbeitslosen der „optimale“ Bewerber zu finden sein müsse; zum anderen ist der Zwang zur effizienten Produktion (mit Hilfe qualifizierter Arbeitskräfte) dann in der Regel größer als in Zeiten von Prosperität und Vollbeschäftigung. In einer solchen Situation anhaltender Unterbeschäftigung sehen die Unternehmen die Chance einer Kostenexternalisierung, indem sie die Finanzierung dieser Vorleistung vom Staat verlangen. Sie werden dabei von den Gewerkschaften unterstützt, da ja auch denkbar wäre, daß sich die Arbeitnehmer in ihrem eigenen Interesse über eine anfänglich geringere Entlohnung an den Ausbildungskosten beteiligen (müssen). Eine solche Forderung ist insbesondere dann erfolgreich, wenn sich der Staat unter dem politischen Legitimationsdruck sieht, „aktive“ Maßnahmen gegen die Arbeitslosigkeit vorzuweisen.

Das immer wieder bemühte empirische Faktum, daß die Arbeitslosen im Vergleich zu den Beschäftigten schlechter qualifiziert sind, darf nicht den Schluß provozieren, daß es Arbeitslosigkeit gibt, weil die Qualifikation der Arbeitslosen ungenügend ist. Eine verringerte Produktion führt vielmehr natürlicherweise zur Freisetzung der weniger produktiven Arbeitskräfte. Die qualifikatorische Arbeitsmarktpolitik ist daher ein Instrument, um auf die gesellschaftliche Verteilung des individuellen Risikos der Arbeitslosigkeit Einfluß zu nehmen.[10] Generell wird die Qualifikationspolitik zu einem Austauschprozeß zwischen „guten“ Arbeitslosen und „schlechten“ Beschäftigten führen. Dies ist mit Kostenentlastungen und Produktivitätsgewinnen verbunden, wodurch über eine Ertragssteigerung ein indirekter Produktions- und Beschäftigungseffekt eintreten kann.

Darüber hinausgehende, direkte Beschäftigungseffekte sind von einer Höherqualifizierung der Arbeitslosen nur dann zu erwarten, wenn bei vorhandenen Absatzmöglichkeiten eine potentiell profitable Produktion sonst nicht realisiert werden kann. Die Relevanz dieses Falles wird gerade gegenwärtig in einer Zeit raschen strukturellen Wandels und technologischer Innovationen betont. Um im (internationalen) Wettbewerb mit „intelligenten“ und hochwertigen Produkten bestehen oder um in diesen Wettbewerb eintreten zu können, sind die Unternehmen mehr denn je auf die „skills“ der Beschäftigten angewiesen. Es sind jedoch Zweifel daran angebracht, ob staatliche Programme zur Ausbildung von Arbeitslosen die vielseitig und hoch qualifizierten „Spitzenkräfte“ hervorbringen können, die immer und überall knapp sind.

Damit wird deutlich, daß die makroökonomische Funktion der Arbeitsmarktpolitik im Kern darin besteht, als Bestandteil der Strategie der Angebotspolitik die Effizienz des Produktionsprozesses zu erhöhen. Dazu gehört auch, ein irreversibles Herausfallen eines wachsenden Teils der Arbeitslosen aus dem effektiven, das heißt marktfähigen, Arbeitsangebot zu verhindern. Ohne „konservierende" Maßnahmen würde sich ansonsten mit der Dauer der Arbeitslosigkeit die soziale und berufliche Qualifikation der Arbeitslosen vermindern, so daß sie als potentielle Konkurrenz der Beschäftigten nicht mehr in Frage kämen. Damit ist gesagt, daß eine Aufrechterhaltung eines Arbeitskraftangebotsüberschusses aus systemlogischen Gründen, das heißt für die Kapitalverwertung, durchaus sinnvoll sein kann: Die „industrielle Reservearmee" trägt zur Wahrung der Arbeitsdisziplin, Produktivität und Geldwertstabilität bei. Ohne die Arbeitsmarktpolitik, die das Arbeitskraftangebot „am Markt" hält, bleiben dagegen nach und nach nur noch die sozialen und finanziellen Kosten der Arbeitslosigkeit bestehen, ihr funktionaler Beitrag dagegen entfällt. Mittels der Arbeitsmarktpolitik läßt sich somit – ob intendiert oder nicht – aus der Arbeitsmarktpolitik ein Effizienzgewinn für das ökonomische System erzielen. Qualifikationspolitik für Arbeitslose erhält sie in ihrer Funktion als industrielle Reservearmee.

Aber auch eine „fortschrittlichere" Strategie muß darauf setzen, die Grenzen zwischen Beschäftigung und Arbeitslosigkeit durchlässiger zu gestalten, um die Ausbildung von starren Interessenblöcken von Arbeitslosen und „Arbeitsplatzbesitzern" möglichst zu verhindern. Um eine sich verfestigende Gesellschaftsspaltung in „Arbeitsplatzbesitzer" und Arbeitslose zu verhindern, sind dazu arbeitszeitpolitische Maßnahmen notwendig, die das Arbeitsvolumen umverteilen können. Es ist zu beachten, daß sich diese Argumentation für eine Verkürzung der individuellen Arbeitszeit fundamental von einer anderen unterscheidet, die gegenwärtig ebenfalls vertreten wird: Danach wird eine Arbeitszeitverkürzung gefordert, um nicht mehr erwünschte und nutzbare Steigerungen der Güterproduktion gegen mehr Freizeit einzutauschen. Dieses Szenario überschüssiger Ressourcen auf dem Gütermarkt, das heißt hohe Produktivität und gleichzeitige Bedürfnissättigung, trifft für die gegenwärtige Situation kaum zu. Nicht Überschuß, sondern Mangel, nämlich ein Mangel an Arbeitsplätzen, legt eine Arbeitszeitverkürzung nahe.

Dieser Unterschied hat erhebliche Konsequenzen. Zum einen ist die Frage nach dem Lohnausgleich anders, nämlich restriktiver zu beantworten als im Wohlstandsszenario; eine Arbeitszeitverkürzung wird unter den heutigen Bedingungen eher den Charakter einer Arbeitsumverteilung und damit auch einer realen Einkommensumverteilung haben. Daraus folgt zweitens, daß eine Arbeitszeitverkürzung vor einem doppelten Umsetzungshindernis steht: Die Marktstellung der Arbeitnehmer zur Durchsetzung von Forderungen und Ansprüchen überhaupt ist schwächer als in Vollbeschäftigungsphasen, und die Interessenvertretungen der Arbeitnehmer müßten faktisch eine Verminderung der Realeinkommen der Beschäftigten „fordern", um Arbeitsplätze und -einkommen für die Arbeitslosen zu ermöglichen. Daß die Bereitschaft dazu nicht sonderlich hoch ist, dürfte nicht verwundern.

Damit sind die Aussichten für die mittelfristige Entwicklung auf dem Arbeitsmarkt eher ungünstig. Die Arbeitskraftnachfrage läßt sich in den kommenden Jahren selbst bei einem wirtschaftspolitisch forcierten Wachstum nicht ausreichend erhöhen. Zudem wird bei einem stärkeren Wachstum auch der Produktivitätsfortschritt zunehmen, da mittlerweile ein großes Potential an technischem Fortschritt besteht, das im Zuge einer Steigerung der Wirtschaftsaktivität zur Anwendung kommen wird. Einer Verknappung des Arbeitskraftangebots stehen die Einkommensinteressen der Beschäftigten entgegen. Und ein garantiertes Grundeinkommen – unterstellt, es ist durchsetzbar – kann isoliert das Arbeitskraftangebot weder in mengenmäßig ausreichender noch in seiner Verteilung wünschenswerter Weise verringern (siehe unten). Also wird das Überschußangebot auf dem Arbeitsmarkt notwendigerweise Gegenstand der Sozialpolitik.

Anmerkungen

1 Nur diese Annahme rechtfertigt die verbreitete Redeweise, die Klassik habe eine Gleichgewichtstendenz auch für den Arbeitsmarkt behauptet. Der Verweis auf das berühmte „Saysche Gesetz“ reicht dagegen nicht aus, denn es bezieht sich in der Klassik allein auf das Zusammenspiel von Vermögens- und Gütermarkt. Behauptet wurde eine „Vollbeschäftigung“ des Kapitals – eine der Arbeit nur insoweit, wie sich der Arbeitsmarkt als Bestandteil des Gütermarkts interpretieren ließ.

2 Daher wird die Herbeiführung eines Angebotsüberschusses an Arbeit zu einem zentralen Instrument der Inflationsbekämpfung, indem sich dadurch die Steigerungsrate der Nominallöhne reduziert. Dieser Zusammenhang prägte die Wirtschaftspolitik der Bundesrepublik zwischen 1973 und 1985 (vergleiche Spahn 1986).

3 Dieser makroökonomisch bedingte Zusammenhang ist langfristig (und im internationalen Vergleich) weitgehend unabhängig von der Stärke der gewerkschaftlichen Nominallohnpolitik. Im übrigen müssen Produktivitätszuwächse durch Reallohnsteigerungen (oder Arbeitszeitverkürzungen) verteilt werden, um säkulare Nachfrageprobleme auszuschließen.

4 Auf die Gründe dieser Entwicklung kann hier nicht eingegangen werden. Hinzuweisen ist auf die restriktive Wirtschaftspolitik seit Mitte der siebziger Jahre und auf endogene Prozesse auf den (internationalen) Vermögensmärkten, die ganz im Sinne der keynesianischen Theorie zu einem Rückgang der Nachfrage nach Realkapital geführt haben (vergleiche Spahn 1986).

5 Es besteht ein definitorischer Zusammenhang zwischen folgenden Wachstumsraten: $n = y \times a \times e$ und $a = h + t$; dabei bezeichnet n die abhängig Beschäftigten, y das reale Sozialprodukt, a die Erwerbstätigenproduktivität, e die Relation zwischen Erwerbstätigen und abhängig Beschäftigten, h die Produktivität auf Basis der Erwerbstätigenstunden und t die Arbeitszeit je Erwerbstätigen. Aufgrund des positiven Struktureffekts e wird die aus Abbildung 1 hervorgehende Koppelung der Entwicklung der abhängigen Beschäftigung an das Wirtschaftswachstum etwas überzeichnet.

6 Definitorisch gilt $n = y \times v \times k$, wobei n und y wie in Anmerkung 5 definiert sind und v die Veränderung der Kapitalproduktivität (reales Sozialprodukt im Verhältnis zum Kapitalstock) und k die Veränderung der Kapitalintensität (Kapitalstock pro Beschäftigen) bezeichnen.

7 Ein solches ökologisches Wirtschaftsprogramm könnte durch umweltpolitische Auflagen für den Bestand an Realkapital und langlebigen Konsumgütern unterstützt werden, die diese Ressourcen (analog zu einer kriegsbedingten Zerstörung) entwerten. Das ermöglicht prinzipiell eine Kopie des Nachfragebooms der fünfziger Jahre. Das zentrale Problem ist dabei natürlich die Verteilung auflagenbedingter Vermögensverluste. Die vorherrschende Praxis einer Auflagenbelastung für neue Wirtschaftsgüter wirkt dagegen eher als Investitionsbremse.

8 Jedoch nimmt das Tempo des Strukturwandels mit der Wachstumsrate ab. Die Strukturprobleme waren in den fünfziger und sechziger Jahren nicht geringer als heute, sie traten nur nicht als solche in Erscheinung, weil der Akkumulationsprozeß die freigesetzten Arbeitskräfte absorbierte.

9 Eine Gefahr besteht allerdings darin, daß der verständliche Lokalpatriotismus einzelner Politikinstanzen zu einem Subventionswettbewerb führt, in dem die Unternehmen auf Kosten des Staatshaushalts die verschiedenen Angebote gegeneinander ausspielen und für die Gesamtzahl der (subventionierten) Arbeitsplätze nichts gewonnen ist.

10 Ein für die sozialpolitische Zielsetzungen der Arbeitsmarktpolitik kontraintentionales Ergebnis kann sich dabei dadurch einstellen, daß sich die Kluft zwischen den Beschäftigungschancen der „qualifizierbaren" und der – aus welchen Gründen auch immer – weniger „lernfähigen" Arbeitslosen vertieft. Dies kann zur Verfestigung eines Bodensatzes von nicht vermittelbaren „Problemgruppen" des Arbeitsmarkts führen.

Verteilung von Arbeit

Arbeitszeitpolitik als Gesellschaftspolitik
Der Regulierungsbedarf des Arbeitskraftangebots

Einleitung

Arbeitszeit ist nicht irgendeine Modalität des Einsatzes menschlicher Arbeitskraft. Arbeitszeit regelt den Einsatz von Arbeitskraft grundsätzlicher als alle anderen organisatorischen, vertraglichen und gesetzlichen Bestimmungen. Der Grund für die fundamentale Bedeutung von Arbeitszeitregelungen ist: Arbeitskraft läßt sich überhaupt nur in Arbeitszeit quantifizieren. Nur in Zeitmaßen kann sie Gegenstand von Verhandlungen und Verträgen werden. Lohnarbeitsverhältnisse sind zuvorderst das Ergebnis von Abmachungen über Zeitverwendung.

Das besondere „Naheverhältnis“ von Arbeitszeitregelungen zur Arbeitskraft hat seine Ursache im fiktiven Warencharakter der Arbeitskraft. Die Besonderheiten dieser gesellschaftlichen Konstruktion habe ich im Abschnitt über „Arbeitskraft und Arbeitsmarkt“ dargestellt. Daran knüpfe ich nun an, um für die Notwendigkeit von Arbeitszeitregelungen im Rahmen einer Politik der Arbeit zu argumentieren.

Arbeitszeitpolitik erschöpft sich nicht darin, den Einsatz von Arbeitskraft zu regeln. Da Arbeitskraft mit ihrem Träger, dem arbeitenden Subjekt, untrennbar verbunden ist, ist Arbeitszeit immer auch Lebenszeit. Arbeitszeitregelungen strukturieren daher notwendigerweise Lebensverhältnisse. Darum ist Arbeitszeitpolitik Gesellschaftspolitik. Aus den Abweichungen der Arbeitskraft vom Muster marktgängiger Waren ergeben sich spezifische Gesetzmäßigkeiten für die Organisation ihrer Interessen. Ich will zeigen, daß Arbeitszeitregelungen der Angelpunkt dieser Interessenorganisation sind; daß die Dialektik von Organisation und Verknappung der Arbeitskraft, in der Gewerkschaftspolitik zu agieren hat, immer wieder auf Arbeitszeitverkürzung hin zugespitzt werden muß.

Die spezifische Konfiguration der gegenwärtigen Krise, „die doppelte Krise der Lohnarbeit", fordert Arbeitszeitpolitik in zweierlei Hinsicht. Arbeitszeitpolitik muß sowohl auf quantitative wie auf qualitative Funktionsdefizite des Arbeitsmarkts reagieren. Es geht zugleich um den Abbau von Arbeitslosigkeit und um die Milderung arbeitszeitlicher Rigiditäten, an denen sich neue Bedürfnislagen stoßen. Dies läuft auf die Notwendigkeit der Verbindung von Arbeitszeitverkürzung und Arbeitszeitflexibilisierung hinaus.

Arbeitszeit ist Lebenszeit

Daß Arbeitskraft abseits von Subjektivität nicht existiert, ist die Grundlage für die gesellschaftliche Doppelfunktion des Arbeitsmarkts: Der Arbeitsmarkt ist Allokationsmechanismus für den Faktor Arbeit. In diesem Aspekt erfaßt der Arbeitsmarkt die Arbeitskraft als Produktionsfaktor. Der Arbeitsmarkt ist Zuteilungsmechanismus von Lebenschancen. In diesem Aspekt erfaßt er die Arbeitskraft als Subjekt. Mit der Integration beider Funktionsaspekte erbringt der Arbeitsmarkt Vermittlungsleistungen zwischen den Erfordernissen der Kapitalverwertung einerseits und subjektseitigen Dispositionen, Ansprüche, Neigungen andererseits. Da sich Arbeitskraft nur in Zeiteinheiten bestimmen und daher auch nur in Zeiteinheiten zum Gegenstand von Arbeitsverträgen machen läßt, müssen die Vermittlungsleistungen des Arbeitsmarkts zentral darauf hinauslaufen, Konsense über Zeitverwendungen herzustellen. Dem Nachfrager nach Arbeitskraft geht es dabei um die Bereitschaft der Arbeitskräfte zur „Widmung" von Lebenszeit als Arbeitszeit. Für den Anbieter von Arbeitskraft geht es um den Erwerb von Geld „für's Leben" – also für die Lebenszeit außerhalb der Arbeitszeit – und um möglichst günstige Bedingungen während der Arbeit – also um die Gestaltung der Arbeitszeit als Lebenszeit.

> Das Geschehen, das der Ware Arbeitskraft im Produktionsprozeß und auf dem Arbeitsmarkt widerfährt, ist also immer zugleich das Schicksal, das einer Person in ihrem Lebenszusammenhang widerfährt und bis in die biographischen und sozialen Identitätsentwürfe der Person hineinreicht. (Neuendorff 1982: 90)

Lebenszeit als Arbeitszeit zu widmen, ist für den Lohnabhängigen existenznotwendig. Er kann sein Arbeitskraftangebot nicht strategisch – nach dem Muster normaler Warenanbieter – variieren, sondern wird zu seinem Angebot existentiell genötigt. Dies gilt in dem Maße, in dem sich keine Möglichkeiten des Rückgriffs auf arbeitsmarktexterne Existenzweisen bieten. Hier hat der Umstand, daß Arbeitskraft eine „rein fiktive, durch menschliches Wissen gesetzte, unnatürliche Ware" (Tönnies 1963: 82) ist, seine praktische Konsequenz. Gerade weil außerökonomische „Lebensmotive" für das Angebot der Arbeitskraft ausschlaggebend sind, muß sich die Arbeitskraft auf die ökonomischen Spielregeln, die ihr über den Arbeitsmarkt mitgeteilt werden, einlassen. Diese Nötigung produziert noch dazu ihre eigenen Blockaden: Lassen zwar außerökonomische Motive der Arbeitskraft angeraten sein, auf die ökonomischen Spielregeln einzugehen, so behindern eben diese Motive zugleich doch ein strikt ökonomisches Angebotsverhalten der Arbeitskraft.

> Nicht Produktivitätserwägungen beziehungsweise Interesse an einem möglichst hohen durchschnittlichen Ertrag je Arbeitseinheit bestimmen im Fall der Subsistenzgefährdung primär das Verhalten der Familie, sondern das Interesse an einem möglichst hohen Gesamtarbeitseinkommen, das die Überlebenschancen der Familie maximiert. (Hohn 1984: 129)

Dieses Merkmal traditionalen Wirtschaftens abzulegen ist der Arbeitskraft auch unter entwickelten kapitalistischen Bedingungen nicht restlos möglich. Ihrer rechtlichen und organisatorischen Sicherungsmechanismen entkleidet, reagiert auch „moderne“ Arbeitskraft, spätestens wenn ihr materielle Not droht, wieder „vorkapitalistisch“: Sie versucht Einkommenssicherung durch Ausweitung ihres Angebots. Die ökonomische Theorie beschreibt dies als die inverse Angebotsfunktion des Faktors Arbeit (vergleiche auch Heimann 1980: 221). Während die Anbieter auf den Preisverfall ihrer Waren mit Reduktionen der Angebotsmenge reagieren, nimmt das Angebot auf dem Arbeitsmarkt bei sinkenden Löhnen zu: zum einen, indem der einzelne Lohnabhängige versucht, durch Mehrarbeit seinen Versorgungsstandard zu halten, zum anderen, indem zusätzliche Arbeitskräfte auf den Arbeitsmarkt drängen, um die Höhe des Familieneinkommens zu sichern. Das außerökonomische Anbietermotiv führt für die Arbeitskraft damit zu einer paradoxen ökonomischen Konsequenz. Je mehr der Preis der Arbeitskraft sinkt, umso mehr Angebot an Arbeitskraft wird erzwungen. Die Konkurrenz der Anbieter untereinander nimmt zu, der Preis der Arbeitskraft verfällt weiter.

Vor dem Hintergrund dieses Zwangszusammenhangs wird die gesellschaftliche Bedeutung einer kollektiv verbindlichen Begrenzung der Arbeitszeit deutlich. Sie läßt sich auf zwei Ebenen darstellen. Den einzelnen Anbietern von Arbeitskraft wird durch kollektive Arbeitszeitbegrenzung Schutz vor der Dynamik der Anbieterkonkurrenz und vor kumulierenden Prozessen des Verfalls ihrer Arbeitsmarktchancen geboten.

Allerdings kann der Widerspruch von individuell rationalem Anbieterverhalten und kollektiver Anbietersituation auf dem Arbeitsmarkt selbst zu einem Hindernis für die organisatorische Zusammenfassung der Lohnabhängigen werden. Dies gilt insbesondere für die historischen Anfänge von Gewerkschaftsorganisation und Arbeitszeitverkürzung. Individueller Rationalität entspricht es, Einkommenseinbußen durch Mehrarbeit wett zu machen. Carl Fischer (1870) berichtet über seine Arbeit als Steinformer:

> Da gab mir der Anschreiber lauter diese Mauersteine zu machen und ich kriegte vorläufig keine andere Form mehr in die Hände. Aber es dauerte gar nicht lange, da theilte er mir mit, daß der Inschenjöhr einen ziemlich bedeutenden Abzug an meinen Steinen gemacht hatte, wiewohl ich kaum soviel verdient hatte wie die anderen. Aber das machte mir wenig aus, da machte ich eben täglich ein paar Steine mehr, und verdiente wieder eben soviel. (Emmerich 1974: 123)

Widerstand wurde innerhalb dieser Logik schon gegen die Einführung der Sonntagsruhe laut (vergleiche Tennstedt 1983: 255), und noch um die Wende zum 20. Jahrhundert „griffen kleinstädtische Handwerker und einzelne Fabrikarbeiter die ganze Idee einer gesetzmäßigen Beschränkung der Arbeitszeit an: ‚Warum läßt man uns nicht arbeiten, wie wir wollen?' (Lorin 1906: 371)"

(Stearns 1980: 242). Aus solchen Haltungen entstand „der dilemmatische Kreislauf von sinkender Entlohnung und expandierendem Arbeitsangebot“ (Hohn 1984: 131). Aus ihm auszubrechen, ist der einzelne Anbieter von Arbeitskraft systematisch überfordert. Dazu bedarf es der Organisation. Dies verweist auf die Bedeutung von Arbeitszeitbegrenzung auf der zweiten Ebene.

„Gewerkschaftliche Organisierung ist ein ständig sich erneuerndes Ergebnis eines historischen Erfahrungsprozesses von Lohnabhängigen.“ (Esser 1982: 228) Um zu organisiert-solidarischer Interessenverfolgung zu kommen, muß es gelingen, die Anbieterkonkurrenz der einzelnen Lohnabhängigen untereinander wenigstens temporär zu suspendieren (vergleiche Vobruba 1983: 72f.). Arbeitszeitbegrenzung stellt dafür eine notwendige – allerdings keine hinreichende – Bedingung dar. Notwendig ist Arbeitszeitbegrenzung als Organisationsfundament für die Vertretung der Interessen Lohnabhängiger in zweierlei Hinsicht: Zum einen schiebt sie der ruinösen, jeglichen Ansatz zu Solidarität zerstörenden Anbieterkonkurrenz einen Riegel vor; zum anderen schafft sie ein Minimum an zeitlichem Spielraum, in dem politisches Engagement, (Selbst-)Verständigung über kollektive Interessen, ein auf gemeinsamen Arbeits- und Lebenserfahrungen beruhendes „Wir-Gefühl“ (vergleiche Uhen 1964, Puls 1979) sich überhaupt erst entfalten kann. Konsequenterweise waren die Organisationsanstrengungen der Arbeiterbewegung mit der Forderung nach Arbeitszeitverkürzung verbunden. Der Kampf um den Ersten Mai als Symbol organisierter Stärke und der Kampf um den Acht-Stunden-Tag gingen ineinander auf (vergleiche Achten 1979).

Wenn die Suspendierung der Konkurrenz der Anbieter von Arbeitskraft Voraussetzung für organisierte Vertretung ihrer Interessen ist; wenn organisierte Interessenvertretung die Voraussetzung für kollektive Arbeitszeitbegrenzung ist; und wenn kollektive Arbeitszeitbegrenzung Bedingung für die Suspendierung der Anbieterkonkurrenz auf dem Arbeitsmarkt ist, dann muß Gewerkschaftspolitik im Rahmen der praktischen Dialektik von Organisation und Verknappung der Arbeitskraft operieren. Dem kann nie prinzipiell ein für alle Mal Genüge getan sein. Denn in der Folge des fortwährenden Fortschritts der Produktivität der Arbeit im Rahmen kapitalistischer Entwicklung verändern sich die relativen Knappheitsverhältnisse auf dem Arbeitsmarkt immer wieder zu Ungunsten der Arbeitskräfte. Darauf muß Gewerkschaftspolitik im Sinne einer Politik innerhalb der Dialektik von Organisation und Verknappung reagieren.

Arbeitszeitverkürzung. Interesse und Notwendigkeit

Begründungen der Forderung nach Arbeitszeitverkürzung stehen stets im Spannungsfeld von subjektiven Bedürfnissen und ökonomischen Funktionszusammenhängen, zwischen sozialen und wirtschaftlichen Motiven. Die Gemengelage der Motive läßt sich schon in der Geschichte der Forderung nach Arbeitszeitverkürzung (vergleiche Deutschmann 1982, Talos 1983) finden. Das Interesse der Arbeitenden an Arbeitsentlastung und vermehrter frei verfügbarer Zeit und die Notwendigkeit, arbeitskraftsparenden technischen Fortschritt in Arbeitszeitverkürzung umzumünzen, waren gemeinsam der Motor zunehmender Arbeitszeitbegrenzung. Ebenso müssen Begründungen aktueller Forderungen nach Arbeitszeitverkürzung, wenn sie nicht nur ökonomisch plausibel, sondern auch politisch durchsetzbar sein sollen, sich beider Motive vergewissern. In ökonomischen Diskursen läßt sich die („fachmännische“) Begründung für die Notwendigkeit von Arbeitszeitverkürzung gewinnen, und es lassen sich ökonomische Modalitäten ihrer Durchführung (Frage des Lohnausgleichs et cetera) erörtern. Die Durchsetzung von Arbeitszeitverkürzung jedoch muß auf einer Politik gründen, die an den Interessen der Betroffenen anknüpft. Der akademische Verweis auf die „objektiven" Potentiale an Befreiung, die arbeitskraftsparender technischer Fortschritt in sich birgt, ist gewiß nützlich; und der Appell an die „Solidarität der Arbeitenden mit den Arbeitslosen" ist notwendig und nicht ganz aussichtslos (vergleiche Engfer u.a. 1983).

Aber beides reicht noch nicht aus.

> Allein wo die Arbeitszeitverkürzungsforderung vorrangig mit Anliegen der Arbeitenden selbst begründet wird – Lust zum Leben, Befreiung von Arbeit über das unabdingbar notwendige Maß hinaus, Interesse an Tätigkeiten außerhalb derer, die gesellschaftlich als „Arbeit" definiert werden –, hat sie Chancen, eine Grundlage für Solidarität der objektiv als konkurrierend Dastehenden abzugeben. (Mückenberger 1982: 56)

Politisch-konzeptionell stellt sich in der gegenwärtigen Massenarbeitslosigkeit freilich „unabweisbar die Frage nach der Maßnahme mit dem größten Arbeitsmarkteffekt". (Bäcker, Seifert 1982: 249) Für politisches Handeln aber müssen die sozialen Motive zu Arbeitszeitverkürzung leitend sein. „Der Arbeitsmarktentlastungseffekt ist ein, in der gegenwärtigen Lage und auf absehbare Zeit erwünschter, Nebeneffekt." (Mertens 1982: 190)

Politik der Arbeitszeitverkürzung muß, will sie erfolgreich sein, an beiden Motiven anknüpfen. Prinzipiell gilt das immer. Es gilt noch verstärkt in der gegenwärtigen Krisenkonstellation.

In der gegenwärtigen Krise treffen zwei Entwicklungen zusammen. Einerseits kommt es zu Funktionsverlusten auf der Nachfrageseite des Arbeitsmarkts. Sie schlagen sich in Dauerarbeitslosigkeit und zunehmender Irreversibilität der Ausschlüsse aus dem Arbeitsmarkt nieder. Andererseits machen sich Irritationen auf der Angebotsseite des Arbeitsmarkts bemerkbar. Trotz dauernden quantitativen Mangels an Arbeitsplätzen artikulieren sich hartnäckig Zweifel qualitativer Art am Sinn der dominanten Form gesellschaftlicher Arbeit, Lohnarbeit. Diese Zweifel speisen sich im wesentlichen aus zwei Quellen. Zum einen stellt sich die Frage nach der Sinnhaftigkeit lebenslanger Lohnarbeit. Dies tangiert die Bereitschaft, den input an gesellschaftlicher Arbeit in jener Form zu erbringen, die Arbeitsmarkt und industriell-bürokratisierte Arbeitsbedingungen abverlangen. Zum anderen wächst die Sorge über die Folgeprobleme industriellen Wachstums. Daraus wiederum ergeben sich Bedenken gegen jene Spielarten wirtschaftlicher Wachstumspolitik, die Arbeitsplatzbeschaffung auch um den Preis der Förderung umwelt- und friedenspolitisch bedenklicher Produktarten betreibt (vergleiche Berger 1982, Jänicke 1982). Es sinkt also auch die Bereitschaft, jenen out-put in Kauf zu nehmen, der mit Arbeitsplatzbeschaffung im herkömmlichen Sinn verbunden ist.

Der Arbeitsmarkt wird also von zwei Seiten her partiell in Frage gestellt: Eine gesellschaftliche Gruppe, die Arbeitslosen, wird von seiner Allokations- und Zuteilungsfunktion nicht mehr erfaßt. Dies rührt vom Funktionsabfall auf der Nachfrageseite des Arbeitsmarkts her. Für eine weitere Gruppe – die freilich viel weniger eindeutig abgrenzbar ist –, Träger sogenannter postmaterialistischer Wertorientierungen, führt die Allokations- und Zuteilungsfunktion des Arbeitsmarkts nicht mehr zu überzeugenden Ergebnissen. Dies führt zu Ausgliederungsprozessen auf der Angebotsseite des Arbeitsmarkts.

Ich bezeichne die Konfiguration, in der beides zusammentrifft, als die doppelte Krise der Lohnarbeit. Arbeitszeitpolitik ist in der doppelten Krise der Lohnarbeit zweifach gefordert. Zum einen muß sie den Umverteilungseffekt des gesellschaftlichen Arbeitsvolumens im Auge behalten. Das Mindesterfordernis ist, den säkularen Trend zu kürzeren Arbeitszeiten bis zum Kriseneinbruch (vergleiche Mertens 1982: 191) in der Krise fortzusetzen. Dem freilich wird zur Zeit keineswegs genüge getan. Nach Berechnungen des IAB (Institut für Arbeitsmarkt- und Berufsforschung) ist die tatsächliche Jahresarbeitszeit der Arbeitnehmer zwischen 1960 und 1980 um 400 Stunden auf 1.684 Stunden zurückgegangen. Aber

der Rückgang der Arbeitszeit in diesen 22 Jahren geschah nicht kontinuierlich. In der Zeit von 1965 bis 1967 fiel der Rückgang stärker aus. Hingegen verlangsamte sich die jahresdurchschnittliche Abnahme zwischen 1975 und 1977 und ist seit 1979 nahezu zum Stillstand gekommen (Landenberger 1983: 10).

Arbeitszeitverkürzende Maßnahmen werden, entsprechend den Produktivitätsfortschritten und dem Nachrükken geburtenstarker Jahrgänge, noch über die Fortsetzung des langfristigen Trends hinaus erforderlich. Maßnahmen in diesem Komplex zielen als arbeitszeitpolitische Antwort auf den nachfrageseitigen Teil der doppelten Krise der Lohnarbeit. Zum anderen stehen arbeitszeitpolitische Reaktionen auf Entwicklungen auf der Angebotsseite des Arbeitsmarkts an. Erhebliche publizistische und politische Aufmerksamkeit wird hier dem Phänomen des „Aussteigers“ zuteil. An ihm läßt sich möglicherweise eine Tendenz plastisch machen, verallgemeinerbares Modell einer neuen Lebenshaltung ist es jedoch keineswegs. Eher läßt sich „Aussteigertum" als Symptom der Rigidität derzeitiger Arbeitszeitordnungen begreifen. Diese Rigidität legt für die Mehrzahl der Arbeitenden Alles-oder-nichts-Wahlsituationen fest: ganztags arbeiten oder gar nicht arbeiten, die Arbeitsverhältnisse in ihrer gegebenen Form akzeptieren oder sich auf wirtschaftliche Experimentierfelder einlassen. Die Bedürfnisse einer erheblichen Minderheit geraten vor solchen Alternativen unter die Räder. Dafür gibt es empirische Anhaltspunkte.

Arbeitszeitpräferenzen

Insbesondere Ende der siebziger und in der ersten Hälfte der achtziger Jahre wuchs die Zahl der empirischen Erhebungen von Arbeitszeitwünschen in der Bundesrepublik rasch. Einen Überblick über die Ergebnisse all dieser Untersuchungen zu geben, würde den Rahmen dieses Abschnitts sprengen; vor allem deshalb, weil die Untersuchungen sowohl in ihrer methodischen Anlage wie in ihren Ergebnissen in hohem Maße heterogen sind. Ich will mich daher darauf beschränken, ein paar Ergebnisse einiger wichtiger Studien darzustellen. Diese Darstellungen werde ich um einige Ergebnisse ergänzen, zu denen Margarete Landenberger (1983) in einer detaillierten vergleichenden Auswertung von 35 empirischen Untersuchungen von Arbeitszeitwünschen gekommen ist.

Aussagen über längerfristige Entwicklungen von Arbeitszeitwünschen lassen sich nur hinsichtlich der allgemeinen, unspezifizierten Frage nach der Haltung zu allgemeiner Arbeitszeitverkürzung machen, da nur dafür empirisches Material aus einem größeren Zeitraum (ca. 20 Jahre) vorliegt. Landenberger (1983: 15) resümiert:

> Ein eindeutiger, im Zeitverlauf stärker werdender Wunsch nach Verkürzung der Arbeitszeit kann bei der vergleichenden Betrachtung der prozentualen Zustimmungsanteile auf den ersten Blick nicht festgestellt werden ... Allerdings zeigt sich ein leicht ansteigender Trend im letzten Drittel des Vergleichszeitraumes (1976–1982).

Für die „Härte“ dieses Trends läßt sich dazu immerhin geltend machen, daß er in Untersuchungen über die biographische Bedeutung von Berufsarbeit eine deutliche Entsprechung findet: Die biographische Bedeutung von Berufsarbeit nimmt ab (vergleiche Landenberger 1983: 16). Die Ergebnisse der einzelnen Untersuchungen streuen breit. Noll und von Henninges haben Untersuchungen vorgelegt, die Wünsche nach reduzierten Arbeitszeiten in erheblichem Umfang ausweisen und darum auf relevante arbeitszeitpolitische Umverteilungspotentiale schließen lassen.

Heinz-Herbert Noll kommt in einer Untersuchung der Arbeitszeitpräferenzen in der Bundesrepublik Deutschland zu dem Ergebnis, „daß der Wunsch, länger zu arbeiten, mit steigendem Haushaltseinkommen abnimmt, und der Wunsch, weniger zu arbeiten, mit steigendem Haushaltseinkommen zunimmt“. (Noll 1978: 409) Zu einer „Politik der solidarischen Umverteilung der Arbeitszeit“ (Noll 1978: 408), die Einkommensverluste mit sich bringt, wären „knapp 30 Prozent der Erwerbstätigen“ (Noll 1978: 409) bereit. Diese Bereitschaft variiert mit der Höhe des Einkommens, deutlicher aber noch mit dem Niveau der Schul- und Berufsbildung (vergleiche Noll 1978: 410). Noch deutlicher wird der Wunsch nach reduzierten Arbeitszeiten aus der Untersuchung „Gewünschte Arbeitszeit vollzeitbeschäftigter Arbeitnehmer“ von Hasso von Henninges (1979: 270ff.). 88,3 Prozent der Befragten votieren für eine Arbeitszeitverkürzung (bei entsprechenden Einkommenseinbußen). Die relative Mehrheit der Befragten wünscht Wochenarbeitszeiten zwischen 35 und 40 Stunden. Dabei wird die Vermutung, daß die Bereitschaft, Einkommen gegen arbeitsfreie Zeit zu tauschen, mit der Höhe des Einkommens zunimmt, nicht bestätigt. 50,8 Prozent (46,2 Prozent) aus der Einkommensgruppe bis 1.000 DM (Einkommensgruppe von 1.000 bis 2.000 DM) wünschen Wochenarbeitszeiten zwischen 30 und 35 Stunden. Dagegen nimmt der Wunsch nach „40 Stunden und mehr" pro Woche mit steigendem Einkommen und zunehmenden Dispositionsbefugnissen im Beruf rapide zu, und zwar am deutlichsten bei den Angestellten, am wenigsten deutlich bei den Beamten. Einen der Tendenz nach ähnlichen Eindruck vermittelt der Forschungsbericht „Lage, Dauer, Tatsachen, Entwicklungen, Erwartungen und Verteilung der Arbeitszeit" (BMfAuS 1981). Auch hier ist der Zusammenhang zwischen der Einkommenshöhe und dem Wunsch nach vermehrter arbeitsfreier Zeit nicht eindeutig. Die „gewünschte Wochenarbeitszeit bei finanzieller Angleichung" liegt in der niedrigsten Einkommensgruppe (bis 1.249 DM) mit 35,2 Stunden unter der Wunschzeit von 36,3 Stunden im Durchschnitt aller Einkommensgruppen (vergleiche BMfAuS 1981: 93).

Zu arbeitszeitpolitisch weniger optimistisch stimmenden Ergebnissen kommt eine Repräsentativumfrage von Engfer, Hinrichs, Offe und Wiesenthal (1983), die im Jahre 1981 durchgeführt wurde. Eines der hervorstechenden Ergebnisse ist, daß hier 42,7 Prozent der Befragten äußerten, sie seien mit ihrer gegenwärtigen Arbeitszeit „rundum zufrieden". Unter den verschiedenen Möglichkeiten von Arbeitszeitverkürzung wird die Herabsetzung der flexiblen Altersgrenze von den Befragten deutlich bevorzugt (43,8 Prozent). Weiters kommt die Untersuchung zu dem Ergebnis, daß individuelle Wünsche nach Arbeitszeitverkürzung und nach Mehrarbeit etwa in gleichem Umfang vorliegen. Die Autoren schließen daraus, daß – anders als dies etwa Mertens (1982) annimmt – von individuellen Wahlmöglichkeiten der Länge der Arbeitszeit (chronometrische Arbeitszeitflexibilisierung) kein Beschäftigungseffekt zu erwarten ist. Dieser Schluß gilt freilich nur unter der unrealistischen Annahme, daß die Möglichkeit zu Mehrarbeit, über die gängigen Überstundenregelungen hinaus, auch tatsächlich politisch eingeräumt werde.

Die eher defensiven, „besitzstandswahrenden" Antworten in dieser Untersuchung lassen auf zweierlei schließen. Zum einen scheint es bei der Mehrzahl der Arbeitnehmer ein arbeitszeitpolitisches „Phantasiedefizit" zu geben. Diesen Eindruck gewinnt man im Umkehrschluß aus der Tatsache, daß der Wunsch nach flexiblen Arbeitszeiten dort am deutlichsten ist, wo bereits ein gewisses Maß an Flexibilität herrscht, während „die Häufigkeit der Nennung ‚keine Veränderung der Arbeitszeit' mit steigendem Alter zunimmt" (Engfer u.a. 1983: 96), was gleichsam auf einen Gewöhnungseffekt an die gegebene Arbeitszeit schließen läßt. Zu dieser Schlußfolgerung kommt man auch, wenn man in Rechnung stellt, daß Ausweitung von Teilzeit von Unternehmerseite wegen der Befürchtung

> der „Ansteckungsgefahr" durch die Teilzeit abgelehnt wird: Je mehr Teilzeitplätze an interne und externe Bewerber(innen) vergeben werden, desto größer wird nach Ansicht der Betriebe der interne Druck durch Beschäftigte auf den Betrieb, auch für sie Teilzeitarbeitsplätze bereitzustellen. (Weitzel, Hoff 1981: 108)

Dies deutet darauf hin, daß – in einem empirisch freilich schwer quantifizierbaren Ausmaß – Arbeitszeitpolitik ihre eigenen Erfolgsbedingungen erst selbst produziert und eine Dynamik der Bedürfnisse freisetzt, die sie selbst dann weiter vorantreibt. Das läßt sich für Arbeitszeitflexibilisierung ebenso wie für Arbeitszeitverkürzung annehmen. Bezüglich letzterer kommt die Untersuchung von Bielenski und Strümpel (1988) zu dem Ergebnis, daß sich die Differenzen zwischen tatsächlichen und gewünschten Arbeitszeiten seit 1980 nur unwesentlich geändert haben, obwohl aufgrund der seit 1980 erfolgten Arbeitszeitverkürzungsschritte sich die tatsächlichen Arbeitszeiten im Jahre 1985 den Arbeitszeitwünschen des Jahres 1980 angenähert haben. Es scheint in der Arbeitszeitentwicklung somit einen „Bugwelleneffekt“ zu geben: Die Entwicklung der tatsächlichen Arbeitszeiten treibt die Entwicklung der gewünschten Arbeitszeiten ein Stück weit vor sich her. Die Untersuchung von Bielenski und Strümpel zeigt allerdings auch, daß dieser Bugwelleneffekt zwischen 1980 und 1985 abgenommen hat.

Tatsächliche und gewünschte Arbeitszeit
1980 und 1985 in Stunden pro Woche

32–55jährige Arbeitnehmer (Arbeiter, Angestellte, Beamte)

		Fallzahl (gewichtet)	Tatsächliche Arbeitszeit	Gewünschte Arbeitszeit	Differenz
Abhängig	1980:	760	38,7	33,6	– 5,1
Berufstätige	1985:	814	38,5	33,8	– 4,7
Männer	1980:	477	43,2	38,2	– 5,0
	1985:	522	42,7	37,3	– 5,4
Frauen	1980:	283	31,0	26,0	– 5,0
	1985:	292	30,8	27,5	– 3,3

(Aus: Bielenski, Strümpel 1988: 50)

Man sieht, daß für die Abnahme des Bugwelleneffekts die Verringerung der Differenz zwischen tatsächlichen und gewünschten Arbeitszeiten von Frauen verantwortlich ist. In der Verringerung dieser Differenz wiederum schlägt sich weniger eine Entwicklung der tatsächlichen Arbeitszeiten nieder, die den Wünschen von Frauen entspräche, sondern viel eher die Unzufriedenheit mit Arbeitsplätzen, die den Frauen zu wenig Arbeitszeit und – daher – zu wenig Einkommen (inklusive sozialer Absicherung) bieten (vergleiche Bielenski, Strümpel 1988: 48).

Arbeitszeitpolitische Akteure sind genötigt, unter hoher Unsicherheit zu handeln. Ihr Wunsch nach Informationen über Arbeitszeitwünsche ist verständlich. Dies scheint ein wesentliches Motiv dafür gewesen zu sein, daß insbesondere in der ersten Hälfte der achtziger Jahre eine Vielzahl an Arbeitszeitstudien in Auftrag gegeben wurde. Nun liegt es nahe, aus den vorliegenden Untersuchungen ein Bild der Arbeitszeitwünsche als Orientierungshilfe für die Arbeitszeitpolitik zu konstruieren. Jedoch ist leider sehr wahrscheinlich, daß ein solches Bild den arbeitszeitpolitischen Akteuren kaum mehr als Pseudo-Sicherheit vermitteln könnte. Denn die Untersuchungsergebnisse sind extrem kontextabhängig. Einige Hauptprobleme sind:

In zahlreichen Untersuchungen bleibt unklar, ob sie tatsächlich die individuellen Arbeitszeitpräferenzen erfassen, oder ob sie nicht viel eher die individuellen Ansichten über eine „sinnvolle Arbeitszeitpolitik" im allgemeinen abfragen. Mit zunehmender öffentlicher Diskussion über arbeitszeitpolitische Fragen und über die möglichen Effekte arbeitszeitpolitischer Maßnahmen wird völlig ununterscheidbar, in welchem Sinn einschlägige Fragen von den Befragten interpretiert und beantwortet werden. Weiters läßt sich nie mit Bestimmtheit entscheiden, ob die erzielten Befragungsergebnisse tatsächliche Handlungsbereitschaften abbilden. Und schließlich besteht – damit in engem Zusammenhang – das Problem, daß unklar ist, wie weit arbeitszeitbezogene Interessen in konkreten arbeitszeitpolitischen Konfliktsituationen überhaupt relevant sind. Auf dieses Problem stößt man jedenfalls dann, wenn man der Interpretation zuneigt, daß das hohe Maß an Folgebereitschaft der Mitglieder gegenüber den arbeitszeitpolitischen Forderungen der IG Metall im Tarifkonflikt 1984 weniger von individuellen Arbeitszeitwünschen, sondern eher von dem Bewußtsein getragen war, der eigenen Interessenorganisation in einem gesellschaftspolitisch entscheidenden Konflikt beistehen zu müssen.

Gleichwohl sind die Untersuchungen alles andere als wertlos. Zumindest das folgende allgemeine Ergebnis läßt sich festhalten: Die Arbeitszeitwünsche werden immer differenzierter. Das bedeutet einerseits, daß die gewünschten Arbeitszeitmuster zwischen einzelnen Gruppen von Arbeitnehmern immer vielfältiger werden. Und es bedeutet andererseits, daß sich die Arbeitszeitpräferenzen einer Person im biographischen Verlauf deutlich ändern. Daraus resultieren zwei grundsätzliche Anforderungen an eine „neue“ Arbeitszeitpolitik: Sie muß die Vielfalt organisierbar machen, und sie muß die Reversibilität individueller Arbeitszeitentscheidungen sicherstellen.

Arbeitszeitpolitik als Gesellschaftspolitik

Ich will nun versuchen, diese Überlegungen – vorsichtig – zu verallgemeinern.

Die Kompromißzwänge auf dem Arbeitsmarkt gehen systematisch zu Lasten der Anbieter von Arbeitskraft. Dies liegt an der Asymmetrie der Motive, aus denen Arbeitskraft und Kapital am Arbeitsmarktgeschehen teilnehmen: Das außerökonomische Motiv „Sicherung der Existenz“ ist dringlicher als das ökonomische Motiv

„Streben nach Gewinn". Die Unterlegenheit der Arbeitskraft auf dem Arbeitsmarkt erweist sich somit als Folge ihrer Besonderheit, ihres fiktiven Warencharakters. Diese Unterlegenheit wird für den Einzelnen zur Zwangssituation in dem Maße, in dem er zur Sicherung seiner Existenz alternativenlos gezwungen ist, für sein Angebot an Arbeitskraft auf dem Arbeitsmarkt Nachfrage zu finden.

Arbeitszeitpolitische Individualstrategien sind daher stets mit einem erheblichen Risiko belastet: Individuelle Arbeitszeitregelungen, die individuellen Bedürfnissen entgegenkommen sollen, drohen in der betrieblichen Praxis immer gegen die „eigentlich" begünstigten abhängig Beschäftigten gewendet zu werden. Dies ist die Essenz der Mehrzahl der Einwände gegen Arbeitszeitflexibilisierung. Aber die zunehmend vielfältigen Wünsche lassen sich nicht ignorieren. Gerade die gewerkschaftliche Zurückhaltung, sich des Themas Arbeitszeitflexibilisierung anzunehmen, ist eine der Ursachen, daß sie zu einem unternehmerischen Kampfbegriff und einer personalpolitischen Rationalisierungsstrategie gewendet werden kann. Diese Konstellation läßt eine Stufenstrategie angeraten sein. Ihr Ziel wäre, mittels Arbeitszeitverkürzung solche Arbeitsmarktverhältnisse herzustellen, daß Arbeitszeitflexibilisierung von ihren Risiken für den Einzelnen befreit wird.

Die Summe der individuellen Zwangssituationen führt in gesellschaftspolitische Sackgassen. Zum einen werden die leistungsstarken Arbeitskräfte zu bedingungslosen Ausgrenzungsstrategien gegenüber dem Gesellschafts-„rest" und zu weitestgehender Identifikation mit den Produktionsbedingungen und -inhalten des „eigenen" Betriebes genötigt. Zum anderen ergeben sich aus der Zwangssituation bedenkenlose Forderungen nach Erweiterungen des Bereichs formaler Ökonomie, nach quantitativem Wirtschaftswachstum. Abgesehen davon, daß die beschäftigungspolitischen Erwartungen, die mit der Forderung nach Wachstumspolitik verbunden sind, wohl trügen, sind sie auch noch gefährlich. Denn das Votum für Wirtschaftswachstum, das „gar nicht hoch genug sein“ kann (Kohl 1983: 176), steht im Gegensatz zu Bedenken, Befürchtungen und Forderungen ökologiepolitischen und friedenspolitischen Inhalts, die sich gesellschaftsweit nicht mehr unterdrücken lassen. Damit wird die Gefahr einer Gesellschaftsspaltung heraufbeschworen, in der sich dann ein Produktionsblock und ein Protestblock verständnis- und kompromißlos gegenüberstehen.

Wenn es stimmt, daß die existentielle Angewiesenheit auf den Arbeitsmarkt in diese Sackgassen führt, so folgt daraus umgekehrt, daß gesellschaftspolitische Handlungsspielräume erschlossen werden, wenn sich diese Angewiesenheit relativieren läßt. Arbeitszeitpolitik stellt dafür eine Schiene dar.

Die Portionierung der Arbeitszeiten entsprechend den jeweiligen individuellen Lohneinkommen-Freizeit-Präferenzen ist die Voraussetzung dafür, daß der Einzelne auch zu differenzierten Abwägungen zwischen materiellen und nicht-materiellen Bedürfnissen kommen kann. Durch Entrigidisierung der Arbeitszeitordnung lassen sich die Alles-oder-Nichts-Wahlsituationen aufbrechen, in denen der Einzelne weitgehend befangen ist und als deren Konsequenz sich die Konfrontation von Produktions- und Protestblock ergibt. Der Hinweis, daß die Verfolgung von nicht-materiellen Bedürfnissen nur Angelegenheit privilegierter Gesellschaftsmitglieder sei, hat einen wahren Kern, wird aber in der gesellschaftspolitischen Diskussion verkehrt verwendet: In Anbetracht der herrschenden Alles-oder-Nichts-Wahlsituationen verlangt es tatsächlich nach einigem materiellen Spielraum, sich „Zwischentöne“ leisten zu können. Die Möglichkeit, das Verhältnis von Lohnarbeit und Freizeit, von Einkommen und verfügbarer Zeit, selbst bestimmen zu können, ist also zur

Zeit in der Tat ein Privileg. Aber es geht nicht darum, diesen Umstand diffamierend hervorzuheben, sondern darum, solche Möglichkeiten zu verallgemeinern.

Arbeitszeitpolitik ist kein gesellschaftspolitisches Allheilmittel. Sie enthebt die politischen Akteure keineswegs der Notwendigkeit zu konkret gestaltender Intervention in einzelnen Politikfeldern. Aber Arbeitszeitpolitik stellt in vielfältigen Belangen eine notwendige Voraussetzung dafür dar, daß solche Interventionen gesellschaftspolitisch greifen. Flexibilisierung der Arbeitszeiten wird notwendig, um den zunehmend heterogenen und im Lebenszyklus wechselnden Bedürfnissen Raum zu bieten. Sie wird damit zugleich – weit davon entfernt, gewerkschaftliche Organisation zu unterminieren – Voraussetzung authentischer Vertretung von Arbeitnehmerinteressen und damit Voraussetzung gewerkschaftlicher organisatorischer Stabilität. Arbeitszeitflexibilisierung ist schließlich Voraussetzung für bessere Feinabstimmungen zwischen materiellen und immateriellen Bedürfnissen. Damit unterläuft sie die unfruchtbare Konfrontation zwischen Produktions- und Protestblock – mit anderen Worten: zwischen dem Arbeitgeber-Arbeitnehmer-Wachstumskartell auf der einen und den neuen sozialen Bewegungen auf der anderen Seite.

Verkürzung der Arbeitszeit ist als arbeitszeit- und gesellschaftspolitische Rahmensetzung unerläßlich. Denn erst durch die arbeitszeitpolitische Definition der Machtverhältnisse auf dem Arbeitsmarkt wird über den realen gesellschaftspolitischen Effekt von Arbeitszeitflexibilisierung entschieden. Die Alltagsauseinandersetzungen in Lohnarbeitsverhältnissen drehen sich um die konkrete Gestaltung jenes unregelbaren Kernbereichs, den Arbeitsverhältnisse prinzipiell einschließen. Dieser unregelbare Bereich wird durch Strategien der Arbeitszeitflexibilisierung tendenziell noch erweitert. Arbeitszeitflexibilisierung ohne flankierende Arbeitszeitverkürzung ist daher stets riskant. Sie mit Arbeitszeitverkürzung zu koppeln, ist darum wichtig. Erst durch die generelle Verknappung des Angebots an Arbeitskraft läßt sich sicherstellen, daß Arbeitszeitflexibilität im Sinne vermehrter individueller Handlungschancen, nicht aber als betriebswirtschaftliche Rationalisierungs- und arbeitsmarktpolitische Abdrängungsstrategie wirksam wird.

Wege aus der Flexibilisierungsfalle
Politische Voraussetzungen individueller Zeitsouveränität

Einleitung

„Zeitsouveränität" war die Leitidee, aus der die Diskussion um flexible Arbeitszeiten in ihrer ersten Runde die Attraktivität schöpfte (vergleiche Teriet 1977). Es überwogen Beiträge, in denen neue Arbeitszeitmodelle präsentiert und ihre allseitigen Vorteile aufgelistet wurden. Die nächste Diskussionsrunde war von der Entdeckung geprägt, daß Arbeitszeitflexibilität Instrument für vereffektivierten betrieblichen Arbeitskräfteeinsatz ist und daher zu Rationalisierung und Arbeitsverdichtung führt (vergleiche Bäkker, Seifert 1982). Damit einher ging die Entwicklung einer neuen Front in der Arbeitszeitpolitik: War sie bisher zwischen Gegnern und Befürwortern von Arbeitszeitverkürzung verlaufen, so kam nun die Front zwischen Gegnern und Befürwortern von Arbeitszeitflexibilisierung dazu. Letztere überlagerte erstere immer mehr und kam spätestens im Tarifkampf im Frühjahr 1984 in der Metallindustrie mit ihr weitestgehend zur Deckung: Das Thema Arbeitszeitflexibilisierung bot den Arbeitgebervertretern die bis dahin ungekannte Möglichkeit, den gewerkschaftlichen Forderungen nach Arbeitszeitverkürzung nicht bloß Widerstand, sondern das „Angebot der Arbeitgeber" entgegenzusetzen: „Statt 35 Stunden: Arbeitszeit nach Maß." So stand es auf den Plakaten von Gesamtmetall. Parallel dazu sickerte in die Gewerkschaften die Erkenntnis ein, daß sich Arbeitszeitflexibilisierung wohl doch nicht ausschließlich als unternehmerisches Rationalisierungsinstrument verstehen läßt; daß es vielmehr durchaus auch Arbeitnehmerinteressen an flexiblen Arbeitszeiten geben kann (vergleiche Landenberger 1983). Spätestens nachdem solche Einsichten aus der Peripherie in das Zentrum der Gewerkschaften vorgedrungen waren (vergleiche IGM 1986), mußten Ambivalenzen von Arbeitszeitflexibilisierung in den Mittelpunkt der Diskussion geraten. Dieser Stand ermöglicht eine neue Runde in der Diskussion: In der geht es nun zentral um die Frage, in welcher Weise flexible Arbeitszeiten reguliert werden müssen und reguliert werden können, um tatsächlich mehr Zeitsouveränität zu bieten.

Arbeitszeitflexibilisierung und Unbestimmtheitslücke

Die Zweischneidigkeit dessen, was Arbeitszeitflexibilisierung beinhaltet, ist die Grundlage der Flexibilisierungsfalle: Den Arbeitnehmern werden wunschgerechte Arbeitszeitformen in Aussicht gestellt, die sich dann doch als etwas anderes entpuppen. Ihrem allgemeinsten Sinne nach heißt Arbeitszeitflexibilisierung nichts anderes als Wahlmöglichkeiten der Länge und/oder der Lage der Arbeitszeit, abweichend von der Normallage des Normalarbeitstages. Offen bleibt dabei vorerst sowohl, wer wählen kann, als auch, welcher Logik folgend vom Normalarbeitstag abgewichen wird. Hier gibt es im Prinzip zwei Möglichkeiten. Entweder wählen die Arbeitnehmer Länge und Lage ihrer Arbeitszeit entsprechend ihren beruflichen oder außerberuflichen Wünschen. Oder die Arbeitgeber wählen entsprechend ihren betrieblichen Auslastungserfordernissen. Beide Möglichkeiten haben außer dem Wort „Flexibilisierung“ nicht viel miteinander gemeinsam. Im ersten Fall geht es um ein Stück Befreiung von rigiden Zeitzwängen, im zweiten um die Perfektionierung der Unterordnung unter dieselben. Für die Beurteilung des gesellschaftspolitischen Gehalts von Arbeitszeitflexibilisierung kommt es also auf die Beantwortung der Frage an: Wer wählt? Der Zugang zu dieser Frage führt über die Untersuchung der Rahmenbedingungen, innerhalb derer die Arbeitszeit flexibilisiert werden soll. Diesen kommt man näher, wenn man eine Besonderheit des Arbeitsvertrages noch einmal ins Auge faßt.

Wir haben bereits gesehen: Der Arbeitsvertrag ist eine eigenartig windschiefe Konstruktion. Eindeutig regelt er nur die Verpflichtung des Käufers: Er, der Arbeitgeber, muß soundsooft soundsoviel Lohn zahlen. Nach der Seite des Verkäufers hin ist der Arbeitsvertrag weniger präzise. Was der Arbeitnehmer nun genau in der Arbeitszeit zu tun hat und wie er es zu tun hat, läßt sich nie bis ins letzte Detail voraussehen und kann darum auch nicht zum Vertragsinhalt gemacht werden. Hier hat der Arbeitsvertrag seine „Unbestimmtheitslücke“ (vergleiche Berger, Offe 1982).

Die Unternehmer haben, was die „Unbestimmtheitslücke“ betrifft, ambivalente Interessen. Denn einerseits schließt diese die Gefahr ein, daß der Arbeitnehmer seine Zeit am Arbeitsplatz nicht optimal im Unternehmenssinn nutzt. Dies signalisiert Regelungs- und Kontrollbedarf bis ins kleinste Detail. Andererseits bleibt das Unternehmen auf die „Lebendigkeit“ der Arbeitskraft stets angewiesen. „Es wäre daher ganz zwecklos, ja kontraproduktiv, die Autonomie der Arbeitenden sozusagen wegregeln zu wollen, denn es ist gerade diese Autonomie, welche die Nutzung ‚lebendiger' Arbeitskraft für den Unternehmer attraktiv macht.“ (Offe, Hinrichs 1984: 58) Vollständig vorhersehbare und daher standardisierbare Verrichtungen werden ohnehin Maschinen übertragen.

Die „Unbestimmtheitslücke“ des Arbeitsvertrages wird durch vermehrte Wahlmöglichkeiten von Arbeitszeit aber noch vergrößert. Ist das nun gut oder schlecht? Nach dem bisher Gesagten läßt sich darauf nur antworten: Es kommt darauf an.

Es kommt darauf an, wer die faktische Definitionsmacht über die Unbestimmtheitslücke hat – wer sich also durchsetzt, wenn es um die praktische Entscheidung der Frage geht, wer wann wieviel arbeiten soll. Ganz offensichtlich ist das eine Machtfrage, eine Frage der innerbetrieblichen Machtverhältnisse. Über betriebliche Machtverhältnisse wird nur in zweiter Linie im Betrieb selbst, in erster Linie auf dem Arbeitsmarkt entschieden: Je größer das Angebot an Arbeitskräften und je leichter der einzelne Arbeitnehmer ersetzbar ist, um so schwächer ist seine Position im Betrieb. Je schwächer die Position im Betrieb, um so unwahrscheinlicher ist es, daß Arbeitszeitflexibilisierung in arbeitnehmerorientiertem Sinne stattfinden kann. Dann schnappt die Flexibilisierungsfalle zu. Wie läßt sich die Position des Einzelnen so stärken, daß das Risiko der Arbeitszeitflexibilisierung handhabbar wird; daß sich in flexiblen Arbeitszeitregelungen Arbeitnehmerinteressen niederschlagen können? Ich sehe drei Möglichkeiten. Sie schließen einander nicht aus.

Anbietermacht durch Arbeitszeitverkürzung

Die Besonderheiten der Arbeitskraft führen dazu, daß der Arbeitsmarkt nicht ganz so funktioniert, wie im Marktmodell vorgesehen. Insbesondere führt Überangebot zwar zu Preisverfall, der Preisverfall aber führt nicht zur Verringerung der Angebotsmenge. Ganz im Gegenteil: Bestrebt, das individuelle Einkommen nach Möglichkeit zu halten, wird jeder Arbeitende sich bemühen, den Preisverfall durch individuelles Mehrangebot an Arbeitskraft zu kompensieren. Insgesamt läuft das darauf hinaus, daß bei sinkendem Preis nicht weniger, sondern mehr angeboten wird. Die Anbieter von Arbeitskraft geraten damit in eine widersprüchliche Lage: Das Mehr an Angebot, das für den Einzelnen durchaus sinnvoll erscheint, führt in der Summe dazu, daß sich die Anbietersituation für alle verschlechtert. Eine solche Konstellation, in der aus der Summe individuell rationaler Strategien ein Ergebnis resultiert, das allen schadet, nennt man Gefangenendilemma. Die daraus sich ergebenden Zwangssituationen für den einzelnen Anbieter von Arbeitskraft prägen die historische Erfahrung der Arbeiterbewegung.

In einer solchen Konstellation, einem „wiederholten Gefangenendilemma", ist Kooperation die rationale und für die Akteure auch mögliche Strategie (vergleiche Axelrod 1987). Das aber heißt bei einer großen Zahl von Mitwirkenden unbedingt: Organisation. Diese Organisation muß darauf gerichtet sein, das Angebot auf dem Arbeitsmarkt politisch „künstlich" zu verknappen. Denn eine „natürliche" Verknappung des Angebots an Arbeitskräften gibt es nur als existentielle Katastrophe. „Und in der Tat das Einzige, wodurch bei Abwesenheit einer Organisation der Arbeiter das Angebot der Arbeit vermindert wird, wenn der Lohn unter das zur Lebenshaltung Erforderliche sinkt, ist Tod und Elend der Arbeiter." (Brentano 1877: 199) Der organisierte Kampf um kollektive Arbeitszeitverkürzung ist daher kein „unzeitgemäßer Kampf der Dinosaurier", der Gewerkschaften und der Arbeitgeberverbände, sondern eine Notwendigkeit, die sich aus den Besonderheiten des Marktverhaltens der „fiktiven Ware Arbeitskraft" ergibt.

Und dieser Notwendigkeit ist prinzipiell nie ein für allemal Genüge getan. Denn die Nachfrageseite auf dem Arbeitsmarkt hält nicht still, sondern vermag sich durch

Rationalisierungsinvestitionen immer wieder graduell von der Angebotsseite zu emanzipieren; mit anderen Worten: Durch Rationalisierung entsteht immer wieder ein relatives Überangebot. Der Angebotsseite dagegen steht kein äquivalenter Mechanismus zur Verfügung. „Rationalisierung“ der Arbeitskraft zwecks gradueller Unabhängigkeit von der Nachfrage auf dem Arbeitsmarkt – das ergibt offensichtlich nicht viel Sinn.

Nun kann man freilich die Hoffnung hegen, daß der Trend zu verringerter Erwerbsorientierung („Wertewandel“), ließe man ihm nur freien Lauf, zu selbständiger, individueller Arbeitszeitverkürzung führen würde. Allerdings – so einfach, wie es auf den ersten Blick aussieht, setzen sich individuelle Wünsche nicht in arbeitszeitpolitische Ergebnisse um. Zwar würde – folgt man der Mehrzahl der Befragungen – die Realisierung der Arbeitszeitwünsche per saldo eine Verringerung des Angebots an Arbeitskraft bedeuten und den Arbeitsmarkt entlasten. Aber es läßt sich mit Fug und Recht bezweifeln, ob in der Arbeitnehmerschaft zur Zeit tatsächlich Wünsche nach weniger Arbeit (und weniger Entlohnung) in einem solchen Ausmaß schlummern, daß sich die gesamte Arbeitslosigkeit absorbieren ließe. Höchstwahrscheinlich ist dies nicht der Fall. Wenn das zutrifft, treten doch wieder Effekte auf, die einer Arbeitsmarktentlastung durch Arbeitszeitflexibilisierung entgegenwirken. Denn dann hat Arbeitszeitflexibilisierung wieder all die Nachteile, die sich ergeben, wenn sie aus einer Unterlegenheitsposition auf dem Arbeitsmarkt realisiert wird. Dann werden die Flexibilisierungswünsche der Arbeitnehmer in der Betriebsrealität „umgedreht“; sie werden zur Knetmasse für Personalrationalisierungsstrategien. Und wieder schnappt die Flexibilisierungsfalle zu. Diese Überlegung läßt es angeraten erscheinen, ein arbeitszeitpolitisches Strategiepaket zu empfehlen: Arbeitszeitflexibilisierung hat nur Aussicht auf arbeitnehmerfreundliche Realisierung, wenn sie mit Arbeitszeitverkürzung verbunden wird. Der (positive) Effekt wäre ein doppelter: Durch Arbeitszeitverkürzung unterstützt, kann Arbeitszeitflexibilisierung selbst Verknappungseffekte nach sich ziehen und somit ihrerseits die Arbeitszeitverkürzung verstärken.

Eine Verknüpfung von Arbeitszeitverkürzung und Arbeitszeitflexibilisierung erscheint aber auch aus der Zielperspektive Arbeitszeitverkürzung notwendig. Denn die offenkundigen Schwierigkeiten der Gewerkschaften, mit diesem Thema bei ihren Mitgliedern anzukommen, können immerhin aus zwei Ursachen herrühren. Einerseits kann es durchaus sein, daß Mobilisierungsprobleme nichts anderes sind als der Ausdruck des oben skizzierten Widerspruchs zwischen dem, was als Arbeitsmarktstrategie individuell sinnvoll erscheint, und dem, was kollektiv sinnvoll ist. Das Institut der Deutschen Wirtschaft stellt – in seiner Sprache – eine Diagnose, die in diese Richtung weist:

> Die Forderung nach der 35-Stunden-Woche ... ist eine typische Funktionärsforderung, die auch später in den Tarifauseinandersetzungen nie Popularität gewinnen und die Mitglieder überzeugen und motivieren konnte. Der Grundwiderspruch, daß durch weitere Verteuerung der ohnehin teuren Arbeitskraft neue Arbeitsplätze entstehen sollen, ist bis zum Schluß des Arbeitskampfes dem „kleinen Mann auf der Straße“ nie begreiflich gemacht worden. (Weisser 1984: 29)

Denken in betriebswirtschaftlichen Bahnen und zunehmende Individualisierung des Angebotsverhaltens der Arbeitskräfte – diese Tendenzen sollen nach dem Willen der Arbeitgeber durch entsprechend differenzierte Realisierungen des 38,5-Stunden-Tarifvertrags möglichst noch gefördert werden:

> Eine Auffächerung der betrieblichen Arbeitszeit erhöht beträchtlich die Chancen, daß die Mitarbeiter den engen Zusammenhang zwischen Arbeitszeit und Lohnhöhe deutlicher erkennen und der Wunsch nach mehr Lohn dominiert. (P. Stihl; zitiert nach Janßen, Lang 1985: 10)

Man sieht: Das Gefangenendilemma der Arbeitnehmer ist den Arbeitgebern lieb und teuer. Andererseits aber könnte es tatsächlich sein, daß sich Mobilisierungsprobleme für allgemeine Arbeitszeitverkürzung daraus ergeben, daß die Arbeitszeitwünsche zu differenziert geworden sind. Das allerdings würde eher zu Desinteresse als zu Widerstand (wie im ersten Falle) gegenüber Arbeitszeitverkürzung führen. Im übrigen läßt sich ein gewisses Maß an Flexibilisierungswünschen – das man allerdings nicht überschätzen sollte – in Arbeitszeitverkürzung ohnehin aufheben. Eines allerdings ist klar: „Eine aussichtsreiche Beschäftigungs- und Arbeitszeitpolitik ist nur auf der Basis der gewandelten und komplizierter gewordenen Bedürfnisstruktur möglich – nicht gegen sie." (Schmid 1984: 76) Wiederum stehen wir vor der Notwendigkeit: Man muß ein arbeitszeitpolitisches Strategiepaket schnüren, wenn man Beschäftigungspolitik durch Arbeitszeitverkürzung aussichtsreich durchführen will; kollektiv verkürzen und individuell flexibilisieren.

Stärkung durch Rechtsansprüche

Ohne Zweifel stellt die Verknappung des Angebots an Arbeitskräften – also Arbeitszeitverkürzung – die „klassische" Strategie zur Verbesserung der Durchsetzungschancen des einzelnen Arbeitnehmers dar. Allerdings läßt sie sich ergänzen: durch Rechtsansprüche, auf die sich der Einzelne bei der Durchsetzung seiner Arbeitszeitwünsche berufen kann. Diesen Weg geht der Entwurf zu einem Arbeitszeitgesetz der GRÜNEN (1984). Der Entwurf sieht eine Reihe von Arbeitnehmerrechten auf Verringerung und Unterbrechung der individuellen Arbeitszeit vor. Er unterscheidet bezahlte Freistellungen, Freistellungen mit Lohnersatzansprüchen und unbezahlte Freistellungen. Recht auf bezahlte Freistellung (12) gibt es für die Pflege von erkrankten Mitbewohnern, für ehrenamtliche, gemeindliche, gewerkschaftspolitische und ähnliche Tätigkeit. Freistellungen mit Lohnersatzanspruch (13) können Eltern von Kindern unter 14 Jahren in Anspruch nehmen. Die Freistellung kann für Alleinerziehende bis zu drei Jahren dauern, Ehepartnern oder in eheähnlicher Gemeinschaft Lebenden steht jeweils eine Freistellung von anderthalb Jahren zu. Unbezahlte Freistellungen (14) bis zu sechs Monaten kann jede/r Arbeitnehmer/in alle sechs Jahre ohne Begründung in Anspruch nehmen. Der Gesetzentwurf, dessen erklärtes Ziel „eine spürbare Verringerung der Massenarbeitslosigkeit“ ist, will also Wahlmöglichkeiten zur Verringerung der Arbeitszeit rechtlich absichern. Dem gleichen Ziel dient die restriktive Bestimmung über Nachtarbeit und Überstunden (8, 5): „Kein/e Arbeitnehmer/in darf gegen seinen/ihren Willen zur Ableistung von Mehrarbeit oder Überstunden herangezogen werden.“ Darüber hinaus gibt es auch vorsorglich ein Diskriminierungsverbot: „Lehnt ein/e Arbeitnehmer/in die Ableistung von Überstunden ab (einzige Ausnahme: eine Sonderschicht pro Monat) ... darf er/sie deshalb nicht diskriminiert werden.“ Dieses Diskriminierungsverbot scheint nun eher ein Indikator für ein Problem als dessen Lösung zu sein. Zwar bestimmt der Entwurf weiter, daß bei Verschlechterungen der Arbeitsplatzbedingungen eines Arbeitnehmers, die innerhalb von sechs Monaten nach einer solchen Ablehnung eintreten, der Arbeitgeber dafür beweispflichtig ist, daß diese Verschlechterung nicht mit der Ablehnung des Arbeitnehmers in Zusammenhang steht; diese Regelung – gut gemeint – kann nur greifen, wenn der Arbeitnehmer sich gegen Verschlechterungen zur Wehr setzt. Bei ungünstiger allgemeiner Arbeitsmarktlage ist dies aber eher unwahrscheinlich, da jeder befürchten muß, ersetzt zu werden. Damit droht die Wirksamkeit der geschilderten Bestimmung der alten Stammtisch-Weisheit zum Opfer zu fallen: „Wo kein Kläger, da kein Richter."

In dem Maße, in dem der einzelne Arbeitnehmer keine Alternativen hat und daher auf seinen Arbeitsplatz angewiesen ist, wird seine Neigung sinken, Rechte, die sich gegen Unternehmensinteressen richten, tatsächlich wahrzunehmen. Motiv dafür kann entweder die Angst des Einzelnen sein, aus der wartenden Arbeitslosenschlange ersetzt zu werden; oder er verzichtet auf seine rechtlich abgedeckte Interessenwahrnehmung, um den Unternehmenserfolg – und damit den Fortbestand seines Arbeitsplatzes – nicht zu gefährden.

Insgesamt: Die Bedeutung von arbeitszeitpolitischen Rechtsvorschriften sollte man nicht geringschätzen. Durch Rechte gestärkt, wird es dem einzelnen Arbeitnehmer in jedem Falle leichter fallen, seine Arbeitszeitwünsche zu verwirklichen. Aber die Tragkraft von Rechten hat ihre Grenzen. Um in arbeitnehmerorientiertem Sinne wirksam zu werden, bedürfen sie eines geeigneten Rahmens: Die Arbeitsmarktverhältnisse dürfen für die Arbeitnehmer jedenfalls nicht allzu ungünstig sein. Recht kann (Arbeits-)Marktmacht zwar verstärken, kann sie aber nicht ersetzen.

Es ist immerhin möglich, daß in der arbeitszeitpolitischen Arena in nächster Zeit keine beschäftigungspolitischen Erfolge zu erringen sind. Grund dafür wäre nicht nur der fortgesetzte erbittert-bornierte Unternehmerwiderstand gegen Arbeitszeitverkürzung. Vielmehr ist es durchaus möglich, daß die Arbeitszeitpolitik in ein schwer lösbares Dilemma gerät. Einerseits mindert die zunehmende Differenzierung der Arbeitszeitwünsche den Druck und die Durchsetzungschancen kollektiver Arbeitszeitverkürzung, andererseits droht eine Politik isolierter Arbeitszeitflexibilisierung unternehmerisch funktionalisiert und um jeden Beschäftigungseffekt gebracht zu werden. Geht also nichts mehr?

Es wäre denkbar, daß beschäftigungspolitische Erfolge mit Instrumenten von außerhalb angesteuert werden müssen. Ich will diesen Gedanken verfolgen, indem ich die arbeitszeitpolitische Bedeutung eines garantierten Grundeinkommens (vergleiche Vobruba 1986) untersuche.

Unter einem garantierten Grundeinkommen verstehe ich das Recht auf staatliche Transferleistung unabhängig von der subjektiven (Lohn-)Arbeitsbereitschaft und vom Erwerb sozialer Anwartschaften; ein garantiertes Grundeinkommen bedeutet die staatliche Garantie materieller gesellschaftlicher Teilhabe für jedermann. Was ergibt sich aus der Kombination von Arbeitszeitpolitik und einem garantierten Grundeinkommen?

Ein Risiko der Verbreitung von flexiblen Arbeitszeiten liegt darin, daß bei Arbeitszeiten unterhalb der Normalarbeitsdauer – samt entsprechender Einkommensreduktion – der Zusammenhang von Lohnarbeit und Existenzsicherung löchrig wird. Insbesondere wenn, wie in letzter Zeit zunehmend der Fall, Teilzeitarbeit nicht freiwillig als

Alternative zu Vollzeitarbeit, sondern nolens volens als Alternative zu Arbeitslosigkeit gewählt wird, gerät die durch Ganztagslohnarbeit als traditioneller Normalexistenz faktisch gegebene Existenzgarantie in Gefahr. Darum ist „die tarifpolitische Aufopferung des ‚Normalarbeitstages'" (Wiesenthal u.a. 1984: 213) riskant:

> Denn überall, wo keine Mindestlohn- oder Mindesteinkommen gelten, sichern traditionelle Arbeitszeitstandards wie der Normalarbeitstag und die Wochenarbeitszeitnorm auch in den untersten Lohngruppen das Existenzminimum einer Kleinfamilie, dessen empirische Höhe dann umgekehrt zum Bezugsmaßstab sozialstaatlicher Sicherungsleistungen werden konnte. (ebenda: 214)

Wenn sich nun der Normalarbeitstag als gesellschaftlicher Normalfall gegen die Differenzierung der Arbeitszeitwünsche und den Flexibilitätsbedarf der Unternehmen nicht halten läßt, die Existenzgarantie jedoch nicht preisgegeben werden soll, dann bleibt nur die Möglichkeit, diese Existenzgarantie vom Normalarbeitstag zu lösen, sie anders herzustellen. Wenn Ganztagsarbeit samt „Ganztagsbezahlung" – worauf es ja eigentlich ankommt – nicht mehr als gesellschaftlicher Normalfall gelten kann, muß die Existenzgarantie arbeitsmarktextern durch ein garantiertes Grundeinkommen gegeben werden.

Das garantierte Grundeinkommen ist kein arbeitszeitpolitisches Instrument – aber es hat arbeitszeitpolitische Effekte. Indem das garantierte Grundeinkommen die existentielle Angewiesenheit des Einzelnen auf Lohnarbeit relativiert und einen vorbehaltlosen arbeitsmarktexternen Zugang zu materiellen Lebenschancen schafft, bewirkt es arbeitszeitpolitisch dreierlei:

(1) Es führt zu einer Verringerung des gesamten Angebots an Arbeitskraft.

(2) Es erweitert die Verhandlungsspielräume der Lohnarbeitenden auf dem Arbeitsmarkt.
(3) Es schafft neue Gestaltungsmöglichkeiten für die Akteure der Arbeitszeitpolitik.

(1) Ein garantiertes Grundeinkommen mindert die Erwerbsnotwendigkeit und Erwerbsneigung. Dieser Effekt, von konservativen Kritikern warnend vorhergesagt, kommt freilich in weit weniger drastischem Umfang zum Tragen, als allgemein angenommen wird. Dies jedenfalls lehren die „guarenteed income"-Experimente Ende der sechziger und Anfang der siebziger Jahre in den USA (vergleiche Robins 1985). Als arbeitsmarktpolitisch erwünscht kann der Entzugseffekt durch ein garantiertes Grundeinkommen im Umfang der gegenwärtigen Arbeitslosigkeit gelten. Das heißt freilich nicht, daß ausgerechnet die derzeit Arbeitslosen durch das garantierte Grundeinkommen voll alimentiert werden sollen. Erstrebenswert wäre eine möglichst breite Streuung der Verringerung des Arbeitskraftangebots. Dies ist auch eine Frage der technischen Gestaltung des garantierten Grundeinkommens.

(2) In allen Verhandlungssystemen ist die Position jenes Partners schwächer, von dem bekannt ist, daß er sich eine Nichteinigung letztlich nicht leisten kann. Auf dem Arbeitsmarkt müssen die Lohnabhängigen (das Wort sagt es) mit diesem Part zurechtkommen. Durch ein garantiertes Grundeinkommen werden einseitige Einigungszwänge abgebaut. Streng genommen läßt sich überhaupt erst auf der Basis eines garantierten Grundeinkommens von einem Arbeitsmarkt sprechen. Denn die notwendige Voraussetzung eines funktionierenden Marktes ist, daß die Marktpartner über vergleichbare Spektren an Handlungsmöglichkeiten verfügen. Dies ist auf dem Arbeitsmarkt bisher nicht der Fall: Kapital ist auf Arbeitskraft weit weniger dringlich angewiesen – es kann sich durch

Rationalisierung und Finanzinvestition der Kooperation immer wieder entziehen – als Arbeitkraft auf Kapital. Das garantierte Grundeinkommen kann man als Ergänzung des Handlungsspektrums der Arbeitskraft und damit als Instrument zur Vervollkommnung des Arbeitsmarkts auffassen.

Damit ändern sich die Risiken flexibler Arbeitszeiten: Die Flexibilisierungsfalle wird blockiert. Zum einen werden Flexibilisierungsformen, die gegen Arbeitnehmerinteressen stehen, schwerer durchsetzbar: Ist man auf einen Arbeitsplatz nicht alternativenlos angewiesen, kann man sich chancenreicher widersetzen. Des weiteren werden verschiedene Formen von Arbeitszeitflexibilisierung für einen größeren Arbeitnehmerkreis akzeptabel: Arbeitszeitverringerungen, die mit Einkommensverringerungen verbunden sind, kann man sich vor dem Hintergrund eines garantierten Grundeinkommens viel eher wünschen. Und schließlich werden verschiedene Folgerisiken flexibler Arbeitszeiten gemildert: Bisher ist es in beschäftigungsunsicheren Zeiten nicht ratsam, von Vollzeit auf Teilzeit zu wechseln. Denn wird man im Anschluß daran arbeitslos, erhält man unter Umständen Arbeitslosengeld nur nach dem letzten – niedrigeren – Einkommen. Ebenso wird das Langzeitrisiko abgebaut, durch Arbeitsunterbrechungen keine ausreichende Rentenanwartschaft zustandezubringen.

Der Vorteil einer Verknüpfung von Arbeitszeitflexibilisierung und einem garantierten Grundeinkommen läßt sich am deutlichsten erkennen, wenn man die Nachteile der gegenwärtigen Konstellation ins Auge faßt. Da wichtige Ansprüche an das gegenwärtige lohnarbeitszentrierte System sozialer Sicherheit sich an dem jeweils vorherigen Arbeitseinkommen orientieren, ist es individuell rational, aus Sicherheitsgründen auf Vollzeitarbeit zu beharren – selbst wenn dies den eigenen Arbeitszeit-Freizeit-Präferenzen widerspricht. Gesamtgesellschaftlich ist dies absurd. Denn es führt zu einem Zustand von individueller Überbeschäftigung und zugleich kollektiver Unterbeschäftigung. Diesen Zustand aufzuheben und die arbeitszeitpolitische Blockierung zu lösen, scheint ein garantiertes Grundeinkommen geeignet, da es die blockierenden Sicherheitsbedürfnisse auffängt und damit von der Arbeits zeitpolitik löst.

(3) Auf der Grundlage eines garantierten Grundeinkommens entstehen neue arbeitszeitpolitische Gestaltungsspielräume. Ein wesentlicher Einwand gegen Teilzeitarbeit und „geringfügige Beschäftigung" ist ihre mangelnde sozialrechtliche Absicherung. Die nachträgliche rechtliche Verbesserung solcher Beschäftigungsverhältnisse gerät in die Schwierigkeit, daß damit solche Arbeitsplätze verteuert und darum in der Folge nicht mehr angeboten werden. Das bedeutet, daß Regelungsversuche, die die Besserstellung solcher Beschäftigten im Sinn haben, im Effekt gegen deren Interessen verstoßen. Regelungsversuche, die sich speziell auf solche problematischen Beschäftigungsverhältnisse richten, provozieren aus der Not der Beschäftigten geborene Allianzen von Teilzeitarbeitnehmern und Unternehmern: Die Regelungen richten sich gegen die Unternehmerinteressen und müssen diesen Arbeitnehmergruppen als spezifische Diskriminierung erscheinen (vergleiche Wiesenthal u.a. 1984: 217f.). Solche sozial- und arbeitsrechtlichen Regelungsdilemmata lassen sich mit einem garantierten Grundeinkommen aufheben. Denn zum einen bietet das Grundeinkommen Auswege aus dem Erpressungsverhältnis, in dem Arbeitnehmer Regelungen, die sie begünstigen sollen, als gegen ihr Interesse gerichtet wahrnehmen müssen. Und zum anderen verhindert der hohe Allgemeinheitsgrad eines garantierten Grundeinkommens, daß sich die Verwertungsbedingungen für einen begrenzten Kreis an Arbeitskräften ver-

schlechtern, deren relative Arbeitsmarktchancen sich im Vergleich zu der Situation vor einer Regelung verschlechtern. Gestützt auf die gesteigerte individuelle Konfliktfähigkeit durch ein garantiertes Grundeinkommen wird es also möglich, Arbeitszeitflexibilisierung politisch besser zu regulieren.

Arbeitszeitpolitik und garantiertes Grundeinkommen – das wäre der zweite Schritt arbeitszeitpolitischer Emanzipation. Er wird so bald nicht gemacht werden. Gegenwärtig wäre schon einiges gewonnen, wenn der erste Schritt gelänge: die Lösung der Arbeitszeitdiskussion aus der Entgegensetzung von Arbeitszeitverkürzung und Arbeitszeitflexibilisierung. Was ist möglich?

Zur Strategiefähigkeit arbeitszeitpolitischer Optionen

Anzeichen für eine Auflösung der Entgegensetzung von Arbeitszeitverkürzung und Arbeitszeitflexibilisierung finden sich auf zwei Ebenen. Zum einen mehren sich – immer noch zögernd – die Anzeichen, daß der Gegensatz programmatisch abgebaut wird. So etwa vertritt der sozialpartnerschaftlich besetzte Beirat für Wirtschafts- und Sozialfragen in Österreich „die Ansicht, daß die Diskussion über neue Arbeitszeitformen nur in loser Bindung mit den bestehenden Arbeitsmarktproblemen und der Arbeitszeitverkürzung geführt werden sollte". (Beirat 1984: 146) Zum anderen könnte das Spannungsverhältnis zwischen Verbänden und ihren Mitgliedern, zwischen Arbeitszeitthemen als Verhandlungsgegenstand und Arbeitszeitwünschen, dazu führen, daß sich die Entgegensetzung von Arbeitszeitverkürzung und Arbeitszeitflexibilisierung nicht unbeschränkt lange mehr durchhalten läßt. Dies würde bedeuten, daß die Arbeitgeberverbände (wieder) in eine arbeitszeitpolitische Defensivposition geraten.

Zu dieser Vermutung führt die folgende Überlegung:

Die arbeitgeberseitige Flexibilisierungsoffensive spielt in weiten Bereichen auf der Symbolebene. Dies hat sich dadurch herausgestellt, daß die auf der Verbandsebene ausgehandelten Flexibilisierungsspielräume von den einzelnen Unternehmungen nur zögernd ausgenützt werden (vergleiche Schmidt, Trinczek 1986). Die Verbandsebene, auf der das Thema Arbeitszeitflexibilisierung als „Spieleinsatz" in hohem Maße funktional ist, kann daher mit der Unternehmensebene, auf der zwischen den Effizienzvorteilen und den zusätzlichen Organisations- und Konfliktkosten von Arbeitszeitflexibilisierung abgewogen werden muß, in Gegensatz geraten. Damit wird eine wichtige strategische Differenz zwischen Arbeitszeitverkürzung und Arbeitszeitflexibilisierung sichtbar. In Tarifverhandlungen erkämpfte Flexibilisierungspotentiale lassen sich den Verbandsmitgliedern nur anbieten, nie oktroyieren. Die Nichtinanspruchnahme von Flexibilisierungspotentialen durch die einzelnen Unternehmen desavouiert den Verband und macht Arbeitszeitflexibilisierung als verbandliche Symbolpolitik eben dadurch unbrauchbar, daß sie allgemein als solche erkennbar wird. Ein vergleichbares – spiegelbildliches – Dilemma droht den Gewerkschaften in der Arbeitszeitpolitik nicht. Zwar ist anzunehmen, daß kollektive Arbeitszeitverkürzungen in Zukunft immer schwieriger zu realisieren sein werden (vergleiche Wiesenthal 1987, Vobruba 1989). Das ändert aber nichts daran, daß auf der Verbandsebene realisierte Arbeitszeitverkürzungen stets eo ipso auch materiale Politik für die einzelnen Mitglieder sind. Praktischer Widerstand auf der Mitgliederebene – sofern es ihn gibt – wird im Vorfeld des Tarifabschlusses, im Tarifkampf, verbandlich bearbeitet und kann darum nach erfolgtem Abschluß diesen nicht mehr gefährden. Dazu kommt noch, daß nach realisierter Arbeitszeitverkürzung deren mögliche „latente Funktionen“ (Merton) manifest werden können, während dies bei ungenutzten Flexibilisierungsmöglichkeiten nicht der Fall sein kann. Einfacher gesagt: Während gewerkschaftliche Erfolge bei Arbeitszeitverkürzung nach erfolgtem Tarifabschluß gute Akzeptanzchancen haben (und Nichtakzeptanz kaum Artikulationschancen hat), stehen Arbeitgeberverbände nach dem Tarifabschluß vor dem Problem, daß ihre Erfolge in Sachen Arbeitszeitflexibilisierung von ihren Mitgliedern auch tatsächlich angenommen werden. Den Hauptteil der Schwierigkeiten, die Mitgliederbasis auf „ihre“ arbeitszeitpolitischen Forderungen einzuschwören, haben Arbeitnehmerverbände vor dem Tarifabschluß, Arbeitgeberverbände nach dem Tarifabschluß.

Zwar wird ein Teil der unternehmerischen Vorbehalte gegenüber Arbeitszeitflexibilisierung abgebaut werden, wenn sich die technischen Voraussetzungen zur Bewältigung des mit flexiblen Arbeitszeiten verbundenen erhöhten Organisationsaufwands verbessern. Außerdem wird das Beispiel von Firmen mit flexiblen Arbeitszeiten Schule machen und einen Verbreitungseffekt hervorrufen. Aber auch im Falle einer relativ breiten Akzeptanz von Arbeitszeitflexibilisierung durch die Unternehmen geht den Arbeitgeberverbänden dieses Thema als Verhandlungsgegenstand und – damit – als „Tauschobjekt“ gegen Arbeitszeitverkürzung wieder verloren. Denn nach einer gewissen Zeit, in der optimale Rahmenbedingungen für betriebliche Flexibilisierungsstrategien ausgehandelt werden, verlagert sich die Arbeitszeitgestaltungsinitiative auf die Unternehmensebene, was notwendigerweise zu einem Gestaltungs- und Themenverlust auf der Verbandsebene führen muß. Dieses Phänomen ist bisher ausschließlich als gewerkschaftliches Regelungsproblem gesehen worden. Es stellt aber ebenso für die Arbeitgeberverbände ein Problem dar, da sie dadurch „ihr“ arbeitszeitpolitisches Verhandlungsthema verlieren.

Dazu kommt noch, daß die unternehmerische Verbandsposition durch eine offensive gewerkschaftliche Politik der Arbeitszeitflexibilisierung in Bedrängnis kommen könnte. Da das Thema von Unternehmensseite hochgespielt wurde, ist sie kaum in der Lage, es einfach wieder fallen zu lassen. Die Gewerkschaften dagegen könnten gerade diese „Prominenz" nützen, um eigene Flexibilisierungskonzepte – vor allem aber: eigene Vorstellungen über die Gestaltung von Rahmenbedingungen für Arbeitszeitflexibilisierung – in die Diskussion zu bringen. Damit würde Arbeitszeitflexibilisierung von einem wirksamen Konkurrenzthema zu Arbeitszeitverkürzung zu einem wichtigen Bestandteil eines arbeitszeitpolitischen Strategiebündels der Gewerkschaften.

Verallgemeinerung von Existenzsicherheit

Arbeiten und Essen
Die Logik in der Entwicklung des Verhältnisses von Arbeit und Existenzsicherheit im Kapitalismus

Armut – der Gesellschaftsrest

„Armut ist ein relativer Begriff." (Sidney und Beatrice Webb 1912: 3) Der Begriff des Habe-Nichts nimmt immer schon Bezug auf jene, denen es an dem mangelt, was anderen zur Verfügung steht; jene, die nehmen müssen, was die anderen ihnen lassen; denen nichts anderes übrig bleibt. Aber dennoch: Armut steht je nach dem historischen Stand der Gesellschaft in unterschiedlichen Bezügen. Um ihren gesellschaftlichen Stellenwert zu verstehen, muß man diese Bezüge rekonstruieren. Dabei stellt sich heraus, daß Armut sehr Verschiedenes bedeutete und daß die Armen höchst unterschiedlich behandelt wurden.

Wenn es stimmt, daß Armut eine gesellschaftliche Residualkategorie ist, dann läßt sich der Wandel ihres gesellschaftlichen Stellenwerts nur im indirekten Zugriff erschließen. Darum suche ich den Zugang zu dem Problem des historischen Wandels der Bedeutung von Armut, indem ich die Frage nach dem Wandel des Verhältnisses von gesellschaftlicher Arbeit und existentieller Sicherung – eben: von Arbeit und Essen – verfolge.

Armut wird plastisch vor dem Hintergrund des gesellschaftlich dominanten Verteilungsmechanismus, als Rest – aber als Rest, der zu dem Verteilungsmechanismus in funktionaler Relation steht. In jeder Gesellschaft müssen – unter Knappheitsbedingungen – zwei Probleme gelöst werden. Wie wird der Arbeitseinsatz zur Herstellung gesellschaftlichen Reichtums geregelt? Und: Nach welchen Regeln erfolgt die Verteilung des hergestellten gesellschaftlichen Reichtums? Kapitalistische Marktgesellschaften verknüpfen beide Fragen in der Funktionsweise des Arbeitsmarkts. Er erbringt simultan Zuweisungsleistungen für den Faktor Arbeit (Systemintegration) und Zuweisungsleistungen für die Lebenschancen der Arbeitenden (Sozialintegration). Der Arbeitsmarkt definiert also beides: Produktionseinsatz (Arbeit) und Existenzchance (Essen).

Ich beginne mit einem Hinweis auf den Bedeutungswandel der Armut im Übergang von traditionalen zu posttraditionalen Gesellschaften. Dann werde ich drei Phasen skizzieren, in denen sich das Verhältnis von Arbeiten und Essen im Laufe der kapitalistischen Entwicklung wandelt, und die Konsequenzen nennen, die sich daraus jeweils für die Armut ergeben:

(1) Die Durchsetzung des unbedingten Nexus von Arbeiten und Essen („wer nicht arbeitet, soll auch nicht essen") samt der Verelendung der Armen und dem Propagieren von individuellen (Arbeits-)Anstrengungen als Weg aus der Armut.

(2) Die Institutionalisierung von kollektiven Sicherungsmechanismen gegen spezifische Verarmungsrisiken (Sozialstaat, Sozialversicherungen). Nun heißt es: Wer essen will, muß wenigstens (lohn-)arbeitsbereit sein (oder lange genug gearbeitet haben). Es bedeutet dies eine – unter diesem Vorbehalt stehende – Lockerung des Nexus von Arbeiten und Essen.

(3) Die Entflechtung von Arbeiten und Essen.

Die Phasenfolge ist keine zufällige. Ich vermute, daß in den Institutionalisierungen jeder dieser Antworten Instabilitäten angelegt sind, die schließlich jeweils auf die nächstfolgende Antwort hinauslaufen (vergleiche Vobruba

1989a). Damit eröffnen sich Interpretationsmöglichkeiten für den Übergang von der ersten zur zweiten Antwort, und es ergibt sich daraus der Hinweis auf die Wahrscheinlichkeit des Übergangs von der zweiten auf die dritte Antwort. Oder anders, zeitdiagnostisch, formuliert: Wir stehen heute in der Spätphase der Gültigkeit der zweiten Antwort, des bedingten Nexus von Arbeiten und Essen. Was ansteht, ist, die unbedingte Entflechtung von Arbeiten und Essen gesellschaftlich zu organisieren. Im dritten Schritt geht es also nicht um eine Prognose, sondern um den Nachweis der Aktualität und Brisanz einer gesellschaftspolitischen Aufgabe.

Barmherzigkeit

Arbeit – und zwar die eigene! – als Mittel gegen Armut – das war nicht immer so.

Das mittelalterliche Weltbild wies den Armen zweierlei Arten von Bedeutung zu. Zum einen waren es die Armen, die in der unmittelbaren Nachfolge Christi standen. Armut war Gebot, Leben in Armut samt dem Verzicht, sie durch Aneignung – in welcher Form auch immer – abzuschütteln, war Heilsweg.

> Ihr sollt euch nicht Schätze sammeln auf Erden, da sie die Motten und der Rost fressen, und da die Diebe nachgraben und stehlen. Sammelt euch aber Schätze im Himmel, da sie weder Motten noch Rost fressen, und da die Diebe nicht nachgraben noch stehlen. (Matthäus 6. 19, 20)

Und:

> Niemand kann zwei Herren dienen. Entweder er wird den einen hassen und den andern lieben; oder er wird dem einen anhangen und den andern verachten. Ihr könnt nicht Gott dienen und dem Mammon. (Matthäus 6. 24)

Das Reichtums-Verdikt war in der Gesellschaft des Mittelalters praktisch freilich nicht durchzusetzen. In der seelsorgerischen und religiösen Alltagspraxis wurde es modifiziert. Nicht auf Reichtum an sich kam es an, sondern darauf, wie man ihn verwendete. Und damit ergab sich die zweite Bedeutung der Armen: Ihre Funktion war es, Anlaß für Barmherzigkeit, also für eine gottgefällige Verwendung des Reichtums zu sein. Der Arme stellt sich dem Reichen „als Anlaß zur guten Tat in den Weg". (Luhmann 1975: 139) Im mittelalterlich-christlichen Weltbild standen Armut und Reichtum in wechselseitig funktionaler Verbindung. „Die reichen Menschen sind für die Erlösung der Armen geschaffen und die Armen für die Erlösung der Reichen." (Gurjewitsch 1980: 278) Noch die Ansätze zu einem mittelalterlichen Arbeitsethos sind an das Prinzip barmherziger Verteilung rückgebunden.

Die Arbeit hat einen vierfachen Zweck. Zuvörderst und zuoberst soll sie das Lebensnotwendige beschaffen; zum zweiten den Müßiggang, die Ursache so vieler Laster, vertreiben; zum dritten durch Kasteiung des Leibes die Fleischeslust zügeln; zum vierten ermöglicht sie, Almosen zu spenden. (Thomas von Aquin; zitiert nach Hohn 1984: 31)

Freilich darf man sich unter dem Barmherzigkeitsgebot kein religiös abgesichertes allgemeines Umverteilungssystem vorstellen. Die Barmherzigkeit der Reichen ist ja in erster Linie „Dienst am Prinzip", Ausdruck eines über Gott vermittelten Reziprozitätsverhältnisses. Man kann „von einer sehr eigentümlichen Tauschbeziehung sprechen: Für die ihm gewährte Unterstützung sichert der Bettler dem Almosengeber geistliche Unterstützung durch das Gebet." (Geremek 1988: 62) Die konkrete Hilfe für die Armen ist eher ihr Nebenprodukt.

> Die Vergabe von Almosen richtet sich nicht nach der Notwendigkeit individueller Notlagen, sondern zum Beispiel der Reihenfolge und Bedeutung kirchlicher Feiertage, an denen jedermann, der darum nachkommt, ein bestimmtes Quantum von Geld oder Naturalien verabreicht wird, solange der Vorrat reicht – unabhängig von der Art und dem Ausmaß seiner Notsituation. (Sachße, Tennstedt 1980: 29)

Immerhin stabilisierte ihre funktionale Bedeutung im religiösen Weltbild die Armut. Sie blieb erhalten, war aber lebbar.

Entscheidend dafür, arm genannt zu werden, war nicht, in Elend zu leben, sondern ohne Besitz zu sein; „derjenige ist wirklich arm, der auf keine andere Weise einen Lebensunterhalt findet als durch Fleiß und die Arbeit seines Geistes oder seines Körpers". (Camus 1634: 5; zitiert nach Stamm 1982: 78) Der Einfluß des Gebots christlicher Barmherzigkeit hielt sich im Volk noch über Jahrhunderte und konterkarierte die spätere rigide Anti-Bettel- und Anti-Armengesetzgebung. Dennoch – auf der für evolutionstheoretische Versuche notwendigen Abstraktionshöhe dürfte gelten:

Eine historisch gerichtete Theorie der Armut muß ihren Gegenstand in den jeweiligen funktionalen Zusammenhängen rekonstruieren,
(1) in traditionalen Gesellschaften in der Relation „Armut – Reichtum"; Armut als Vorwurf und Bezug religiöser Anstrengungen für die Besitzenden;
(2) in posttraditionalen Gesellschaften in der Relation „Armut – Arbeit"; Armut als „Hungerpeitsche" (Weber) zur Arbeit.

1777 schrieb die Akademie von Chalon-sur-Marne einen Wettbewerb zu der Frage aus, wie man der steigenden Bettelei so Herr werden könne, daß es zum Nutzen der Krone und doch auch im Interesse der Armen sei. Der Preis wurde einem Essay zuerkannt, dessen einleitende Sätze die These zusammenfassen: „Jahrhundertelang hat man nach dem Stein der Weisen gesucht. Wir haben ihn gefunden. Es ist die Arbeit. Lohnarbeit ist die natürliche Quelle der Bereicherung für die Armen.“ (Illich 1982: 81)

Arbeit als Mittel gegen Armut – das Einrücken von Arbeit in eine zentrale Wert- und Funktionsposition – markiert den Beginn einer neuen Periode in der Entwicklung des Verhältnisses von Arbeiten und Essen. Aber die Floskel „Arbeit gegen Armut“ ist doppelsinnig: Ist Arbeit als Mittel gegen Armut erst einmal als regulatives Prinzip gesellschaftlicher Güterverteilung allgemein anerkannt, wenden sich die Arbeitenden gegen die Armen. Am 11.8.1836 schreibt der Bradford Observer, es „ist ganz klar, daß keine zwei Klassen im Staate einander feindlicher gegenüberstehen als der Arbeiter, der sein Brot im Schweiße seines Angesichts verdient, und der Bettler, der von der Arbeit anderer lebt“. (zitiert nach Fraser 1982: 37) In der Entwicklung in dieser Epoche, hin zur Konfrontation von Arbeitenden und Armen, sind die Wurzeln zur Differenzierung von Arbeiter- und Armenpolitik, zur Differenzierung von Proletariat und Subproletariat samt Diffamierung des letzteren (vergleiche Marx 1968: 161) und auch die gerade neuerdings akut werdende Tendenz zur Spaltung des Sozialstaats (vergleiche Leibfried, Tennstedt 1985) angelegt.

Der Wechsel des Bezugssystems, in dem Armut ihre gesellschaftliche Bedeutung und Behandlung fand, wurde durch die Säkularisierung und Kommunalisierung der Armenfürsorge (vergleiche Sachße, Tennstedt 1980: 31,

Fischer 1979) eingeleitet. Affirmative Armutsdeutungen wurden angesichts zunehmender Verstädterung, der Ausbreitung bürgerlicher Lebenshaltungen und des Äquivalententauschs zunehmend randständig. Der Bedeutungswandel der Armut wurde besiegelt durch den Wandel der gesellschaftlich anerkannten Umgangsformen mit Reichtum. Dieser Wandel ging von Freigiebigkeit, demonstrativem Konsum und Vergeudung zu Sparsamkeit, Reinvestition und Geiz. Das sind die Folgen der seelsorgerischen Praxis des Protestantismus (vergleiche Weber 1975: 127ff.).

Komplementär dazu ging Armut ihrer traditionalen Funktionalität verlustig. Zum einen konnte sie nicht länger Vorbild sein, sondern wurde eher zum Indiz drohender Verdammnis und zum Anlaß, dem durch eigenes Tun – durch Arbeit – zu entrinnen. Die Stabilität der Armut, als individuelles Schicksal ebenso wie die Stabilität der Armen als gesellschaftliche Schicht, war damit dahin. Zum anderen zerbrach der Zusammenhang von Barmherzigkeit, Armut und Seelenheil. Die materielle Stützung der Lebensbedingungen der Armen ging damit auch verloren. Zwar nahm die Motivation zur Almosen-Vergabe nun nicht mehr den Umweg über das Heilsinteresse des Gebenden, sondern orientierte sich direkt an der Bedürftigkeit der Armen – aber es gab weniger Almosen.

Von nun an ist Armut sinnlos (vergleiche Vobruba 1983: 63) für jene, die sie trifft und „nützlich“ (Wagner 1982) für jene, die (Produktionsmittel-)Besitz haben.

Die generelle Empfehlung lautet jetzt: Arbeit als Mittel gegen Armut. „Armut ist eine Arznei, dem Menschen nach dem Sündenfall auferlegt, damit er dadurch büße und zu Gott zurückkehre, vom Bösen weiche und es vermeide ...“ (Wenzel Linck 1523; zitiert nach Sachße, Tennstedt 1980: 59) Arbeit wurde angesehen als „unfehlbares Universalmittel, wenn es darum geht, irgendeine

Form des Elends zu beseitigen". (Foucault 1977: 89) Dieses Mittel freilich griff in einer Vielzahl von Fällen nicht. Die Armut blieb. Nun mußten, um das Prinzip „Arbeit gegen Armut" gegen diese schlechte Realität zu immunisieren, die Armen in zwei Gruppen eingeteilt werden, deren eine die individuelle Schuld an der eigenen Armut zugerechnet bekam. Dies leistete die Unterscheidung in „würdige" und „unwürdige" Arme.

Schon

die Schriften des hl. Johannes Chrysostomos und die Gesetzgebung des Codex Iustinianus treffen unter den Armen eine säuberliche Unterscheidung zwischen Arbeitsfähigen und -unfähigen. Auf sie wird an der Schwelle zur Neuzeit die theologische und sozial-moralische Literatur des Westens zurückgreifen, als es gilt, auf die gesellschaftlichen Probleme der Zeit neue Antworten zu finden. (Geremek 1988: 25)

Im frühen Mittelalter war Barmherzigkeit Pflicht und Tugend, während man der Lebensführung in Armut erst noch moralisch indifferent gegenüberstand. Doch zog die Tugend der Barmherzigkeit die Aufwertung von Armut – als ihre Voraussetzung – nach sich.

In der Vita Eligii ist diese Vorstellung in geradezu klassischer Weise formuliert: „Gott hätte alle Menschen reich erschaffen können, aber er wollte, daß es auf dieser Welt Arme gibt, damit die Reichen Gelegenheit erhalten, sich von ihren Sünden freizukaufen." (Geremek 1988: 29)

Mit dieser Vorstellung einer religiösen Funktionalität jeglicher Armut wurde am Beginn der Neuzeit (wieder) gebrochen.

„Als eine notwendige Sache, nicht allein hier sondern in der ganzen Christenheit, wäre dafür Sorge zu tragen, daß den Armen Almosen gerecht zugeteilt würde und nicht an die Allerunwürdigsten gelange, die am allerwenigsten seiner bedürfen." (Johannes Geiler von Kaysersberg; zitiert nach Sachße, Tennstedt 1980: 56) J.G. von Kaysersberg begründet die Notwendigkeit dieser Unterscheidung selbst noch religiös. Denn „ein Almosen, das einem ‚bösen' Armen zuteil werde, also einem Menschen, der keine Unterstützung verdient, schade sowohl dem Gebenden wie dem Empfangenden". (Geremek 1988: 62)

Die Notwendigkeit von Instanzen, die in der Lage wären, „würdig" von „unwürdig" praktisch zu unterscheiden, wurde wohl gesehen. „So müßte da sein ein Verweser oder Vormund, der alle die Armen kennte und, was ihnen not wäre, dem Rat oder Pfarrer ansagte, oder wie das aufs beste möchte verordnet werden." (Martin Luther; zitiert nach Sachße, Tennstedt 1980: 59) Eine solche Instanz fehlte aber. Dennoch wurde die Unterscheidung für die Armen-Schicksale bestimmend: Zunehmend wurden die Armen mit der unwiderleglichen Vermutung konfrontiert, ihre Armut sei selbstverschuldet, sie somit „unwürdig" und der Hilfe nicht wert.

Für die Entwicklung des industriellen Kapitalismus ist die Ausbildung des Arbeitsmarkts konstitutiv. Die Ausbildung des Arbeitsmarkts setzt die Freisetzung der Armut aus traditionalen Deutungen und Sicherungen voraus. Doch ist diese Bedingung noch nicht hinreichend. Allerortes bedurfte es staatlichen Zwangs, um den Besitzlosen alle existentiellen Auswege außer den in Richtung Lohnarbeit zu verstellen (vergleiche Marx 1974: 624, Weber 1975: 45). Die Inthronisation von Hunger als arbeitspolitisches Regulativ (vergleiche Polanyi 1977: 113ff.) ist das Ergebnis politischen Eingriffs.

An den Nachweis dieser „Künstlichkeit" der Herstellung des Arbeitsmarkts lassen sich dreierlei Argumentationsstrategien anknüpfen:

(1) eine ideologiekritische Version, die, ausgehend vom politisch-gewalttätigen Entstehungszusammenhang des

Arbeitsmarkts, die scheinbar gewaltfreie Sphäre der Ökonomie zu dechiffrieren sucht;
(2) eine Version, die von der Künstlichkeit der Konstrukte Arbeitsmarkt und „Ware“ Arbeitskraft auf die funktionale Notwendigkeit permanenter (Sozial-)Staatsinterventionen schließt (vergleiche Lenhardt, Offe 1977);
(3) eine Version, die die Besonderheiten im historischen Entstehungszusammenhang der „Ware“ Arbeitskraft zum Anlaß nimmt, systematische Besonderheiten dieser „Ware“ zu betonen und deren politische Ansprüchigkeiten zu analysieren.

Ich will die Sinnhaftigkeit dieser drei Versionen hier nicht gegeneinander abwägen, werde aber nur die dritte verfolgen.

Der Verlust agrarischer Existenzformen und das Bevölkerungswachstum ab dem 16. Jahrhundert führten zu einer drastischen Vermehrung der Armen. Die Kommunen, nach dem Heimatprinzip zur Alimentierung „ihrer“ Armen verpflichtet, waren überfordert. Aus dieser Zwangssituation gedieh die Politik der Armeninternierung (vergleiche Stamm 1982: 88). Ihre Hauptintention galt weniger der „Belieferung“ der sich entwickelnden Arbeitsmärkte mit disziplinierten Arbeitskräften. Eher ging es darum, die Einübung „industriöser“ Arbeitsgesinnung in den Häusern ausreichend terroristisch zu gestalten, um die Armen von Bettel und der Inanspruchnahme öffentlicher Unterstützung absehen zu lassen.

Viele aus unserem Volk, die vorher hauptsächlich von wöchentlichen oder monatlichen Zuwendungen lebten ... befleißen sich nun der Arbeit, und da sie erkennen, daß sie, wenn sie Unterstützung von der Allgemeinheit erhalten wollen, auch für die Öffentlichkeit arbeiten müssen, strengen sie sich an, beschaffen sich Spinnräder und andere notwendige Materiale und arbeiten von früh bis spät, um zu vermeiden, daß sie in das Arbeitshaus kommen. (An Account ... 1732: 115; zitiert nach Stamm 1982: 94)

„1770 schlägt ein Unbekannter ... vor, Arbeiter, die der öffentlichen Wohlfahrt anheim fallen, in ein ‚ideales Arbeitshaus' einzusperren. Ein solches Arbeitshaus müßte zu einem Haus des Schreckens gemacht werden." (Boehringer 1905) De facto war die „Lebensqualität" in den Häusern allerdings höchst unterschiedlich (vergleiche Hunecke 1983).

Der Übergang zur Liberalisierung der Armenpolitik erfolgte mit der Ausbreitung industrieller Arbeitsorganisation und der Etablierung der Arbeitsmärkte. Mehr und mehr ersetzte der „stumme Zwang der ökonomischen Verhältnisse" den regulierenden politischen Eingriff. „Laßt sie auf sich selbst gestellt sein, und allein der Druck der Umstände wird sie im Laufe der Zeit über den Arbeitsmarkt verteilen ..." (Charity 1885: 119; zitiert nach Stamm 1982: 103) „Der Druck der Umstände" – das bedeutet, daß die Drohung der Armut allgegenwärtig und die Perspektive, ihr zu entgehen, einzig auf den Arbeitsmarkt gerichtet sein muß. Aber selbst dies reicht noch nicht hin, um ein stabiles Arbeitskraftangebot und Arbeitsverhalten sicherzustellen.

Alle Menschen neigen ... mehr zu Bequemlichkeit und Vergnügen als zur Arbeit, es sei denn, daß Ehrgeiz oder Habsucht sie zu ihr drängt. Die ihren Lebensunterhalt durch ihr Tagwerk erwerben, stehen jedoch selten unter dem Einfluß eines jener beiden Motive, so daß nichts weiter sie dazu antreibt, sich nützlich zu machen, als ihre Armut, die es zwar klug ist zu mindern, töricht aber ganz zu beseitigen. (Mandeville 1980: 232)

Um die Arbeitskräfte für den nun einsetzenden Prozeß kapitalistischer Industrialisierung fungibel zu machen, bedurfte es noch verschiedenartiger Interventionen des Staates, der die Modernisierung der Ökonomie als Ausbau seiner Machtbasis vorantrieb. Dazu gehörten die gesetzlich verordnete Verlängerung des Arbeitstages

(Boehringer 1905), Maßnahmen zur Straffung der Zeitdisziplin (vergleiche zum Beispiel Marx 1974: 624) und staatlich verordnete Lohnsenkungen, um die Bedarfsdekkungsmentalität der Arbeitenden zu brechen (vergleiche Treiber, Steinert 1980, Weber 1975: 50). Ich nenne diese erste Phase konzentriert-zielgerichteten Staatseingriffs in die Entwicklung kapitalistischer Ökonomie die Konstitutionsphase des Wohlfahrtsstaats (vergleiche Vobruba 1983: 44).

Das Moment der Künstlichkeit im historischen Entstehungszusammenhang des Arbeitsmarkts schlägt sich in der spezifischen Labilität nieder, die der „Ware“ Arbeitskraft systematisch eigen ist. Das betrifft zum einen den Status der Arbeitskraft, die auf dem Arbeitsmarkt gehandelt wird: Sie ist „fiktive Ware“ (Polanyi). Das bedeutet, daß sie den Marktgesetzmäßigkeiten gleich einer Ware unterworfen ist, sich in ihren Qualitäten jedoch der Warenform nicht restlos fügt. Gemessen an normalen Waren weist die „Ware“ Arbeitskraft einen Überschuß an Motiven auf, um am Arbeitsmarktgeschehen teilzunehmen. Nicht schlicht das ökonomische Motiv der Maximierung von (Faktor-)Einkommen, sondern, in letzter Konsequenz, die existentielle Notwendigkeit der Abwendung von Not ist das Kooperationsmotiv der Arbeitskraft auf dem Arbeitsmarkt. Sie hat sich, jedenfalls in der Reinform des ökonomisch-liberalistischen Gesellschaftsverständnisses, vor der Drohung in acht zu nehmen, die in dem Satz steckt: „Wer nicht arbeitet, soll auch nicht essen.“

„Im Begriff des freien Arbeiters liegt schon, daß der Pauper ist: virtueller Pauper.“ (Marx 1974: 497)

Daran knüpft der zweite Aspekt der Labilität der „Ware“ Arbeitskraft. Die existentielle Involviertheit der Arbeitskraft in das Arbeitsmarktgeschehen macht es unwahrscheinlich, daß die Verlierer (die Arbeitslosen, Arbeitsgeschädigten, Arbeitsunfähigen) auf Dauer lautlos vom System absorbiert werden können. Während der kapitalistische Warenanbieter bei Unverkäuflichkeit seiner Ware das Produkt wechseln kann, steht den Anbietern der „Ware“ Arbeitskraft keine gleichwertige Option zu Gebote. Unverkäuflichkeit bedingt hier nicht Verschwinden der Ware, sondern „dekommodifizierte“ Existenz: in Elend. Daher ist für die „Ware“ Arbeitskraft eher als für normale Waren wahrscheinlich, daß bei nachhaltigem Versagen des Arbeitsmarkts das Marktreglement insgesamt politisch in Frage gestellt wird; sei es von Außenstehenden (einer patriarchalisch eingestellten, sozial-verantwortlichen Obrigkeit), sei es von den potentiellen Marktverlierern selbst, sei es von politischen Kräften, die mit den Interessen der Marktverlierer kalkulieren (Konkurrenzparteien).

Damit sind die wesentlichen historischen Akteure bei der Ausbildung von Sozialstaatlichkeit genannt (vergleiche Alber 1982, Baron 1979, Tennstedt 1983). Dieser Vorgang ist nicht unser Thema. Hier interessieren seine Folgen für die Beantwortung der gesellschafts-praktischen Frage, was als anerkannter Ausweg aus der Alternative Arbeiten oder Armut gelten darf; wann – mit anderen Worten – Essen ohne Arbeiten erlaubt ist. Die Institutionalisierung der Antworten ist prekär – und muß prekär sein.

Essen bei Arbeitsbereitschaft

Vier Voraussetzungen müssen für die Institutionalisierbarkeit eines Sozialversicherungssystems in kapitalistischen Marktwirtschaften erfüllt sein:

(1) Es muß die Interpretation handlungsbestimmend sein, daß die sozialen Risiken, die es zu versichern gilt,

aus gesellschaftlichen Entstehungszusammenhängen herrühren.
(2) Es muß Lohnarbeit als gesellschaftliche Normalexistenzform anerkannt sein, und es müssen die ihr entspringenden Anforderungen von den Einzelnen weitgehend internalisiert sein oder doch faktisch erfüllt werden.
(3) Bürokratische Instanzen müssen in der Lage sein, die trennscharfe Unterscheidung zwischen Arbeitenden und sozialstaatlich Gesicherten einigermaßen verläßlich zu treffen. Dazu bedarf es operationaler Kriterien, die bei der Vergabe sozialstaatlicher Mittel anzulegen sind, und geeigneter Verfahren, um die individuelle Berechtigung des Einzelnen festzustellen.
(4) Die Ökonomie muß ein Niveau erreicht haben, auf dem sich ein ausreichender Anteil am Bruttosozialprodukt für sozialstaatliche Zwecke erübrigen läßt. Individuell: Die Versicherungspflichtigen müssen sich die erforderlichen Beiträge leisten können; gesellschaftlich: Die Ökonomie muß eine Gruppe nichtarbeitend Lebender tragen können (vergleiche Vobruba 1989).

Man sieht: Die Möglichkeit für die Errichtung eines staatlichen Sozialversicherungssystems ist in hohem Maße voraussetzungsvoll. In den aufgezählten Voraussetzungen kristallisieren sich zwei Bedingungen: Es müssen die ökonomischen und intellektuellen Voraussetzungen vorliegen, damit ein Sozialversicherungssystem machbar wird (Punkt 1 und 4). Und es müssen die Voraussetzungen dafür geschaffen werden, daß das Sozialversicherungssystem nicht zerstörerisch auf die Ökonomie zurückwirkt (Punkt 2 und 3).

Die Institutionalisierung eines staatlichen Sozialversicherungssystems ist also als ein Vorgang aufzufassen, in dem es gelingen muß, arbeitsmarktexterne Formen materieller Sicherung stabil zu installieren, zugleich aber das Funktionieren des Arbeitsmarkts nicht durch diese Sicherung in Frage zu stellen. Organisiert werden muß der Gütertransfer von der Ökonomie in das System sozialer Sicherung. Verhindert werden muß der Transfer von „Anti-Arbeits-Motiven“ aus dem System sozialer Sicherung in die Ökonomie.

Mit der Errichtung staatlicher Sozialversicherungssysteme entsteht also ein neues labiles Arrangement. Sein Kernsatz lautet: Wer essen will, muß lohnarbeitsbereit sein. Hunger als arbeitsmarktpolitisches Regulativ wird relativiert. Zugleich wird ein funktionales Äquivalent für ihn dadurch zu schaffen versucht, daß durch Lohnarbeit Anwartschaft auf soziale Sicherung erworben wird. Die Labilität dieser Konstruktion hat Eduard Heimann als „dialektische Paradoxie“ (Heimann 1980: 168) bezeichnet und so gefaßt: „Sozialpolitik ist Abbau der Herrschaft zugunsten der Beherrschten. Sozialpolitik ist also der Einbau des Gegenprinzips in den Bau der Kapitalherrschaft und Sachgüterordnung; es ist die Verwirklichung der sozialen Idee im Kapitalismus gegen den Kapitalismus.“ (Heimann 1980: 167) Wenn man dieses dictum in unsere auf Armut gerichtete Perspektive stellt, bedeutet es: Sozialstaatliche Sicherung unterläuft die absolute Geltung und Funktion der Armuts- und Hungerdrohung. Sie lockert den Nexus von Arbeiten und Essen. In lohnarbeitszentrierten Gesellschaftsformationen wie dem Industriekapitalismus muß das prekär sein, da damit dem Arbeitsmarkt Funktionseinbußen drohen. Darum muß die Sozialstaatsprogrammatik unter den Vorbehalt der Lohnarbeitsbereitschaft gestellt werden. Die staatlichen Garantien arbeitsmarkt-externer Sicherung stehen also unter lohnarbeitszentrierten Vorbehalten, welche die Intaktheit des Arbeitsmotivs jenseits der „Hungerpeitsche“ sicherstellen sollen. Dieses Arrangement ergibt auf den ersten Blick den Eindruck eines geschlossenen arbeits(markt)zentrierten Systems unter Einschluß sozialstaatlicher Sicherung. „Daß mit Lohnarbeit verbundene Existenzrisiken in der institutionellen Form der Sozialversicherung abgefangen werden, macht Lohnarbeit für Arbeitskräfte attraktiver und kommt so ihrer Arbeitsbereitschaft zugute." (Lenhardt, Offe 1977: 110) Dennoch empfiehlt es sich nicht, diesem Eindruck so weit nachzugeben, daß man eine Theorie des Sozialstaats unter das funktionalistische Apriori stellt, Sozialpolitik sei „die staatliche Bearbeitung des Problems der dauerhaften Transformation von Nicht-Lohnarbeitern in Lohnarbeiter". (Lenhardt, Offe 1977: 101) Verwischt man derart die Differenz zwischen den Intentionen und den Effekten staatlicher Intervention, so fällt es schwer, die empirisch und praktisch interessante Frage offen zu halten, ob die motivationale Rückbindung arbeitsmarktextern Versorgter an den Arbeitsmarkt auch tatsächlich immer gelingt. Genau diese Frage aber ist entscheidend.

Zur Zeit der ersten Weltwirtschaftskrise jedenfalls wurde die Frage nach den gesellschaftspolitischen Effekten wohlfahrtsstaatlicher Sicherung in der politischen Diskussion als offen und (macht-)politisch zur Entscheidung anstehend behandelt. Noch 1929 beklagten Unternehmerkreise den Verlust „ihrer" industriellen Reservearmee-Funktion durch die staatliche Arbeitslosenversicherung. Das AVAVG habe den „Zustand des Angebots und der Nachfrage auf dem Arbeitsmarkt vollständig ausgeschaltet". (zitiert nach Weisbrod 1982: 210) Und Ludwig von Mises sekundiert: „Nicht weil rationalisiert wird, sondern weil die Arbeitslosen der Notwendigkeit, sich nach neuer Arbeit umzusehen, enthoben werden, gibt es Arbeitslosigkeit als Dauererscheinung." (von Mieses 1931: 23) Dagegen die Realität: Ende 1931 war die Zahl der Erwerbslosen „auf 5½ Millionen angewachsen. Nur rund ein Drittel von ihnen war damals noch im Genuß von Arbeitslosenunterstützung, der Rest in Krisen- und Wohlfahrtsunterstützung". (Preller 1978: 446) In der Tat ging es in der Auseinandersetzung um die Sozialpolitik am Ende der Weimarer Republik nicht um „technische" Detailprobleme, sondern um gesellschaftspolitische Grundsatzentscheidungen. Versuchten die Gewerkschaften – insbesondere – das AVAVG als die gesetzliche Garantie eines „unentziehbaren Existenzanteils" (Naphtali 1928; zitiert nach Weisbrod 1982: 211) gegen den Zugriff der Finanzkrise zu verteidigen, so ging es dem Unternehmerlager darum, „den Rechtscharakter der Versicherung" (Preller 1978: 424) zu brechen. „Ging den einen die Finanzwirtschaft über die Versicherung, so den anderen die Versicherung über die Finanzwirtschaft." (Preller, ebenda) Auf dem Höhepunkt der Krise war die Arbeitslosenversicherung ihres gesetzlichen Versicherungscharakters weitestgehend entkleidet, es waren die Unterstützungen (wieder) an Bedürftigkeitsprüfungen geknüpft, die Leistungsstandards waren drastisch gesenkt (vergleiche Preller 1978: 417ff.). Armut war nicht nur wieder als regulatives Prinzip gegenwärtig, sondern ebenso massenweise als soziale Realität. Denn mit den Löhnen und den Sozialversicherungsleistungen gerieten auch die Fürsorgesätze in den Sog der Krise. Das lag daran, daß ein ausreichender „Sicherheitsabstand" zwischen Lohnhöhe und Fürsorgesatz zur politisch-programmatischen Grundausstattung der Fürsorgepolitik zählte: „Die Fürsorgeleistung darf demgegenüber in keinem Falle diese Grenze berühren, weil dadurch der Anreiz zur eigenen Arbeit vernichtet würde ..." (ND VI, 61, Mai 1925; zitiert nach Leibfried 1981: 475)

Sozialsparstrategien sind Strategien der Herrschaftssicherung. Sie funktionieren so, weil sie existentielle Abhängigkeiten bei den Betroffenen aufbrechen lassen, die bedingungslosen Anpassungsdruck an die gegebenen – von interessierter Seite gestalteten – Verhältnissen erzeugen. Das labile sozialstaatliche Arrangement wurde in der ersten Weltwirtschaftskrise gekippt. Realität wurde wieder: arbeiten oder verhungern.

Ohne Arbeit Essen

Daß Mißbrauch sozialer Sicherung nichts weiter als ein Hirngespinst konservativer Sozialstaatsgegner und Menschenfeinde ist, das es sozialwissenschaftlich „aufzuklären" gilt – dieser Eindruck wäre falsch. Man muß klar sehen: Die rechtsförmigen Standardisierungen leistungsauslösender Tatbestände im Sozialversicherungsrecht bergen Möglichkeiten des Mißbrauchs. „Die Bindung an generalisierte Regeln läßt Strategien zweckfremder Ausnutzung aussichtsreicher erscheinen als in der interpersonellen Beziehung." (Kaufmann 1982: 21) Allerdings bleibt zu fragen, wie weit man denn darin ein Problem sehen muß.

Im Prinzip lassen sich aus der Diagnose, daß rechtsförmige Regelungen die Möglichkeit der Verwendung der Mittel für unbeabsichtigte Zwecke mit sich bringen, zweierlei Konsequenzen ziehen: Entweder man versucht, durch restriktive Fassung und Auslegung der Gesetze samt flankierenden Kontrollen den Kreis der Mittelbezieher einzuengen. Oder man entschließt sich, durch weitere Definitionen legitimer Zwecke, das Spektrum erlaubter Mittelverwendungen zu vergrößern. Im einen Fall wird die Schere zwischen der Absicht des sozialpolitischen Gesetzgebers und der Realität der Mittelvergabe durch Änderungen bei der Mittelvergabe, im anderen Fall durch Änderungen in den gesetzgeberischen Absichten geschlossen. Der erstere Fall wurde in extremer Form in der ersten Weltwirtschaftskrise realisiert und läßt sich in milderer Form als sozialpolitisches Handlungsmuster in den letzten Jahren erkennen. Der letztere Fall wäre der gedankliche Anknüpfungspunkt für eine Politik der Entflechtung von Arbeiten und Essen, Anknüpfungspunkt für die Aktualisierung der Forderung nach Verallgemeinerung materieller Existenzsicherheit. Diese Forderung wird in jüngster Zeit unter den Stichworten „Garantiertes Mindesteinkommen“ (Gerhardt, Weber 1984), „negative Einkommenssteuer (NES)“, „Sozialdividende“ oder „garantiertes Grundeinkommen“ (Opielka, Vobruba 1986) diskutiert.

Zwischen Anpassung und Utopie Vorschläge zur Verallgemeinerung materieller Existenzsicherheit

Einleitung

Typologien für die unterschiedlichen Vorschläge zur Verallgemeinerung materieller Existenzsicherheit sollten (wenigstens) diese eine Voraussetzung erfüllen: Sie sollten so angelegt sein, daß es möglich wird, das Verhältnis der Vorschläge zu dem gesellschaftlichen Institutionenbestand, den sie wesentlich berühren, explizit zu machen.

Dies bedeutet die Vorentscheidung für theoriegeleitete und gegen politikorientierte Typologisierungsversuche. Ich werde also nicht daran gehen, die Vorschläge nach politischen Merkmalen zu sortieren. Denn dies setzt entweder die Konkretisierung von (im Prinzip: unendlich) vielen verschiedenen Konzepten voraus (zum Beispiel: „Wie wird das Verhältnis zur Arbeitszeitpolitik inhaltlich genau geregelt?"), oder es führt, wenn man diesen Konkretisierungsaufwand nicht bewältigt, zu wenig interessanten binären Schematismen (zum Beispiel: „Verknüpfung des garantierten Grundeinkommens mit Arbeitszeitpolitik: ja/nein").

Ein theoriegeleiteter Typologisierungsversuch erscheint ertragreicher. Er setzt zweierlei voraus. Zum einen müssen jene Institutionen bestimmt werden, in Relation zu denen die Vorschläge behandelt werden sollen. Ich sehe als die wichtigsten Institutionen, die von Vorschlägen zur Verallgemeinerung materieller Existenzsicherheit berührt werden, den Arbeitsmarkt und das System sozialer Sicherung an. Zum anderen müssen beide Institutionen theoretisch so aufbereitet werden, daß die Anschlußstellen für Vorschläge zu einem garantierten Grundeinkommen explizit werden. Das bedeutet für den Arbeitsmarkt, eine Vorstellung seines funktionalen Stellenwerts, und es bedeutet für das System sozialer Sicherung, Ansätze zur Erklärung seiner Funktionsdefizite zu entwickeln.

Dies legt eine Zweiteilung meiner Ausführungen nahe:

Zuerst werde ich das garantierte Grundeinkommen in den umfassenderen Zusammenhang der Grundsicherungsdiskussion stellen. Dazu will ich eine Typologie entwickeln, deren Orientierungskriterium die Frage ist, auf welche Funktionsdefizite des gegenwärtigen Systems sozialer Sicherung mit den unterschiedlichen Vorschlägen zur sozialen Grundsicherung reagiert werden soll. In dieser Typologie tritt das garantierte Grundeinkommen als ein möglicher Fall auf. Ich werde für diese Typologie Beispiele aus der aktuellen Diskussion nennen.

Dann werde ich eine Typologie unterschiedlicher Vorschläge zum garantierten Grundeinkommen entwickeln. Diese Typologie dient zur Klassifikation von Grundeinkommensvorschlägen. Orientierungskriterium ist hierbei die Frage nach dem Verhältnis dieser Vorschläge zum Funktionieren des Arbeitsmarkts. Ich werde diese Typologie mit Beispielen aus der Geschichte der Grundeinkommensdiskussion anschaulich machen.

Vorschläge zur sozialen Grundsicherung: Anpassung

Das gegenwärtige, historisch gewachsene System sozialer Sicherung ist in hohem Maße lohnarbeitszentriert (vergleiche Vobruba 1989). Das bedeutet, daß sowohl der Zugang zu als auch die Bemessung von wichtigen (nicht allen!) sozialen Sicherungsleistungen an Lohnarbeit rückgebunden ist.

Lohnarbeitszentrierte Vorbehalte, die den Zugang zu sozialstaatlichen Transfers regeln, sind: „Erst lohnarbeiten, dann ...“, „Lohnarbeitsbereitschaft zeigen, damit ...“ Die Orientierung der Höhe von Sicherungsleistungen an der Lohnhöhe erfolgt über das Äquivalenzprinzip. Die allgemeine Diagnose über den Zusammenhang von Arbeitsmarktentwicklung und Sozialpolitik gegenwärtig lautet, daß Veränderungen auf dem Arbeitsmarkt zunehmend dazu führen, daß das System lohnarbeitszentrierter Sozialpolitik eine Selektivität bei der Vergabe von Sicherungsleistungen entfaltet. In dem Maße, in dem faktisch nicht mehr davon ausgegangen werden kann, daß alle (die dies wollen) die lohnarbeitszentrierten Bedingungen für den Bezug von Sicherungsleistungen erfüllen, werden aus den Vorbehalten Zugangsbarrieren. Und in dem Maße, in dem sich prekäre Lohneinkommenslagen ausbreiten, führt das Äquivalenzprinzip zu defizitären sozialen Versorgungslagen. Dazu kommt noch, daß die Lockerungen des Äquivalenzprinzips im Zuge von Sozialtransfer-Karrieren, wie sie im gegebenen System vorgesehen sind (Arbeitslosengeld – Anschlußarbeitslosenhilfe – Sozialhilfe), zugleich Verarmungsprozesse bedeuten.

Für alle, die nicht in der Lage sind, „Normalarbeitsverhältnisse“ einzugehen, wirft somit die lohnarbeitszentrierte Sozialpolitik sozialpolitische Probleme auf: Vielen, die abweichend vom „Normalarbeitsverhältnis“ tätig sind, droht – neben vielfältiger arbeitsrechtlicher Benachteiligung – sozialpolitische Unterversorgung. Dies gilt insbesondere für die Teilzeitarbeitenden, die befristet Beschäftigten und die in verschiedenen Formen geringfügig Beschäftigten. Denen, die Opfer von sozialstaatlichen Abgruppierungsprozessen geworden sind, und denen, die erst gar keinen Zugang zum Arbeitsmarkt gefunden haben, droht das Problem des Ausschlusses von den besseren (manchmal: von allen) Leistungen des Sozialstaats.

Entsprechend diesen Problemtypen läßt sich nun eine Typologie von Lösungsvorschlägen entwickeln. Unterscheidungskriterien für die einzelnen Typen von Lösungsvorschlägen der Defizite lohnarbeitszentrierter Sozialpolitik lassen sich aus den folgenden Fragen gewinnen:

(1) Richten sich die Vorschläge nur auf das Unterversorgungsproblem?
(2) Oder richten sich die Vorschläge auch auf das Ausschlußproblem?
(3) Versuchen die Vorschläge, Primäreinkommensausfälle nur zu kompensieren, oder richten sie sich auch darauf, Veränderungen der Primäreinkommensverteilung zu bewirken?

Ich nenne für die einzelnen Typen einige Vorschläge als Beispiele (vergleiche Nissen 1989).

(1)
Auf die Bewältigung des Unterversorgungsproblems richten sich die Vorschläge zur Sockelung der bestehenden Zweige sozialer Sicherung. Der Leitgedanke dabei ist, (insbesondere) bei den Sozialversicherungsleistungen keine Auszahlungen in so geringer Höhe zuzulassen, daß sie um Sozialhilfeleistungen ergänzt werden müssen.

Die bisherigen Teilbereiche der sozialen Sicherung (Arbeitslosenversicherung, Alterssicherung und so weiter) bleiben aufrechterhalten, werden aber durch das „Einziehen“ eines allgemeinen bedarfsorientierten Grundeinkommens („Sockel“) harmonisiert und reformiert. (Welzmüller 1985: 419)

In der Tat wäre eine Sockelungsstrategie geeignet, Verarmungsprozesse zu stoppen, soweit sich diese aus der durch das Äquivalenzprinzip bedingten Fortschreibung von Niedriglöhnen in entsprechend niedrige Sozialtransfers ergeben. Die reine Sockelungsstrategie geht allerdings dann ins Leere, wenn sozialpolitischer Abstieg mit Ausschließungsprozessen von den besseren Sicherungsleistungen verbunden ist oder wenn man in diese mangels erworbener Anwartschaft erst gar nicht hineinkommt. Dieses Problem wird von Befürwortern der Sockelung durchaus gesehen. Sie fordern daher „eine Ergänzung der sozialversicherungsrechtlichen Konstruktionsprinzipien durch eine allgemeine Mindestsicherung, die unabhängig von Beitragszeiten und Beitragshöhe normiert wird". (Bäcker 1985: 38) Dies führt zu den Vorschlägen zur Lösung des Ausschlußproblems.

(2)
Zur Lösung des Ausschlußproblems von den (besseren) sozialen Sicherungsleistungen gibt es mehrere Vorschläge. Zum einen wird vorgeschlagen, bestimmte Lebenszeiten, in denen keine Lohnarbeit verrichtet wurde, für den Erwerb von Anwartschaften den Zeiten der Lohnarbeit gleichzuhalten.

> In der Rentenversicherung könnte beispielsweise durch die Ausweitung von fiktiven Beitragszeiten (zum Beispiel Erziehungsjahre) ein rentensteigernder Effekt erzielt werden; für teilzeitbeschäftigte Personen könnte die Fiktion eingebaut werden, daß sie rentenrechtlich als Vollzeitbeschäftigte zählen und der Staat den Differenzbetrag zuschießt. Durch Arbeitslosigkeit bedingte Unterbrechungen der Erwerbsbiographie müßten lückenlos und zu einem einkommensadäquaten Verrechnungssatz in der individuellen Rentenberechnung berücksichtigt werden und so weiter. (Welzmüller 1985: 419)

Dabei wird also die Lohnarbeitszentriertheit der sozialen Sicherung als Prinzip erhalten, praktisch jedoch gelockert.

Weiter gibt es den Vorschlag, Aktivitäten im informellen Sektor, insbesondere im Bereich von Selbsthilfe, sozialversicherungsrechtlich aufzuwerten.

> Für sozial als nützlich definierte Tätigkeitstatbestände, die, da sie nicht Erwerbsarbeit darstellen, durch die herkömmlichen sozialen Sicherungswerke nicht abgedeckt sind, können Sozialversicherungsgutscheine eingeführt werden, die den zeitlichen Input für die jeweilig relevanten Tätigkeiten (etwa auf Stundenbasis) ebenso wie den Nützlichkeitsgrad berücksichtigen. Für den letzteren Zweck werden bestimmte Tätigkeiten als mehr individuell oder mehr gesellschaftlich nützlich, aber auch als mehr oder weniger attraktiv bestimmt und mit einem Nützlichkeitsindex versehen, der Zuschläge für wenig attraktive und gesellschaftlich besonders nützliche Tätigkeiten und Abschläge für das Gegenteil markiert. (Gretschmann, Heinze 1985: 118, vergleiche Gretschmann u.a. 1989)

Schließlich gibt es Vorschläge, die Bezugsberechtigung für einzelne Leistungskategorien so zu verallgemeinern, daß Ausschlußeffekte nicht mehr eintreten können (Allgemeine Grundrente). Solche Vorschläge werden von verschiedenen Seiten präsentiert. Bei einigen der Vorschläge werden solche Lösungsansätze des Ausschlußproblems mit Senkungen des Leistungsniveaus oder mit Verschlechterungen der Sozialeinkommensposition von bisher besser Gesicherten verknüpft. Damit wird die sozialpolitische Bewältigung des Ausschlußproblems als Null-Summen-Spiel innerhalb der Gesamtheit der tatsächlichen und der potentiellen Leistungsbezieher angelegt.

Sowohl über die konkrete Gestaltung als auch die Durchsetzbarkeit kostenneutraler oder expansiver sozialpolitischer Lösungen besteht noch erhebliche Unklarheit. Die Vorschläge in Richtung einer (schrittweisen) Verallgemeinerung des Zugangs zu sozialen Sicherungsleistungen weisen letztlich auf einen Sicherungsstandard, der unmittelbar auf Teilhabe am Reichtum einer Gesellschaft und ihren Entwicklungsmöglichkeiten sowie auf die Teilnahme an ihrer sozialkulturellen Entfaltung zielt. Ein solcher Standard bezieht sich auf die „Mitte" dieser Gesellschaft und nicht auf ihren Rand. Er beabsichtigt nicht Ausgrenzung, sondern „Eingrenzung", Leben als Bürgerrecht (Leibfried u.a. 1985: 146).

Damit nähern sich die erweiterten Sockelungsvorschläge der Idee eines garantierten Grundeinkommens.

(3)
Von beiden bisher genannten Typen von Lösungsansätzen der Probleme lohnarbeitszentrierter Sozialpolitik unterscheidet sich ein garantiertes Grundeinkommen in zwei wesentlichen Punkten. Zum einen enthebt es zahlreicher Fragen, die sich aus den genannten Vorschlägen ergeben: Welche Betätigungsformen werden tatsächlich als Lohnarbeitsäquivalent anerkannt? Wie wird jener Nützlichkeitsindex konkret erstellt, und: Wer bewertet? Die regulativen Eingriffe, die sich aus der politisch-praktischen Beantwortung dieser Fragen ergeben, fallen beim Vorschlag eines garantierten Grundeinkommens weg. Allerdings wird dieser Vorteil durch einen Abbau der sozialpolitischen Treffsicherheit und damit durch höhere Kosten erkauft.

Zum anderen unterscheidet sich das garantierte Grundeinkommen von den vorangegangenen Vorschlägen in seinem Bezug zum Arbeitsmarkt. Den bisher genannten Vorschlägen zu einer sozialen Grundsicherung ist gemeinsam, daß sie versuchen, durch unterschiedliche administrative Vorkehrungen Modifikationen (Beeinträchtigungen?) des Arbeitsmarkts möglichst zu minimieren. Davon unterscheidet sich der Vorschlag zu einem garantierten Grundeinkommen grundsätzlich. Ein garantiertes Grundeinkommen hat unmittelbar Implikationen für den Arbeitsmarkt. Dies führt zum zweiten Teil.

Beim garantierten Grundeinkommen, schreibt Ralf Dahrendorf, handelt es sich um eine jener Ideen, „die ihren Weg zwar langsam machen, die aber nicht einfach wieder weggehen, weil nicht jedermann sie sogleich aufnimmt". (Dahrendorf 1986: 32) In der Tat: Die Idee ist alt. Sie wurde immer wieder vorgetragen, jedoch selten und nur in Ansätzen realisiert. In der allerjüngsten Vergangenheit nun sind von vielen verschiedenen politischen Seiten Vorschläge in Richtung auf ein garantiertes Grundeinkommen gemacht worden. Wolfram Engels, Sprecher des marktradikalen „Kronberger Kreises", meint, bei der Idee eines garantierten Grundeinkommens haben wir „es gewissermaßen mit einem schwarz-rot-grünen Reformvorschlag zu tun". (Engels 1985: 95)

Genau diese Frage ist von großem Interesse. Handelt es sich bei den verschiedenen präsentierten Vorschlägen zu einem garantierten Grundeinkommen wirklich um politische Projekte, die alle in dieselbe Richtung weisen, oder verbergen sich hinter der Idee in ihrer allgemeinsten Form unterschiedliche Konzepte, mit unterschiedlicher gesellschaftspolitischer Stoßrichtung? Dieser Frage will ich hier kurz nachgehen. Dazu werde ich einige historische Diskussionslinien um ein garantiertes Grundeinkommen rekonstruieren und daran anschließend eine einfache Typologie von Grundeinkommensvorschlägen versuchen, die sich als Instrument zur Orientierung in der aktuellen Grundeinkommensdiskussion eignet.

Zuerst muß ich mit einer kurzen theoretischen Vorüberlegung ein Orientierungskriterium für eine Typologie unterschiedlicher Konzepte eines garantierten Grundeinkommens einführen. Dann will ich diese Typologie anschaulich machen, indem ich sie zur Klassifizierung der unterschiedlichen historischen Diskussionslinien um ein garantiertes Grundeinkommen verwende.

Was also eignet sich als Orientierungskriterium für Konzepte zu einem garantierten Grundeinkommen? Die Antwort: Konzepte zu einem garantierten Grundeinkommen lassen sich am besten anhand der Frage klassifizieren, in welcher Weise ihr Verhältnis zum Arbeitsmarkt geregelt ist. Warum ist das so?

Alle Gesellschaften, in denen ökonomische Knappheit herrscht, müssen für die Lösung von zwei Grundfragen institutionelle Regelungen bereithalten: Wie wird die (Pflicht zur) Teilnahme am Prozeß gesellschaftlicher Arbeit geregelt? Wie wird die Verteilung des produzierten gesellschaftlichen Reichtums geregelt? In kapitalistischen Marktwirtschaften kommt die Regelung dieser beiden Fragen dem Arbeitsmarkt zu. Er leistet diese Regelung auf vorteilhafte Weise: dezentral, (relativ) weitgehend individuell freiheitswahrend und für beide Fragen simultan. Gleichwohl birgt es unübersehbare Probleme, wenn man es beim Arbeitsmarkt als dem einzigen Mechanismus für die Regelung beider Fragen belassen will. Denn die Regelungen des Arbeitsmarkts wirken nicht so umfassend, wie gesellschaftlich notwendig. Ausdruck dieses Regelungsdefizits ist die Verarmungsbedrohung verschiedener Bevölkerungsgruppen und die Dauermassenarbeitslosigkeit.

Der Vorschlag eines garantierten Grundeinkommens ergänzt die eine Regulierungsfunktion des Arbeitsmarkts: die Verteilung. Damit löst sich die Simultaneität der Regelung von Verteilungsfrage und Arbeitseinsatzfrage auf. Somit stellt sich die Frage nach der Regelung des Arbeitseinsatzes nun gleichfalls isoliert. Unser Problem läßt sich nun spezifizieren: Die Grundeinkommensvorschläge werden danach klassifiziert, wie sie das Arbeitseinsatzproblem behandeln.

Ich sehe in der bisherigen Diskussion vier Typen von Lösungen des Problems des Arbeitseinsatzes:

(1) die Einrichtung von Pflichtarbeit korrespondierend zum Recht auf ein garantiertes Grundeinkommen;

(2) eine Gestaltung des garantierten Grundeinkommens derart, daß ökonomische Arbeitsanreize in ausreichendem Umfang erhalten bleiben;

(3) Annahmen über radikale Rationalisierung, mit der sich das Problem des Arbeitseinsatzes drastisch verringert;

(4) (damit eng zusammenhängend) optimistische Annahmen über einen grundlegenden Wandel der Qualität der Arbeit und über freiwilligen Arbeitseinsatz.

Ersichtlich gehen die Positionen (1) und (2) von der Existenz eines Arbeitseinsatzproblems aus und bieten Lösungen (im eigentlichen Sinne) an. Die Positionen (3) und (4) dagegen „lösen" das Arbeitseinsatzproblem, indem sie es mittels entsprechender Annahmen kleinarbeiten. Die Betonung dieses Unterschieds macht es möglich, diesen beiden Distinktionen andere, verwandte, zuzuordnen.

Die Positionen, die das Arbeitseinsatzproblem zu lösen suchen, sind zugleich

— eher pragmatisch orientiert und
— armutspolitisch angelegt.

Die Positionen, die das Arbeitseinsatzproblem kleinarbeiten wollen, sind zugleich

— eher als Utopien angelegt und
— werden als gesellschaftspolitische Ordnungsentwürfe vorgetragen.

Nur werde ich für die Positionen (1) bis (4) Beispiele aus der Geschichte der Diskussion um ein garantiertes Grundeinkommen geben (vergleiche Vobruba 1987).

Die ersten konkreten Entwürfe zu einem garantierten Grundeinkommen stammen von Atlanticus und Popper-Lynkeus. Die Konzepte von beiden Autoren beruhen auf einer Zweiteilung der Ökonomie in einen Grundbedarfssektor und einen Luxussektor. Atlanticus schreibt:

> Der Staat hat für die Herstellung der gewöhnlichen Kleidungs- und Nahrungsstoffe, sowie der Baumaterialien, der staatlichen Gebäude und Kommunikationsmittel zu sorgen. Die Produktion von Luxusgegenständen, Möbeln, das Bauen von Wohnhäusern, die Besorgung von Gärten, des Haushalts, Herausgeben von Büchern und Zeitschriften kann er getrost der Privatsphare uberlassen. (Atlanticus 1889: 4, 5)

Und Josef Popper-Lynkeus faßt sein Programm einer „allgemeinen Nährpflicht" so zusammen:

> Die soziale Frage ist als Magenfrage zu lösen durch die Institution einer Minimum- oder Nährarmee, die alles das produziert oder herbeischaffen hilft, was nach den Grundsätzen der Physiologie und Hygiene der Menschen notwendig ist ... Das Minimum sichert jedem: Nahrung, Wohnung nebst Wohnungseinrichtung, Kleidung, ärztliche Hilfe und Krankenpflege. Alles das, was nicht zu diesem Minimum gehört, gilt als Luxus und bleibt der freien Geldwirtschaft, mit Privateigentum und Vertragsfreiheit, vorbehalten, welche, da die Existenz aller gesichert ist, eventuell noch freier betrieben werden kann als heute. (Popper-Lynkeus 1912: 503)

In beiden Konzepten gibt es entsprechend der garantierten Grundversorgung eine allgemeine Arbeitspflicht.

Insbesondere Popper-Lynkeus hatte zu seiner Zeit großen publizistischen Einfluß. In Wien konstituierte sich ein „Verein zu Verbreitung der Idee einer allgemeinen Nährpflicht". Beide Autoren verstanden sich als Sozialreformer, standen aber in kritischer Distanz zur Sozialdemokratie. Karl Kautsky, der das Vorwort zu dem Buch von Atlanticus „Ein Blick in den Zukunftsstaat" (1898) verfaßte, konnte in der Idee eines garantierten Grundeinkommens nur eine Einstiegsforderung in Richtung auf die Vergesellschaftung der Produktionsmittel sehen. Und

Popper-Lynkeus, dem die sozialistische Arbeiter-Zeitung in Wien zu seinem achtzigsten Geburtstag eine ausführliche Würdigung widmete, erwiderte in einem Dankschreiben an diese Zeitung, daß ihm lieber als diese Ehrung gewesen wäre, wenn man seine Ideen aufgegriffen hätte. Praktische Realisierung erfuhren beide Konzepte nicht.

Vorschläge, die den geschilderten in ihrer Struktur sehr ähnlich sind, finden sich auch in der Gegenwart. In seiner Schrift „Gedanken zu Vollbeschäftigung" entwirft der Schwede Gunnar Adler-Karlsson ein Dualmodell, das dem von Popper-Lynkeus ähnelt. Auch bei ihm gibt es einen Grundbedarfssektor mit Arbeitspflicht.

> Der Grundbedarfssektor, der staatlich sein soll, muß sich um die materiellen Grundbedürfnisse der Menschen kümmern. Seine Größe wird bestimmt von der Summe der Bedürfnisse, die der Staat abdecken soll, und dem Arbeitseinsatz, der auf der gegebenen technischen Entwicklungsstufe zur Produktion der notwendigen materiellen Güter gebraucht wird. Diese notwendige Arbeitsmenge sollte gleichmäßig verteilt werden als Recht und Pflicht für jeden Bürger. Die Bezahlung für die ausgeführte Arbeit muß in Form von Einkaufskarten geleistet werden, die man weder verkaufen noch weitergeben kann, und die materielle Grundgeborgenheit für das Individuum muß garantiert sei, so lange es lebt. (Adler-Karlsson 1979: 495)

In einer gewissen Verwandtschaft dazu stehen auch die Überlegungen von André Gorz (1983, 1986). Auch er sieht ein garantiertes Grundeinkommen vor, doch will er korrespondierend dazu keine Arbeitspflicht einrichten. Er stellt sich die Installierung von Arbeitszeitschuldenkonten vor, die jede/jeder innerhalb bestimmter festgesetzter Zeitspannen ausgleichen muß. Der Unterschied zu den Grundeinkommenskonzepten mit Arbeitspflicht ist also der: Während bei diesen der Arbeitseinsatz in seinem Umfang staatlich festgelegt und zentral geplant wird, will Gorz nur den Umfang (20.000 Stunden pro Leben) festlegen, die Allokation der Arbeitskraft dagegen will er dem Markt überlassen. Dazu schlägt er die Einrichtung von regionalen Arbeitsplatzbörsen vor.

Was ist das entscheidende Kennzeichen dieses Typs von Grundeinkommenskonzepten? Sie gehen von einem Zielkonflikt von garantierter materieller Sicherheit einerseits und Arbeitsbereitschaft andererseits aus. Und sie sehen zur Lösung dieses Konflikts kein anderes Instrument als den Einsatz von – mehr oder weniger – administrativem Zwang zur Arbeit.

Die zweite Traditionslinie in der Diskussion um ein garantiertes Grundeinkommen teilt mit der ersten den Ausgangspunkt: Wie kann man materielle Grundsicherheit für alle organisieren, ohne die Arbeitsbereitschaft zu zerstören? Diese zweite Diskussionslinie ist die um die negative Einkommensteuer. Bei ihr wird der Zielkonflikt zwischen Sicherheit und Arbeitsbereitschaft nicht mittels administrativem Zwang, sondern durch die spezielle technische Ausgestaltung der Maßnahme bewältigt: Die negative Einkommensteuer soll eine materielle Grundsicherung bieten und dennoch den ökonomischen Anreiz zur Arbeit erhalten. Die Diskussion um die negative Einkommensteuer ist jünger. Erstmals vorgeschlagen wurde das Konzept von Lady Rhys-Williams (1942) in ihre Schrift „Something to Look Forward to“.

Die Grundidee der negativen Einkommensteuer ist, daß vom Staat gezahlte Transfereinkommen und Arbeitseinkommen miteinander kombinierbar gemacht werden. Dadurch besteht für die/den einzelne/n die Möglichkeit, bei geringem Arbeitseinkommen noch einen Teil Transfereinkommen dazuzubekommen. Nimmt das Arbeitseinkommen zu, so nimmt das Transfereinkommen ab – aber so, daß insgesamt das Einkommen zunimmt. Das bedeutet, daß gerade im Bereich niedriger Einkommen

Arbeitsaufnahme lohnt und nicht mit dem hundertprozentigen Entzug von Sozialleistungen „bestraft" wird.

Die Vorteile dieser Maßnahme liegen offen auf der Hand. Sie ist speziell auf das Problem der Armut ausgerichtet. Die Hilfe erfolgt hierbei in der für den einzelnen nützlichsten Form, als Bargeld. Sie ist allgemein anwendbar und könnte anstelle der Vielzahl der derzeitig angewendeten Sondermaßnahmen eingeführt werden. Sie zeigt die Kostenbelastungen der Gesellschaft deutlich auf. Sie funktioniert ohne Beeinflussung des Marktes. Wie jede Maßnahme gegen die Armut verringert sie den Antrieb der Unterstützungsempfänger, sich selbst zu helfen, schließt diesen Antrieb jedoch nicht völlig aus, wie dies bei einem System der Einkommensunterstützung bis zu einem festgelegten Minimum der Fall wäre. Jeder zusätzliche Verdienst würde bedeuten, daß mehr Geld zum Ausgeben zur Verfügung stünde.

Dieses Lob der negativen Einkommensteuer stammt von Milton Friedman (Friedman 1984: 246). Er war es, der die Idee einer negativen Einkommensteuer in den USA Anfang der sechziger Jahre publik gemacht hat. Seitdem wird die negative Einkommensteuer pauschal für eine konservative Idee gehalten. Diese Einschätzung ist falsch. Für die politische Beurteilung kommt es auf verschiedene Merkmale an:

- Wie hoch ist das garantierte Grundeinkommen, das man ohne jede Arbeit erhält?
- Wie hoch ist der Negativ-Steuersatz? Also: Wieviel Prozent des Arbeitseinkommens werden vom garantierten Grundeinkommen abgezogen?
- Wie ist das Verhältnis zu den gegebenen Einrichtungen des Systems sozialer Sicherung? Soll die negative Einkommensteuer das System soziale Sicherung ergänzen oder ersetzen?

Es ist klar, daß man für all diese Fragen Lösungen vorschlagen kann, die zusammen ein höchst reaktionäres Konzept ergeben. Und Friedman hat dies wohl auch so gemacht. Ihm ging es um eine Vereinheitlichung des chaotischen Systems sozialer Sicherung in den USA auf niedrigem Niveau, um die Ersetzung der vorhandenen Institutionen sozialer Sicherung und insgesamt um eine Erhöhung des Arbeitskraftangebots. Aber seine Vorschläge waren nicht die einzigen in der US-Diskussion. Entwürfe zu Systemen negativer Einkommensteuer gab es von Tobin, Lampman, Theobald und anderen durchaus nicht konservativen Ökonomen (vergleiche Pfaff 1986).

Die Diskussion in den USA wurde sehr politiknahe geführt. Moynihan, ein prominenter Vertreter der Idee einer negativen Einkommensteuer, war Berater von Präsident Nixon in Sachen „Urban Affairs". Nixon selbst vertrat Konzepte, die sich an die Idee einer negativen Einkommensteuer anlehnten. Für die Pläne zur Einführung einer negativen Einkommensteuer waren wesentlich drei Motive ausschlaggebend: (1) Die Vergabe von staatlichen Transferleistungen sollte ohne Stigmatisierung der Empfänger stattfinden. (2) Der Arbeitsanreiz sollte trotz Unterstützungszahlungen erhalten bleiben. (3) Das System staatlicher Unterstützungen sollte drastisch vereinfacht und an Verwaltungskosten sollte erheblich gespart werden. In den sechziger und siebziger Jahren wurden in den USA vier große Sozialexperimente durchgeführt, welche die Wirkungen einer negativen Einkommensteuer testen sollten. Das zentrale Interesse galt dabei der Frage, wie sich durch eine negative Einkommensteuer das Arbeitskraftangebot verändern würde (vergleiche Robins 1985). Das Ergebnis war erstaunlich: Bei Systemen negativer Einkommensteuer, deren garantierter Grundbetrag etwa bei der Armutslinie liegt, wird das Arbeitskraftangebot durchschnittlich um sechs Prozent verringert. Allerdings sind die Reaktionen von verschiedenen Gruppen von Arbeitskräften sehr unterschiedlich. Insbesondere reduzierten Frauen ihr Arbeitskraftangebot stärker als Männer.

Die Experimente zeigen, daß es offensichtlich möglich ist, den Zielkonflikt zwischen materieller Sicherung und stabiler Arbeitsbereitschaft ohne Arbeitszwang zu lösen. Der Preis dafür ist allerdings ein relativ niedriges garantiertes Grundeinkommen. Die bisher geschilderten Ansätze zu einem garantierten Grundeinkommen sind die eher pragmatischen. In ihrer Zielsetzung gehen sie im wesentlichen über die Absicht, die ärgste Armut innerhalb der Gesellschaften zu beseitigen, nicht hinaus.

Nun folgen Beispiele für jene Positionen, die das Arbeitseinsatzproblem kleinarbeiten (die eher utopisch und gesellschaftspolitisch weitreichend gemeint sind). Die Wurzeln dieser Diskussionsrichtung reichen weit zurück. In den „klassischen" Utopien von Morus, Campanella und Bacon findet sich bereits die Idee einer garantierten Versorgung. Allerdings ist es dort eine Vollversorgung. Die Idee sicherer materieller Verhältnisse für alle findet sich dann in zahlreichen utopischen Romanen des 19. Jahrhundert. Unter ihnen am einflußreichsten war der Roman „Looking Backward" von Edward Bellamy (1887). In all diesen utopischen Entwürfen finden sich zwei Formen der „Lösung" des Problems ausreichender Arbeitsanreize. Entweder wird angenommen, daß die Arbeit freiwillig und gerne verrichtet wird. So beschreibt Bellamy für seine Zukunftsgesellschaft, Arbeit sei „zu sehr eine Sache, die sich von selbst versteht, als daß es des Zwangs bedürfe ..." (Bellamy 1887) Oder es wird angenommen, daß durch umfassenden technischen Fortschritt kaum Arbeitseinsatz mehr notwendig sei. Und noch dazu verliert die verbleibende Arbeit ihren Lastcharakter durch die Vielzahl der technischen Hilfen. Beide Positionen lassen sich zwar analytisch auseinanderhalten; in der Praxis der Argumentationen kommen jedoch meist Gemengelagen vor. Theodor Hertzka beschreibt seine Utopie „Freiland. Ein sociales Zukunftsbild" (1890) so:

Von der Großartigkeit der maschinellen Einrichtungen, von der unermeßlichen Kraftfülle, welche die gebändigten Elemente hier dem Menschen zur Verfügung stellen, kann sich der Abendländer ebensowenig Vorstellung machen als von dem raffinierten, ich möchte fast sagen, aristokratischen Komfort, mit welchem die Arbeit überall umgeben ist ... Ich war auch unter der Erde in den Kohlengruben und in den Eisenminen; auch dort fand ich es nicht anders: keinen Schmutz, keine aufreibende Plage für den Menschen, der in vornehmer Ruhe zusieht, wie seine gehorsamen Geschöpfe aus Stahl und Eisen für ihn schaffen, ohne zu ermüden und zu murren, von ihm nichts anderes verlangend, als daß er sie lenke. (Hertzka 1890: 178)

Dem Ausgangspunkt der utopischen Romane ähnlich ist die anarchistische Position. Peter Kropotkin fragt: „Wir sind reich in unseren zivilisierten Gesellschaften. Woher also das Elend, das um uns herum herrscht?" (Kropotkin 1918: 3) Seine Hoffnung liegt in der radikalen Automation. Sie soll die Realisierung des Grundsatzes möglich machen: „Nehmt soviel, als ihr bedürft." (Kropotkin 1918: 32) Die Notwendigkeit, einen administrativ-zwangsweisen Ausgleich zwischen überbordenden Konsumwünschen und mangelnder Arbeitsbereitschaft herzustellen, sieht auch Kropotkin nicht: „In einer Gesellschaft, wo die Arbeit frei sein wird, wird man keine Faulenzer zu fürchten haben." (Kropotkin 1918: 76) Dies entschärft das Arbeitsanreizproblem. Dazu nennt er zahlreiche Beispiele für die Vernünftigkeit des Volkes in Verteilungsfragen und faßt zusammen: „Niemals hat das Volk Unmögliches verlangt." (Kropotkin 1918: 94) Auch Kropotkin setzt seine Hoffnung auf Rationalisierung von Produktion und Haushalt (in diesem Zusammenhang erwähnt er die Erfindung der Geschirrspülmaschine; 142) samt umfangreicher Möglichkeiten technischer Verbesserung der verbleibenden Arbeitsplätze.

Zahlreiche, in der utopischen Tradition stehende Autoren versuchen mit den unterschiedlichsten Beispielen nachzuweisen, daß es eine Tendenz gebe, die Güterversorgung der Menschen mehr und mehr von ihrem Arbeitseinsatz abzukoppeln. Insbesondere der Umstand, daß die Postgebühr für die Beförderung eines Briefes relativ unabhängig von der tatsächlichen Beförderungsstrecke festgesetzt ist, mußte als Beispiel für eine solche Tendenz immer wieder herhalten (Kropotkin, Popper-Lynkeus).

Bertrand Russell, der in der Behandlung der Frage des Zusammenhangs von Arbeitseinsatz und Existenzsicherheit den wesentlichen Unterschied zwischen Sozialisten und Anarchisten sieht, kommt selbst zu dem folgenden Ergebnis: Es

> läuft unser Vorschlag auf folgendes hinaus: Jedem, ob er arbeitet oder nicht, sollte ein kleines, zur Befriedigung der Grundbedürfnisse erforderliches Einkommen sicher sein; ein höheres Einkommen (um so viel höher wie die Summe der erzeugten Waren gestattet) sollten die erhalten, die bereit sind, eine von der Gesellschaft als nützlich anerkannte Arbeit zu verrichten. (Russell 1971: 93)

Bei diesem Vorschlag kommt in dem Bereich jenseits des Grundeinkommens freilich nicht der Arbeitsmarkt zur Geltung, sondern es werden Entlohnungen je nach Schwierigkeit und Unannehmlichkeit von Arbeit „gesellschaftlich" festgelegt.

Anpassung und Utopie

Die gegenwärtig diskutierten Vorschläge zu einem garantierten Grundeinkommen sind in einem gewissen Sinn die Synthese aus den beiden skizzierten Diskussionsrichtungen. Dies ist, so meine ich, nicht bloß eine Pointe dialektischer Rhetorik. Man kann das sowohl für die präsentierten Einschätzungen der (vor allem: ökonomischen) Voraussetzungen, auf die sich die Grundeinkommensvorschläge stützen, als auch für die Ziele, auf die sich die Vorschläge richten, konstatieren.

Die Einschätzungen der Voraussetzungen schwanken zwischen sozialpolitischen „Mangelszenarios" und technisch unterbauten „Überschußszenarios". Um beide miteinander zu verbinden, wird typischerweise die folgende Argumentationskette vorgetragen: Die gegenwärtig von Arbeitslosigkeit Betroffenen sind von materieller Not bedroht. Die Arbeitslosigkeit rührt aus hohen Produktivitätssteigerungen her. Diese Produktivitätssteigerungen sind zugleich die Voraussetzung dafür, daß ein garantiertes Grundeinkommen und damit die Abwendung von Not für alle möglich wird. „Völlig neue Möglichkeiten von Wissenschaft und Technik, die der Menschheit ein nie zuvor gekanntes Maß an Wohlstand und Freiheit bescheren könnten" (Büchele, Wohlgenannt 1985: 11), machen die Einführung eines garantierten Grundeinkommens möglich und notwendig. Und Habermas sieht

> Rationalisierungsinvestitionen, die – im Zeichen einer zweiten industriellen Revolution – die Arbeitsproduktivität so erheblich steigern und die gesamtgesellschaftlich notwendige Arbeitszeit so erheblich senken, daß trotz des säkularen Trends zur Arbeitszeitverkürzung immer mehr Arbeitskräfte freigesetzt werden. (Habermas 1985: 149)

Die Schlußfolgerung daraus kann nur sein. „Ihr müßt es nur anders verteilen, dann wär doch alles klar." (Udo Lindenberg, vergleiche Kollektiv Charles Fourier 1985) An solchen Einschätzungen ist jedenfalls der enge Zusammenhang von Massenarbeitslosigkeit und Produktivitätsentwicklung empirisch ungedeckt: Seit dem Beginn der Massenarbeitslosigkeit (1973/74) haben die Produktivitätsraten nicht zu- sondern abgenommen. Und wir haben eingangs gezeigt, daß von „technologischer Arbeitslosigkeit“ in den letzten fünfzehn Jahren kaum sinnvoll gesprochen werden kann. Es ist jedenfalls davor zu warnen, Verteilungskonflikte, die mit der Einführung eines garantierten Grundeinkommens entstehen, durch „Reichrechnen“ der Gesellschaft aus der Welt schaffen zu wollen. Der Beruhigungseffekt von Annahmen über immense Produktivitätssteigerungen ist trügerisch. Diese Kritik gilt André Gorz, aber bei weitem nicht nur ihm: „Keiner soll etwas verlieren, vor allem nicht die Männer. Alle sollen gewinnen dank der Technik.“ (Opielka 1985: 66) Gleichwohl läßt sich aussichtsreich dafür argumentieren, daß die gegenwärtigen Verteilungsspielräume ausreichen, um ein garantiertes Grundeinkommen einzuführen. Da scheint es mir sinnvoll, in einem ersten Schritt kostenniveauneutrale Konzepte zu einem garantierten Grundeinkommen zu entwickeln (vergleiche Mitschke 1985). In einem zweiten Schritt kann man dann Vorschläge für neue zusätzliche Finanzierungsquellen diskutieren, die großzügigere Grundeinkommensregelungen ermöglichen. Dies wäre ein Weg, die Frage: „Mangel oder Überfluß?“ nicht als Glaubensfrage zu entscheiden, sondern wissenschaftlich unter Kontrolle zu bekommen.

Der Synthesecharakter der gegenwärtigen Grundeinkommensvorschläge wird noch deutlicher an den Zielen, die sie verfolgen. Die Vorschläge setzen einerseits pragmatisch an:

> Daß die Grundeinkommensidee zunehmend populär wird, hat seinen vorrangigen Anknüpfungspunkt in der zunehmenden Unzulänglichkeit von Arbeitsmarkt und Sozialstaat, einerseits Armut zu verhindern und andererseits jeder/m eine Erwerbsmöglichkeit anzubieten. (Opielka 1985a: 133)

Allerdings werden mit dem Vorschlag zu einem garantierten Grundeinkommen zugleich darüber hinausgehende gesellschaftspolitische Ordnungsentwürfe transportiert.

Die Einführung eines Basiseinkommens wäre eine Weichenstellung für eine andere Ausrichtung unseres Wirtschaftens, unserer gesellschaftlichen Organisation, unserer Kommunikation, unseres Zusammenlebens. (Gubitzer 1985: 55)

Wenn es stimmt, daß die gegenwärtigen Verarmungstendenzen auf gesellschaftliche Funktionsdefizite weisen, die weit über den Bereich der Sozialpolitik (vergleiche Gerhardt, Weber 1984) hinausreichen, dann hat Habermas ganz recht, wenn er in Zusammenhang mit dem garantierten Grundeinkommen sowohl auf sozialpolitische Probleme als auch auf die Erschöpfung der „Energien der arbeitsgesellschaftlichen Utopie“ (Habermas 1985: 157) zu sprechen kommt. In der Kombination dieser beiden Motivebündel für ein garantiertes Grundeinkommen liegen seine Realisierungschancen.

Vereinzelung oder Individualisierung

Individualisierung und Solidarität

Individualisierung

Individualisierung ist das Ergebnis des Wandels der Gesellschaft und des Denkens über Gesellschaft im Übergang zur Moderne. Ich notiere vorweg kurz einige Aspekte dieses Wandels.

Optimistische Deutungen betonen die Freisetzung der Subjekte aus Zwängen der Tradition. Sie begreifen Gesellschaft nun als Synthese aus dem Agieren ihrer Teile mit der Perspektive auf die Gestaltbarkeit von Gesellschaft. Sie feiern das freigesetzte Subjekt als Träger von Interessen.

> Das Interesse, indem es den Mittelpunkt der Lebensthätigkeit jedes Einzelnen in Beziehung auf jeden Anderen, mithin der ganzen gesellschaftlichen Bewegung abgibt, ist daher das Prinzip der Gesellschaft. (von Stein 1850: XLI)

Pessimistischere Interpretationen dagegen weisen auf die Folgen aus den Zusammenbrüchen traditionaler Schutzzusammenhänge. Sie betonen, daß das Wissen um die prinzipielle Gestaltbarkeit von Gesellschaft von einem umfassenden Imperativ zur Systemerhaltung in Pflicht genommen und der individualisierte Einzelne hilflos vor mächtige gesellschaftliche Aggregate gestellt ist.

> Der unermeßliche Druck der Herrschaft hat die Massen so dissoziiert, daß noch die negative Einheit des Unterdrücktseins zerrissen wird, die im neunzehnten Jahrhundert sie zur Klasse macht. (Adorno 1979: 375f.)

Der Prozeß der Individualisierung birgt also Ambivalenzen. Zu einer solchen Diagnose könnte man die konträren Einschätzungen komprimieren. Aber das Diagnostizieren von Ambivalenzen, begnügt man sich damit, ist ein steriles Unternehmen. Interessant werden die aufgelisteten Entgegensetzungen erst dann, wenn man sie als alternative Möglichkeiten auffaßt und nach den sozialen Realisierungsbedingungen der besseren Möglichkeiten fragt. Im folgenden verwende ich „Individualisierung“ jenseits ihrer Ambivalenzen, als Inbegriff dieser ihrer besseren Möglichkeiten. Ihr Gegenteil ist „Vereinzelung“.

Ich will in drei Thesen andeuten, wie die Frage nach den sozialen Realisierungsbedingungen von Individualisierung anzulegen ist, und anschließend Möglichkeiten und Schwierigkeiten von Solidarität angesichts fortgeschrittener Individualisierung erörtern.

Erste These: Ich sehe in den gegenwärtig allerorts beobachtbaren Individualisierungsprozessen die (beginnende) Realisierung der in der Moderne angelegten und in den Theorieversuchen zur Moderne hervorgehobenen Möglichkeiten.

Daraus folgt als zweite These: Ich halte die historische Periode zwischen jener Zeit, seit der man Konsequenzen der Moderne denken konnte, und der Gegenwart für eine Phase des Übergangs. Zugespitzt: Was von den Diagnostikern einer „Postmoderne“ für die Moderne gehalten wird, ist ihre Anlauf- und Latenzphase. Und mit „Postmoderne“ wird tatsächlich eine spezielle Realisierungsform von Moderne ins Auge gefaßt – eine problematische Realisierungsform allerdings.

Das führt unmittelbar zur dritten These: Aus der langen Latenzphase der Moderne ergab sich ein Mangel an Anpassungsdruck auf die gesellschaftlichen Institutionen mit der Folge, daß sie heute überwiegend nur schlechte Realisationen von Moderne zulassen. Mit anderen Worten: Die lange Latenzphase der Moderne hat zur Ausbildung solcher Institutionen geführt, in denen Prozesse der Individualisierung schlecht aufgehoben sind. Das Ausschlagen der Ambivalenz von Individualisierungsprozessen zu ihrem negativen Pol: Vereinzelung hin hat seine Ursache in den gesellschaftlichen Verhältnissen, in denen die Individuen sich einrichten müssen.

Mit diesen Thesen ziele ich auf keine Beteiligung an der Diskussion, ob ein postmodernes Stadium – was immer das sein mag – denkmöglich ist (vergleiche Berger 1988). Sie dienen mir vielmehr als Einstieg in den Fragenkomplex, wie das, was mit der Moderne denkbar geworden war, gesellschaftlich zu verwirklichen ist. Wenn zutrifft, daß die schlechte Realisierung von Individualisierung: Vereinzelung an den ihr inadäquaten Institutionen liegt, dann muß man die Frage nach besseren Möglichkeiten als Frage nach institutionellen Änderungen stellen. Für Individualisierungsprozesse von besonderem Belang sind die Regelungen und Institutionen des Systems sozialer Sicherung. Ich versuche nun, das Verhältnis von Individualisierung und sozialer Sicherheit entlang der drei Thesen kurz zu spezifizieren.

Zur ersten These: Eine Vielzahl empirischer Erhebungen (vergleiche Zapf u.a. 1987) der jüngsten Zeit führt zum Befund einer zunehmenden Vielfalt der Arbeits- und Lebenswünsche sowie der Arbeits- und Lebensformen innerhalb der Gesellschaft und innerhalb der einzelnen Biographien. Daraus folgt eine zunehmende Pluralisierung der Interessenprofile und die Erosion traditioneller Kollektive und Kollektivbegriffe. Damit könnte sich jene gesellschaftliche Konstellation, die es erlaubte, mit dem Klassenbegriff im Marx'schen Sinne zugleich ein Strukturprinzip und empirische Lebenslagen im Kapitalismus zu erfassen, als historisches Übergangsphänomen erweisen. Ihren theoretischen Niederschlag finden diese Entwicklungen in einer prononciert vorgetragenen Kritik an einem (zuvor vorsorglich) empiristisch reduzierten Klassenbegriff (vergleiche Luhmann 1986) einerseits, in Zweifeln daran, ob der Klassenbegriff je so ohne weiteres als empirische Kategorie anzusehen war (vergleiche Przeworski, Sprague 1986) andererseits. Eben daher rührt das neuerdings stark gestiegene Interesse am Konzept der sozialen Schließung (vergleiche Weber 1972: 210, Parkin 1983), das den Mechanismus der Ausbildung von Interessengegensätzen innerhalb von und quer zu Klassengrenzen erklären will. Nicht immer wird dabei gesehen, daß die Prozesse sozialer Schließung, die sich mit Weber beschreiben lassen, ihre Dynamik aus der Wirksamkeit gesellschaftlicher Strukturen erhalten, die Marx analysiert hat.

In der Praxis kommt es jedenfalls zu Wünschen und Problemlagen, die zum einen zunehmend heterogen werden und deren Unterscheidung zum anderen zunehmend schwer fällt: Eine immer größer werdende Anzahl von Lebenslagen befindet sich in einer Grauzone zwischen „freiwillig gewählt" und „der Not gehorchend", zwischen Individualisierung und Vereinzelung. Ob die von den geläufigen Normalitätsstandards abweichenden Formen abhängiger Erwerbstätigkeit freiwillig oder der Not gehorchend gewählt werden, ist nicht einmal für die Betroffenen selbst in allen Fällen leicht zu unterscheiden. Erst recht ist für den soziologischen Beobachter dabei Vorsicht angebracht.

Zur zweiten These: Vor dem Hintergrund der Pluralisierung von Interessenprofilen und Problemlagen erweist sich die Kollektivierung der Interessen über die Gemeinsamkeit ihrer Inhalte und der Modus politischer Interessenvertretung für andere als Übergangsphänomen. Die Organisationsprobleme einschlägig spezialisierter Institutionen und die Effektivitätsprobleme einschlägig zuständiger gesellschaftlicher Steuerungsinstanzen signalisieren den Anfang vom Ende der „Stellvertreterpolitik“. Diesen Trend nehmen die auf Stellvertreterpolitik spezialisierten Großorganisationen als zunehmende Probleme zwischen Organisationsspitze und Mitgliederbasis wahr – insbesondere als verbandliche Legitimationsprobleme, die durch mitgliederferne Engagements der Organisationsspitzen in neokorporatistischen Arrangements noch verschärft werden (vergleiche Vobruba 1983: 171). Die Ubiquität der Klage über den Verlust des Stammkunden, Stammwählers, zeigt, wie allgemein dieser Trend ist. „Das Ende der Stellvertreterpolitik“ – in einer solchen Formel läßt sich jedenfalls die Überzeugung fassen, die einigen gegenwärtig zirkulierenden Konzepten zur Reformulierung politischer Steuerung zugrunde liegt. Ihnen gemeinsam ist der Verzicht auf inhaltliche Vertretung und Steuerung im Detail zugunsten der Konzentration auf das Setzen von „geeigneten“ und „starken“ kollektiv abgesicherten Rahmenbedingungen für individuelle Interessenverfolgung. Diese Konzepte folgen der, nur auf den ersten Blick paradox anmutenden, Einsicht, daß die gesellschaftliche Gemeinsamkeit zunehmend darin besteht, daß jede/r etwas anderes will.

Zur dritten These: Probleme der Gegenwart und der nächsten Zukunft ergeben sich aus der wachsenden Inkongruenz der Normalitätsannahmen, die in das gegebene System sozialer Sicherung und in die Institutionen kollektiver Interessenverfolgung eingegossen sind, und der sozialen Realität – insbesondere der Realität im Beschäftigungssystem (vergleiche Vobruba 1989). Deutlich wird dies an der Anzahl sozialpolitisch Unter- und Unversorgter, die nicht aufgrund von staatlichem Handeln – „Sozialabbau“ –, sondern aufgrund von staatlichem Nichthandeln – dem kontrafaktischen Aufrechterhalten überholter Normalitätsannahmen – zunimmt. Dies wird ebenso deutlich an jenen Versionen zeitgenössischer

Gesellschaftskritik, die die Aufrechterhaltung des Status quo der gesellschaftlichen Verfaßtheit von Arbeit nicht um ihrer selbst willen, sondern um der Stabilisierung der daran knüpfenden Konsequenzen willen fordern: „Normalarbeit“ als Instrument des Zugangs zu sozialstaatlichen Leistungen, als Instrument der Erhaltung kollektiver Interessenvertretung. Solche Verkehrungen von Zielen und Mitteln lassen sich als der interessante Versuch einer Prolongation der Latenzphase der Moderne lesen.

„Das Normalarbeitsverhältnis verteidigen!“ Die holprige Parole steht vor der Einsicht, daß die zunehmenden Probleme selektiver sozialpolitischer Absicherung nicht an den abweichenden Beschäftigungsverhältnissen per se, sondern an der zunehmenden Inkongruenz zwischen den abweichenden Beschäftigungsverhältnissen und den in das lohnarbeitszentrierte System sozialer Sicherung eingelassenen Normalitätsannahmen liegen. Die Wiederanpassung der Beschäftigungsverhältnisse an restriktive Normalitätsannahmen im System sozialer Sicherung und die Anpassung (das heißt Erweiterung) der Normalitätsannahmen an veränderte Beschäftigungsverhältnisse sind somit systematisch gleichwertige Möglichkeiten. Welche der beiden Möglichkeiten politisch ergriffen werden soll, wäre in Debatten über die politische Verfügbarkeit von Individualisierungswünschen von Arbeitskräften und Vereinzelungsprozessen auf dem Arbeitsmarkt zu klären.

Allerdings lassen sich die neueren gewerkschaftspolitischen Überlegungen, wie angesichts voranschreitender Individualisierung und Interessendifferenzierung Solidarität noch hergestellt werden kann, als Hinweis dafür nehmen, daß die Chancen, die traditionellen Arbeitsverhältnisse bis in die weitere Zukunft zu erhalten, von Gewerkschaftsseite selbst als nicht sehr hoch eingeschätzt werden.

Ich halte mich an ein prominentes Beispiel. Kein Begriff wurde auf dem großen Zukunftskongreß der IG Metall im Herbst 1988 so viel verwendet wie dieser: Solidarität. Sie habe nicht nur unter den Gewerkschaftsmitgliedern zu gelten, sondern müsse auch die an den Gesellschaftsrand abgedrängten Gruppen und auch die Arbeitnehmer anderer Staaten einschließen. „Nicht jeder Arbeitsplatz kann und darf in der Bundesrepublik erhalten bleiben. Es ist ein Gebot der internationalen Solidarität, die Arbeitslosigkeit auch in anderen Ländern abzubauen und sie nicht dorthin zu exportieren, wo sie schon am höchsten ist." (Steinkühler 1988: 14) Es fällt nicht schwer, diesen Satz in seinem strategischen Sinn zu interpretieren: Angesichts der bevorstehenden EG-Integration handelt es sich um die Zusicherung an schlechter sozial abgesicherte Arbeitnehmerschaften in wettbewerbsschwächeren Nationen, daß die IG Metall jedenfalls keine internationale Konkurrenz um Arbeitsplätze um jeden Preis wünsche; und daß sie eine solche darum auch nicht mit einem ersten Schritt in Richtung auf „Sozialdumping aus der Position des Stärkeren" beginnen werde. Ein solches Signal folgt konsequent der – mehr oder weniger bewußten – Einsicht, daß sich die nationalen Arbeitnehmerschaften in Hinblick auf die Verteilung von Arbeitsplätzen und die arbeitsplatzbezogenen sozialen Rechte in der Spielsituation eines Gefangenendilemmas befinden: Zwar ist es für die Arbeitnehmerschaft eines einzelnen Staates rational, zwecks Erhöhung der Zahl an Arbeitsplätzen auf die eine oder andere soziale Errungenschaft zu verzichten, im Ergebnis solcher Strategien aller um Industrieansiedlungen und Arbeitsplätze konkurrierenden Arbeitnehmerschaften aber verschlechtert sich die Situation aller. „Wir werden alle unter die Räder kommen, wenn jeder dem nationalen

Egoismus frönt.“ (Steinkühler 1988: 10) Insbesondere für einen starken „Spieler“, also eine große Gewerkschaftsorganisation mit vergleichsweise sozial sehr gut abgesicherten Mitgliedern, ist es in einer solchen Situation rational, in einem ersten Zug Kooperation zu üben (vergleiche Axelrod 1987). Das Argument einer solchen überlegenen Rationalität – die sich insbesondere mit langfristigen Vorteilen belegen läßt – gibt freilich noch kein hinreichend tragfähiges Motiv dafür ab, daß die Gewerkschaftsbasis einer solchen Strategie folgt. Dieses Problem wird von den zuständigen politischen Akteuren durchaus gesehen: „Der Vorstand der IG Metall kann nicht eine Politik vertreten, die nicht von der Mehrheit unserer Mitglieder geteilt und getragen wird.“ (Steinkühler 1988: 17)

Die Überbrückung einer drohenden Differenz zwischen individuellen Mitgliederinteressen und rationaler Verbandsstrategie soll durch Solidarität zuwege gebracht werden. Aus der Perspektive der Verbandsspitze wird Solidarität damit zu einer Organisationsressource, die es herzustellen gilt, um die Integrationsfähigkeit nach „innen“ und die Handlungsfähigkeit nach „außen“ zu erhalten. Dem üblichen Verständnis nach handelt es sich bei Solidarität um einen „Wert“ oder eine Norm, die von den Mitgliedern der „Solidaritätsgemeinschaft“ einzuhalten sei. Wahrgenommene Solidaritätsdefizite lösen in diesem Verständnis entweder verstärkte Bemühungen aus, Solidarität zu lehren und Solidarverhalten zu fordern, oder sie führen zu Ankündigungen, Solidarität zu erzwingen: „Wer mehr hat als die anderen, wem es besser geht, der muß auch zur Solidarität gegenüber den Schlechtergestellten gezwungen werden können.“ (Steinkühler 1988: 18)

Den Fall, daß es gelingt, derartigen Zwang zu institutionalisieren, will ich hier nicht weiterverfolgen. Er ist im Falle von Organisationen, bei denen die Mitgliedschaft auf Freiwilligkeit beruht, auch weniger interessant.

Schließt man Zwang aber aus, so stellt sich sogleich die Frage: Was motiviert die Bessergestellten, für die Schlechtergestellten einzutreten?

Mit einem moralisch aufgeladenen Solidaritätsverständnis kommt man in dieser Frage nicht weiter. Gefragt werden muß vielmehr: Warum sollen die Leute eigentlich solidarisch sein? Welches Interesse an Solidarität können sie haben? Es geht in der Tat hier darum, einen hehren „Wert" in die Niederungen von Interessenkonflikten zu holen. Es geht darum, Solidarität zu entzaubern, sie für alltägliche Interessenkalküle anschlußfähig zu machen.

Ich sehe vier Möglichkeiten der Verknüpfung von Interesse und Solidarität:

(1) Solidarität als additive Interessenverfolgung: Die Lebenslagen verändern sich so, daß die aus ihnen entstehenden Interessen in abnehmendem Maße rivalisieren und sich daraus Möglichkeiten gleichgerichteter Interessenverfolgung ergeben. Die Organisationsleistung bestünde dann nicht mehr in der Transformation von individueller Konkurrenz in Solidarität, sondern nur noch in der Addition der Interessen. Diese Denkvariante ist in ihren politischen Konsequenzen sehr einfach, in ihren sozialen Voraussetzungen dagegen höchst kompliziert.

(2) Solidarität als langfristige Interessenverfolgung: Man engagiert sich für die Verbesserung der Lebenslagen Schlechtergestellter und verzichtet auf die Realisierung kurzfristig erzielbarer Vorteile, weil man erwartet, in Zukunft selbst in die Lage des Schlechtergestellten geraten zu können. Es geht also um die Verbesserung von Positionen, in denen sich zwar andere befinden, in die man jedoch selbst kommen kann. Solche Kalküle leiten in ersten Linie das Engagement für die Verteidigung von Freiheits- und Bürgerrechten an, in deren Gebrauch zwar andere aktuell gehindert werden, derer man jedoch selbst potentiell bedarf.

(3) Solidarität als umwegige Interessenverfolgung: Man engagiert sich für die Verbesserung der Lebenslagen Schlechtergestellter, weil deren Besserstellung Voraussetzung für die gelingende Verfolgung der eigenen Interessen ist. Das Engagement für die Verbesserung der hygienischen Verhältnisse der Ärmsten aus Sorge vor Ansteckungsgefahr (vergleiche Webb, Webb 1912: 10) oder für die sozialpolitische Verbesserung der Lage der Arbeitslosen zwecks Milderung des Funktionsmechanismus der industriellen Reservearmee (vergleiche Nissen 1988) ist von der Rationalität umwegiger Interessenverfolgung geleitet (vergleiche Ganßmann 1989).

(4) Solidarität als Altruismus: Man engagiert sich für die Verbesserung der Lebenslagen Schlechtergestellter, weil der Nutzen, den diese daraus ziehen, Bestandteil der eigenen Nutzenfunktion ist. „Meinem Wohlgefühl schadet mein – nicht verdrängbares – Wissen darum, daß es anderen schlecht geht." (Vobruba 1989a) Für derart gelagerte Interessen ist Altruismus rational.

Soweit es um Verteilungsfragen – und damit um Knappheitsprobleme – geht, bleibt es freilich bei der Rivalität der individuellen Interessen und damit bei dem Problem ihrer Transformation in solidarische Interessenverfolgung (vergleiche Vobruba 1983: 71). Mehr noch: Die organisatorische Bewältigung des Problems wird in dem Maße schwieriger, in dem die Zusammenhänge zwischen solidarisch-kollektiver politischer Strategie und individuell zurechenbarem Vorteil als Resultat dieser Strategie unübersichtlich werden. Eben dies aber ist in der Folge voranschreitender Differenzierungs- und Individualisierungsprozesse der Fall. Was Solidarität den „Bessergestellten" bringt, merken diese spätestens dann, wenn sie mit den „Schlechtergestellten" in Konkurrenz geraten. Konkreter: Wenn der Qualifikationsvorsprung der Arbeitnehmer der Bundesrepublik nicht mehr ausreicht, um die Lohnkostenvorteile der portugiesischen Arbeitnehmer wettzumachen. Dann zeigt sich, daß die Förderung sozialer Mindeststandards in der gesamten EG – der sogenannte „europäische Sozialraum“ – nicht aus moralischen Gründen, sondern aus wohlverstandenem Interesse der „Bessergestellten“ Sinn hat. Man sieht: Das Problem der Solidarität der Stärkeren mit den Schwächeren muß in der Gegenwart gelöst werden, weil sonst das Problem der Solidarität der Schwächeren mit den Stärkeren in der Zukunft unlösbar wird. Solidarität mit den Schwächeren heute ist eine Investition in deren Solidaritätsmöglichkeit morgen (vergleiche Vobruba 1983: 72f.).

Es ist immer wieder dasselbe Muster: Solidarität wird um so schwieriger, je stärker der Druck von außen jenen, die die „Solidargemeinschaft“ bilden sollten, Konkurrenz untereinander aufzwingt. Aber wenn sich das erst einmal in der Praxis herausgestellt hat, ist es zu spät. In einer Situation zunehmenden Drucks von außen lernen die Mitglieder einer „Solidargemeinschaft“, nicht mehr Solidarität zu üben, sondern sich – je nach Kräften – individuell durchzusetzen. Im Ergebnis droht Vereinzelung. Betrachtet man Solidarität also nicht als „Rohstoff“, den Gewerkschaftsorganisationen per moralischem Appell abrufen und als Organisationsressource nützen können, sondern selbst bereits als das Produkt gewerkschafts- und sozialpolitischer Gestaltung (vergleiche Nissen 1988), dann kann man leicht einsehen, daß ein präventiver Regelungsbedarf für die Voraussetzungen von Solidarität besteht: Die politischen Rahmenbedingungen für Solidarität lassen sich dann am leichtesten herstellen, wenn der Verteilungsspielraum relativ weit und von „außen“ unangefochten ist – genau dann also, wenn Solidarität relativ am wenigsten benötigt wird; genau dann also, wenn die Notwendigkeit von Solidarität am schwierigsten einzusehen ist. Dies ist, wenn ich recht sehe, ein wichtiger Spezialfall eines allgemeinen Dilemmas im Stadium der sich durchsetzenden Moderne.

Politische Konzepte

Man muß sich individualistische Formen der Lebensführung „leisten" können. Das heißt: Solche Formen der Lebensführung müssen von Institutionen dadurch ermöglicht werden, daß sie von „überdurchschnittlichen" sozialen Risiken entlastet werden. Zum Beispiel gibt es empirische Anhaltspunkte dafür, daß eine Vielzahl an Arbeitszeitwünschen nicht verwirklicht – ja kaum artikuliert – wird, weil bei Abweichungen vom Normalarbeitstag Verluste an sozialstaatlichen Sicherheiten drohen, da das lohnarbeitszentrierte System sozialer Sicherung (vergleiche Vobruba 1989) an Normalarbeitszeit, als einem wesentlichen Merkmal des Normalarbeitsverhältnisses, anknüpft. Daraus ergeben sich Festlegungen auf Arbeitszeiten und -formen, deren Folgen in die gesamte individuelle Lebensführung ausstrahlen und von traditionell-standardisierten Mustern abweichende Lebensführung – betreffend Erwerbsverhalten, Geschlechterbeziehungen, Kindererziehung, politisches Engagement – außerordentlich erschweren.

Was also sind politisch-institutionelle Realisierungsbedingungen der positiven Möglichkeiten der Moderne?

Auf der Ebene konzeptioneller Überlegungen finden sich mittlerweile zahlreiche Reaktionen auf die Problemkonstellation. Dazu zählen: das Konzept des reflexiven Rechts (vergleiche Teubner, Wilke 1984), die Idee einer optionalen Arbeitszeitpolitik (vergleiche Wiesenthal 1985), Vorschläge zur Reform des Konsumentenschutzrechts (vergleiche Reich 1984), diverse Konzepte zur Erleichterung des Zugangs zu sozialstaatlichen Leistungen (vergleiche zusammenfassend Nissen 1989) und einzelne Argumentationen für ein garantiertes Grundeinkommen (vergleiche Vobruba 1986, van Parijs 1989).

Das Gemeinsame all dieser Konzepte läßt sich am leichtesten erkennen, wenn man sie in eine Abfolge von Stadien politischer Steuerung stellt (vergleiche Traxler, Vobruba 1987):

Diese Stadien lassen sich folgendermaßen beschreiben:

(1) Politik beschränkt sich darauf, formale Rahmenbedingungen zu setzen. Rechtsgarantien sind hier Garantien staatsfreier Räume. Die Eigenlogik gesellschaftlicher Subsysteme führt zu sozialen Ergebnissen nach Maßgabe „naturwüchsiger" Machtverhältnisse.

(2) Politik gerät in inhaltliche Verantwortlichkeiten und greift darum regulierend in gesellschaftliche Subsysteme ein. Sie versucht Veränderungen der sozialen Ergebnisse im direkten Zugriff auf sie zu bewirken.

(3) Politik versucht diversen gesellschaftlichen Subsystemen gestaltende Rahmenbedingungen der Art zu setzen, daß sie als Impulse in die eigenlogischen Prozesse der Subsysteme eingehen und so indirekt deren soziale Ergebnisse gestalten.

Ein solches drittes Stadium wird insbesondere von den Vertretern der Idee des „reflexiven Rechts" anvisiert. Der Grundgedanke: „Recht wird von umittelbarer Regulierung der Sozialbereiche entlastet, dafür aber mit der aktiven Steuerung selbstregulatorischer Prozesse belastet." (Teubner 1985: 334) Die selbstregulatorischen Prozesse in verschiedenen gesellschaftlichen Subsystemen werden dadurch – indirekt – gesteuert, daß ihnen mittels Recht starke, impulsgebende Rahmenbedingungen gesetzt werden. Die Idee reflexiven Rechts ist nicht als Reaktion auf Individualisierungsprozesse, sondern zur Bewältigung von Schwierigkeiten des Interventionsstaats, die als Probleme direkter politischer Steuerung (zweite Phase) interpretiert wurden, entwickelt worden. Dennoch paßt die Idee in unseren Kontext. Denn zum einen könnten Probleme direkter politischer Steuerung als Folge voranschreitender Individualisierungsprozesse verstanden werden. Trifft dies zu, dann ist reflexives Recht schon von seinem eigenen Anspruch her thematisch einschlägig. Aber auch wenn man nicht bereit ist, einen solchen Kausalzusammenhang zwischen Individualisierungsprozessen und politischen Steuerungsproblemen anzunehmen, ist reflexives Recht ein aussichtsreicher Kandidat für die politisch-institutionelle Absicherung von Individualisierung, da es diese quasi als nicht-intendierten Effekt leisten könnte. Und zum anderen teilt die Idee reflexiven Rechts mit anderen Konzepten, die direkte politische Steuerung zwecks Erweiterung individueller, Selbststeuerung ermöglichender Handlungsspielräume abbauen wollen, eine Schwierigkeit: Die Verabschiedung direkter Steuerung und ihrer Institutionen ist riskant. Denn zwischen dem ersten und dem dritten Stadium bestehen ganz offensichtlich Ähnlichkeiten. Daß darin ein theoretisch und politisch brisantes Problem steckt, wird sowohl von den Protagonisten des dritten Stadiums als auch von den Verteidigern des zweiten gesehen, jedoch wird das Problem bedauerlicherweise überwiegend durch Bekenntnisse zu bewältigen versucht: Sie würden etwas ganz anderes als einen Rückfall in ein liberal-kapitalistisches Rechts- und Staatsverständnis wollen, beteuern die Proponenten des „reflexiven Rechts" (vergleiche Teuber, Willke 1984). Sie wollen es doch, und das ist schlimm! So hallt es zurück (vergleiche Noll, Dimmel 1988).

Tatsächlich hat die anspruchsvolle Denkfigur indirekter Gesellschaftssteuerung durch politische Setzung starker Rahmenbedingungen in der Entwicklung der Idee eines „reflexiven Rechts" am deutlichsten Gestalt angenommen. Dieses unbestreitbare Verdienst hat zur Folge, daß diese Denkfigur mit der Idee reflexiven Rechts weitestgehend identifiziert wird. Dadurch ist der Raum für die Frage verstellt, wie tauglich Recht als indirektes Steuerungsmedium überhaupt ist; ob die Schwierigkeiten, die Wahrscheinlichkeit nicht-regressiver Realisationen von reflexivem Recht sozialwissenschaftlich – das heißt: ohne Bekenntnisse! – plausibel zu machen, Indiz für die Fragwürdigkeit der Idee indirekter Gesellschaftssteuerung im allgemeinen oder deren Ausbuchstabierung im Medium Recht im besonderen sind. Ich vermute, daß sich solche Fragen fruchtbar diskutieren lassen, wenn man die Leistungsfähigkeit von „Recht" und „Geld" für die Herstellung „starker Rahmenbedingungen" als Voraussetzung indirekter Gesellschaftssteuerung vergleicht. Das würde bedeuten, „reflexives Recht" und „garantiertes Grundeinkommen" im Hinblick auf die jeweilige Steuerungsleistungsfähigkeit und als Realisationsbedingungen von Individualisierung zu untersuchen. Die Idee, die Erstausstattungen von Arbeitskraftanbietern durch ein garantiertes Grundeinkommen so zu verbessern, daß sie auf dem Arbeitsmarkt tatsächlich marktentsprechend agieren können (siehe oben), und die Idee, die Rechtsausstattung der Bürger zwecks Erhöhung ihrer individuellen Durchsetzungschancen zu verbessern, verwenden unterschiedliche Medien, bedienen sich aber derselben Denkfigur.

Man kann nun nach politischen Verwirklichungsbedingungen für solche Konzepte fragen. Ich gehe nicht davon aus, daß sich eine „wohlmeinende" politische Instanz solcher Konzepte „um ihrer selbst willen" annimmt. Damit stellt sich die Frage, wie im Zeichen voranschreitender Individualisierung Solidarisierungsprozesse initiierbar sind, die Interessen an der Verwirklichung solcher Konzepte in politisch folgenreicher Weise anmelden können.

Individualisierung und Solidarität als Gegenbegriffe zu nehmen, hieße, diese Frage unstellbar zu machen. Aber zu einer derartigen Begriffsstrategie besteht keinerlei Anlaß. Solidarität, verstanden als Modus kollektiver Interessenverfolgung, bedeutete immer schon, individuelle Interessen aufzunehmen und in kollektive zu transformieren. Für Solidarisierungsprozesse dieser Art ist das abwägende Kalkül zwischen dem „kleinen", kurzfristig individuell realisierbaren Vorteil, und dem „großen", längerfristig kollektiv realisierbaren Vorteil – samt normativen Überhöhungen des Solidaritätspostulats – konstitutiv. Im positiven Fall finden sich die individuellen Interesseninhalte im solidarisch erzielten Erfolg aufgehoben.

Auch Solidarisierungsprozesse, die sich auf die politische Herstellung von gemeinsamen Rahmenbedingungen für individuelle Interessenverfolgung richten, müssen auf einem solchen Transformationsvorgang beruhen. Dieser wird freilich in dem Maße komplizierter, in dem die Antizipation der möglichen zukünftigen individuellen Vorteile solidarischer Interessenverfolgung schwieriger wird. Solidarisierungsschwierigkeiten sind vor allem deshalb zu erwarten, weil das Ziel dieser Solidarisierungsprozesse in höherem Maße abstrakt ist: Mögliche Erfolge von Solidarität „sind" nicht im individuellen Interesse, sondern sind Voraussetzungen verbesserter Chancen individueller Interessenverfolgung.

Ich sehe gegenwärtig keine „Patentlösung" für die Solidarisierungs- und Durchsetzungsprobleme. Mit solchen Zweifeln an der Strategiefähigkeit aber geraten politische Mehrdeutigkeiten aller Konzepte, die auf die Herstellung kollektiver Voraussetzungen für individuelle Interessenverfolgung hinauslaufen, ans Tageslicht. Ob ein „Aufstieg" in das dritte Stadium tatsächlich gelingt, oder ob es zu einem „Rückfall" in das erste Stadium kommt, ist auf der konzeptionellen Ebene letztlich unentscheidbar. Dies übersehen sowohl die hoffnungsvollen Protagonisten der einschlägigen Konzepte als auch ihre fundamentalistischen Kritiker. Ob Individualisierung ermöglicht oder Vereinzelung erzwungen wird, hängt von der Stärke der Rahmenbedingungen ab. Dies aber ist ein graduelles Problem, das selbst nach Maßgabe von Machtverhältnissen praktisch gelöst wird. An ihnen kann das Projekt der politisch-institutionellen Realisierung der Moderne immer wieder, muß aber nicht, scheitern.

Sozialstaatskritik
Neokonservative Interpretationen zur Vereinzelung im Wohlfahrtsstaat

Einleitung

Sozialpolitik betrifft gesellschaftliche Grundsatzfragen. Sie interveniert in den marktwirtschaftlich-engen Zusammenhang von Arbeitsleistung und Existenzsicherung und lockert ihn (vergleiche Vobruba 1983). Soziale Sicherung ist das Ergebnis gesellschaftlicher Konflikte: (präventive) Reaktion auf die Auflehnung der Nicht-Produktionsmittelbesitzer gegen die Spielregeln des (Arbeits-)Marktes, bei denen sie stets verlieren mußten. Soziale Sicherung ist ebenso selbst Konfliktfeld: Die Angriffe auf sie begleiten ihre Entwicklung von Anfang an. Politische Änderungen in Bereichen solcher gesellschaftspolitischer Grundsätzlichkeit wie Sozialpolitik kündigen sich lange an, ehe sie Realität werden. Das heißt: Erst wird durch Entwicklung und Etablierung neuer Interpretationen das Feld vorbereitet. Darin sehe ich die politische Bedeutsamkeit der Sozialstaatskritik. Ohne ein Verständnis von ihrer Entwicklung seit den siebziger Jahren kann man auch die aktuellen sozialpolitischen Auseinandersetzungen nicht begreifen.

Zu den dramatischsten Entwicklungen in der Politik des letzten Jahrzehnts gehört, daß die Sozialdemokratie auf einem ihrer ureigensten Felder (vergleiche Strasser 1979), der Sozialpolitik, geschlagen wurde. Der sozialdemokratische Kompetenzverlust in Sachen Sozialpolitik rührt aus zwei Quellen: Zum einen hatte man sich auf monetäre, zentralistisch organisierte Kompensationsleistungen konzentriert; zum anderen hatte man Sozialpolitik auf Wirtschaftswachstum als selbstverständliche Grundlage gestellt. Konsequenz davon waren einerseits eine geringe Sensibilität für differenzierte Bedürfnisse und Schwierigkeiten im Umgang mit der Selbsthilfe-Offensive Ende der siebziger Jahre, die programmatisch zwischen kollektiven Hilfsformen und illusionärem Individualismus schillerte (vergleiche kritisch Windhoff-Héritier 1982, Gross 1982, Olk, Heinze 1985, Neusüss 1980). Konsequenz war andererseits die schlechte Fachtrennung von Sozialpolitik und Wirtschaftspolitik, die angesichts reduzierten Wirtschaftswachstums und verengter Verteilungsspielräume Sozialpolitiker und Wirtschaftspolitiker zueinander in Gegensatz bringen mußte. Wie groß das Defizit an neuen sozialpolitischen Gestaltungsideen war, läßt sich an der Attraktivität ablesen, die das Konzept der Neuen Sozialen Frage hatte (vergleiche Geißler 1976). Die Grundidee von Geißler und diversen Mitarbeitern ist einfach: Die Hauptfront im Verteilungskampf verläuft nicht mehr zwischen Lohnarbeit und Kapital, sondern zwischen Organisierten und Nicht-Organisationsfähigen. „Niemand ist heutzutage arm, weil er Arbeiter ist.“ Denn: „Mächtig sind Kapitaleigner und Arbeitnehmer zusammen.“ (Geißler 1976: 15) Die Neue Soziale Frage stellt sich daher bei den Nicht-Organisierten, sie betrifft „ältere Arbeitnehmer, Gastarbeiter, Frauen innerhalb und außerhalb der Arbeitswelt, Behinderte, Schüler und Nichterwerbstätige“ (Dettling 1982: 14). Das Konzept der Neuen Sozialen Frage war kaum mehr als eine arg verspätete Rezeption der Disparitäten-These (vergleiche Offe 1969); eher sogar noch weniger: Während die Disparitäten-These darauf insistiert, die neuen Problemlagen als neue Ausdrucksform der alten problemerzeugenden Struktur „Klassengesellschaft“ zu begreifen, schneidet das Konzept der Neuen Sozialen Frage genau diesen Zusammenhang ab: „Unsere Gesellschaft hat sich zu einer Arbeitnehmergesellschaft gewandelt.“ (Dettling 1982: 7) Die klassentheoretische Analyse obsolet erscheinen zu lassen, war freilich nur ein Nebeneffekt des Konzepts der Neuen Sozialen Frage. Ihr Hauptziel war, den traditionellen sozialpolitischen Kompetenzvorsprung der Sozialdemokratie aufzuholen. Dieses Ziel wurde, noch in der Zeit der CDU-Opposition, erreicht. Das Konzept der Neuen Sozialen Frage wurde breit diskutiert. Schätzungen hoher Armutszahlen – sechs Millionen Arme – machten die Runde. Die Sozialdemokraten gerieten in die für sie bis dahin ungewohnte Rolle, sozialpolitisch abwiegeln zu müssen. Damals schon (vergleiche Greven 1980), und erst recht seit dem Bonner Regierungswechsel im Herbst 1982, ist betont worden, daß dem Konzept der Neuen Sozialen Frage keine entsprechende sozialpolitische Praxis folgen werde. In der Tat war es ein Oppositionskonzept und nur ein Oppositionskonzept. Aber darauf kommt es hinsichtlich der Thematisierungsleistung des Konzepts der Neuen Sozialen Frage nicht an. Entscheidend ist, daß damit die regierende Sozialdemokratie in die sozialpolitische Programmdefensive geriet. Mit der Etablierung der Neuen Sozialen Frage als sozialpolitischem Denkmuster gelang eine folgenreiche Verschiebung der öffentlichen Ansichten über die Kompetenz der sozialpolitischen Akteure.

Parallel dazu entwickelte sich ein zweiter Strang der Kritik: Die Kritik an der Monetarisierung, Verrechtlichung, Bürokratisierung und Zentralisierung der Sozialpolitik (vergleiche Achinger 1971, Tennstedt 1976). Diese – eher von links intendierte – Richtung der Kritik wurde unter dem Stichwort „Entfremdung im Wohlfahrtsstaat" neokonservativ adaptiert. Bundeskanzler Kohl:

> Wenn wir den alten Weg gedankenlos weitergehen, stürzen wir den Menschen in die Entfremdung eines anonymen, bürokratischen Wohlfahrtstaats, kaum daß wir ihn durch die soziale Marktwirtschaft aus der Entfremdung des Kapitalismus befreit haben. (Regierungserklärung 13.10.1982)

Der Argumentationsmodus ist der gleiche wie bei der Neuen Sozialen Frage: Gesellschaftspolitische Problemdiagnosen werden aus ihrem Kontext gelöst, der Kontext wird, analytisch und praktisch, als historisch überholt dargestellt, und die Diagnosen werden (neo-)konservativ vereinnahmt. Die Kritik an der „Entfremdung im Wohlfahrtsstaat" operiert mit einer gezielten Verwechslung. Sie nimmt das durchaus verbreitete Unbehagen an verkrusteten Formen sozialstaatlicher Dienstleistungen auf und versucht, es gegen den Wohlfahrtsstaat insgesamt, insbesondere aber gegen Geldleistungen, zu wenden. Der Abbau von Monetarisierung, Verrechtlichung, Bürokratisierung und so weiter bedeutet aber je nach Problemfeld höchst Unterschiedliches: Kann er im Bereich sozialer Dienstleistungen tatsächlich Vermenschlichung und bessere Problemangemessenheit bedeuten, so bedeutet er im Bereich von Transferleistungen den Verlust von Berechenbarkeit, von Rechtssicherheit und Rechtsansprüchen. Noch dazu wurde und wird in der Diskussion geflissentlich übersehen, daß sich Verrechtlichung und Bürokratisierung im Bereich der Sozialtransfers gegensinnig entwickeln: Mehr Verrechtlichung – im Sinne des Einräumens strikter Rechtsansprüche (vergleiche Vobruba 1983a) – bedeutet weniger Bürokratisierung. Denn je strikter ein Rechtsanspruch ist, umso leichter ist er implementierbar. Umgekehrt: Je weiter die bürokratischen Ermessensspielräume sind, umso mehr wird die Position der Bürokratie gestärkt, umso weniger strikt ist der Rechtsanspruch.

Die neokonservative Behandlung von Verrechtlichung und Bürokratisierung als gleichsinnige Phänomene leistet also zweierlei. Sie bereitet zugleich die Zurückdrängung von Rechtsansprüchen auf sozialstaatliche Leistungen und „eine neue Morgenröte des Beamtentums" vor (Fach 1981: 108). „Der Wert eines Rechtsanspruchs besteht vor allem in der freien und sicheren Stellung, die der Anspruchsberechtigte gegenüber der gewährenden Verwaltung hat." (Bogs 1969: 58) Dies wird in einem schwärmerischen Verständnis von Sozialpolitik, die den Einzelfall als Einzelfall nehmen und auf die Schematismen des Rechts möglichst verzichten soll, vergessen. Die Bedeutung von Rechtsansprüchen wird durch die Vermischung der Problematiken von Dienstleistungen und Transferleistungen verdeckt. Unzulänglichkeiten rechtsförmig-schematisierender Regelungen im Bereich sozialer Dienstleistungen haben ein „verwertbares Unbehagen" (Klönne 1984: 478) entstehen lassen, das die neokonservative Sozialstaatskritik auf den Wohlfahrtsstaat insgesamt zu lenken trachtet. Dabei ist ein Gleichklang mit sozial-romantischen Vorstellungen bei einigen Randfiguren der Grünen nicht zu überhören. Das Verwischen der Unterschiede von Transferleistungen und Dienstleistungen sowie von Verrechtlichung und Bürokratisierung führt im Ergebnis dazu, daß Geld und Recht als dominante Medien sozialstaatlicher Leistungserbringung diskreditiert werden.

Direkter wird der Bereich materieller Transfers – um den sich die Verteilungskonflikte ja zentral drehen – mit dem Mißbrauchsvorwurf attackiert. Damit wird unmittelbar Politik gemacht. Schon die SPD/FDP-Regierung „begründete die starken Kürzungen 1981 ausdrücklich damit, daß ‚Mißbrauchsmöglichkeiten wirksamer bekämpft und die Anforderungen an die Selbstverantwortung erhöht werden'" (Bieback 1984: 259; inneres Zitat: BT-Drucksache 9/842, 1). In dieselbe Richtung zielt Helmut Kohls Verweis auf „jene Geschickten, die es in zum Teil kenntnisreicher Ausnutzung von Verordnungen und Gesetzen fertigbringen, Jahr für Jahr auf Kosten anderer zu leben". (Kohl 1983: 177) Das Muster des Mißbrauchsvorwurfs ähnelt dem der Entfremdungskritik: Es wird an Phänomene, die in Teilbereichen möglich sind, angeknüpft und dann unbesehen verallgemeinert. Mißbrauch wohlfahrtsstaatlicher Leistungen ist nur dort möglich, wo die Zugangsvoraussetzungen zu den Leistungen nicht eindeutig objektivierbar sind und der Zugang daher nicht strikt administrativ kontrollierbar ist. Dies ist dort der Fall, wo die Vergabe von sozialstaatalichen Leistungen an subjektseitige Befindlichkeiten geknüpft ist: Bei der Arbeitslosenversicherung ist das die Arbeitsbereitschaft, bei der Krankenversicherung das „Sich-krank-fühlen". Konsequent wird die Möglichkeit des Mißbrauchs immer wieder (vergleiche Herder-Dorneich 1982: 80) an diesen beiden Beispielen dargestellt, ohne daß man sich die Mühe macht, die Verallgemeinerbarkeit dieser Beispiele seriös zu prüfen. „Der Schadensfall einer Krankheit wird zum finanziellen Glücksfall und dürfte in zahlreichen, wenn nicht der Mehrzahl der Fälle, vorgetäuscht sein." (Engels 1979: 28) Und: „Die Ausbeutung der Arbeitslosenversicherung durch die Versicherten schreitet schnell voran." (ebenda)

In der Tat weisen die Versicherungstatbestände Krankheit und Arbeitslosigkeit eine durchaus dem Arbeitsvertrag entsprechende Unbestimmtheitslücke auf, an der beides ansetzen kann: Mißbrauch und Mißbrauch des Mißbrauchsverdachts. Man muß nun nicht bestreiten, daß es Mißbrauch wohlfahrtsstaatlicher Leistungen gibt. Aber man sollte die Dimensionen zurechtrücken:

– Fraglich ist, ob nicht viel mehr Berechtigte auf Leistungen verzichten, als Unberechtigte Leistungen in Anspruch nehmen (vergleiche Hartmann 1985).

– Fraglich ist, ob nicht der Mißbrauch des Mißbrauchsverdachts ein größeres Problem darstellt als der Mißbrauch selbst. Hinter dieser Vermutung steckt eine einfache Überlegung. Konservativen Analytikern ist darin recht zu geben, daß Versicherungssysteme mit Zwangsmitgliedschaft zu „Ausbeutungsstrategien" durch die Zwangsmitglieder stimulieren (vergleiche Herder-Dorneich 1982). Solche Strategien radikaler individueller Interessenverfolgung beim einzelnen sind umso wahrscheinlicher, je eher er annehmen muß, daß die anderen sich ohnehin so verhalten. Eben diese Ansicht aber wird durch das empirisch unkontrollierte Verbreiten des Mißbrauchsvorwurfs gefördert. Kommen noch Beitragserhöhungen hinzu, die von den dadurch Belasteten auf die – angeblichen oder realen – Mißbraucher ursächlich zurückgeführt werden, so verfestigt sich eine Spirale von individuellen Ausbeutungsstrategien, Auszehrung des Versicherungsfonds und Beitragserhöhungen nach dem Muster der „self-fulfilling prophecy". Mit dem Verbreiten – fast wollte man sagen: Progagieren – des empirisch unkontrollierten Mißbrauchsverdachts risikieren die Biedermänner der Sozialstaatskritik, zu Brandstiftern am Sozialstaat zu werden.

Funktion der Verbreitung des Mißbrauchsvorwurfs ist es nicht, schlicht Sozial-Sparstrategien ideologisch abzudecken. Ihr Sinn ist vielmehr vorerst, Interessenspaltungen zu fördern. Beispielhaft dazu Norbert Blüm:

> Wenn fast jeder einen kennt, der Arbeitslosigkeit als Paradies preist, weil es ihm angeblich noch nie so gut gegangen ist, liegt das wahrscheinlich gerade an der psychologischen Last der Arbeitslosigkeit: Um ihr Elend zu übertünchen, prahlen Arbeitslose an Theken und in der Verwandtschaft, wie gut es ihnen geht. Für sie kommt nach der Prahlerei wieder der Katzenjammer. Aber der Zuhörer, der Arbeitslosigkeit wie Krebs fürchtet, nimmt es für bare Münze und verbreitet da weiter: Ich kenne da einen ... So entstand das Märchen, Arbeitslose seien in Wirklichkeit arbeitsscheu, denn in unserer Gesellschaft könne jeder, der arbeiten wolle, auch Arbeit finden. (Blüm 1983: 51)

Solch eindrucksvollem Werben um Verständnis für die Situation einer Gruppe steht Blüms Verdikt einer anderen Gruppe gegenüber.

> Aber ist es nicht eine moderne Form von Ausbeutung, sich unter den Palmen Balis in der Hängematte zu sonnen, alternativ vor sich hin zu leben im Wissen, daß eine Sozialhilfe, vom Arbeitergroschen finanziert, im Notfall für Lebensunterhalt zur Verfügung steht? (Blüm 1983: 9)

Problematisch ist an dieser Unterscheidung nicht nur, daß dabei ja offenbleibt, wer im konkreten Fall welcher Gruppe zugeordnet wird. Problematisch ist die Unterscheidung selbst. Sie steht in der langen Tradition des Dualismus von „würdigen“ und „unwürdigen“ Armen (siehe oben) und befördert eine Parzellierung der Gesamheit der Sozialstaats-Klientel, auf deren Grundlage Sozial-Sparstrategien erst nachhaltig Erfolg haben können.

Mit dem Mißbrauchsvorwurf und – noch wichtiger – der Etablierung von Modellen wohlfahrtsstaatsimmanenter Anspruchsdynamiken (vergleiche Klages 1981, Luhmann 1983) verbindet sich zugleich eine Thematisierungs- und eine Dethematisierungsleistung, die für neokonservative Sozialpolitik konstitutiv ist. Die Thematisierungsleistung besteht darin, die Ursachen der gegenwärtigen Probleme sozialer Sicherung als „hausgemacht", also: endogen erzeugt, zu präsentieren. Die Dethematisierungsleistung besteht – komplementär – darin, die Abhängigkeit des Systems sozialer Sicherung von vorgelagerten Politikfeldern auszublenden: vor allem von der Beschäftigungspolitik und der Arbeitszeitpolitik, die auf das System sozialer Sicherung mehr oder weniger Probleme zukommen lassen können, und von der Finanzpolitik, die das System auf mehr oder weniger solide Grundlagen stellen kann.

Damit werden Ambivalenzen im politischen Gebrauch des Begriffs „Krise des Sozialstaats" einsehbar. In der – vielleicht – wohlmeinenden Absicht, für sozialstaatliche Probleme zu sensibilisieren, droht auch hier die Gefahr der geschilderten Thematisierungs-/Dethematisierungseffekte. Denn die Rede von der „Krise des Sozialstaats" legt die Vorstellung einer internen Verursachung zumindest sehr nahe. Nun kann man diesen Fall freilich nicht a priori ausschließen. Aber man sollte den begrifflichen Rahmen so wählen, daß man den Anteil von „außen erzeugten" und „hausgemachten" Problemen richtig gewichten kann. Dazu scheint es mir sinnvoll, vom Allgemeineren zum Spezielleren vorzudringen. Also: erst einmal die Auswirkungen von dem System sozialer Sicherung vorgelagerten Politiken auf das System zu untersuchen und dann nach Binnenproblemen zu forschen. Terminologisch läuft das darauf hinaus, erst einmal vom Sozialstaat in der Krise und dann von der Krise des Sozialstaats zu sprechen (vergleiche Vobruba 1989).

Die Praxis der Sozialpolitik der letzten Jahre jedenfalls trifft diese Unterscheidung nicht. Sie geht – eher implizit – von „hausgemachten“ Problemen des Sozialstaats aus und zielt – explizit – darauf, diese Probleme auf dem Terrain des Sozialstaats zu bearbeiten. Hat man erst einmal die Probleme, denen der Sozialstaat ausgesetzt ist, auf sozialstaatliche Binnenprobleme reduziert, dann kann man auch plausibel verlangen, daß Problemlösungen als sozialpolitische Nullsummenspiele betrieben werden. Das heißt: Die Problemlösungen werden so angelegt, daß Verbesserungen der Situation bestimmter Gruppen von akuten/potentiellen Leistungsbeziehern zu Lasten anderer Gruppen von Leistungsbeziehern gehen. Ein solches verengtes Umverteilungsverständnis wird noch durch die Unterscheidung von „Arbeitsplatzbesitzern“ und Arbeitslosen befestigt: „Der Zugang zur Arbeit aber ist ein Menschenrecht, das den Arbeitslosen auch von jenen verweigert wird, die ihren Besitz an Arbeit (und Lohn) rücksichtslos und egoistisch verteidigen.“ (Blüm 1983: 98) Nachdem der Verteilungskonflikt derart auf einen Konflikt innerhalb der Gesamtheit der Nicht-Produktionsmittelbesitzer eingegrenzt ist, wird zu seiner Lösung eine entsprechend eingeschränkte Solidarität empfohlen – keine Solidarität, die sich gegen Dritte (gar: Arbeitgeber) wendet, sondern eine Solidarität, die zur Umverteilung untereinander anleitet: „Sozialismus in einer Klasse“ im schlechtesten Sinne des Wortes (vergleiche Vobruba 1988). Diese Begrenzung der Arena des sozialpolitischen Konflikts bedeutet nachhaltigen Schutz für jene Interessenpositionen, die außerhalb der Arena stehen und die „solidarische“ Verwaltung des ökonomisch-politisch erzeugten sozialpolitischen Mangels im Inneren der Arena.

Es ging mir hier um die Stilisierung dieser vier Elemente:
– Durch die Entwicklung, Propagierung und Diskussion der Neuen Sozialen Frage werden spezifische Auffassungen über kompetente sozialpolitische Akteure etabliert.
– Mit dem Modellieren von Meinungen über adäquate sozialstaatliche Leistungserbringung werden Ansichten über die jeweils angemessenen sozialpolitischen Medien verändert.
– Indem Interessenunterschiede zwischen einzelnen Gruppen sozialstaatlicher Leistungsempfänger aufgegriffen und hochstilisiert werden, wird die Parzellierung der Gesamtheit der sozialstaatlichen Klientel vorangetrieben.
– Mit dem Ausschluß eines ganzen Spektrums an Lösungsansätzen geht die Reduktion der Probleme der Sozialpolitik auf Binnenprobleme des Sozialstaats einher. Die Arena, in der Lösungen stattfinden sollen, wird interessengemäß verengt.

Das implizite „Lernprogramm“ der neokonservativen Sozialstaatskritik hat den folgenden Inhalt: Jene Interessenkollektive, die den Sozialstaat hervorgebracht haben, nützen ihn heute in einer Weise, die zu Lasten der Nicht-Organisierten, Vereinzelten, geht. Dieser Strang der Kritik legt die Eingrenzung der Macht der Verbände nahe. Die rechtsförmigen Leistungen des Sozialstaats sind den individuellen Problemlagen nicht (mehr?) angemessen. Diese Kritik lauft auf die Empfehlung individueller – und vereinzelnder – Zuteilung von sozialstaatlichen Leistungen hinaus. Solche Differenzierungen auf der Leistungsebene und das Bemühen, Interessengegensätze zwischen unterschiedlichen Gruppen von Leistungsempfängern schärfer ins Profil treten zu lassen, fördern Interessensplitterungen innerhalb der Gesamtheit der Sozialstaats-Klientel. Diese Splitterungsprozesse werden in dem

Maße eigendynamisch, in dem die ihnen zugrundeliegenden Interessengegensätze ausnahmslos unter den Sozialleistungsbeziehern ausgetragen werden müssen (vergleiche Vobruba 1988). So wird aus der Anteilnahme für die vereinzelten „neuen Armen“ ein Programm, in dem Vereinzelung Verarmung und weitere Vereinzelung erzeugt.

Verteilung in der Krise
Akteursprobleme bei Arbeitszeitverkürzung und garantiertem Grundeinkommen

Der Hintergrund der Diskussion

Die Entwicklung von Massenarbeitslosigkeit in den westlichen Industriestaaten wurde von Kriseninterpretationen begleitet, die sich mit der Dauer der Massenarbeitslosigkeit in charakteristischer Weise gewandelt haben. Der erste Schub der Arbeitslosigkeit 1973/74 wurde als Ausdruck eines Konjunktureinbruchs, verstärkt durch die Folgen der ersten Ölpreiskrise, angesehen. Nachdem sich die mit der Vorstellung eines konjunkturellen Phänomens verbundene Erwartung der Reversibilität der Arbeitslosigkeit nicht erfüllt hatte, wurden strukturelle Ursachen beschworen: Die anhaltende Arbeitslosigkeit liege am Auslaufen langfristiger Innovationszyklen, dem Ende der Massenproduktion und der irreversiblen Zerrüttung des fordistischen Regulationsmodells. Vergleichsweise spät und zaghaft artikulierte sich die Diagnose, daß sich an den Entwicklungen der wichtigsten Kennziffern der Produktion in den Jahren seit dem Beginn der Massenarbeitslosigkeit kaum dramatische Brüche mit den längerfristigen Entwicklungstrends seit dem Ende des zweiten Weltkriegs entdecken lassen. Damit wurde zweifelhaft, ob sich überhaupt in sinnvoller Weise von einer Krise der Produktion sprechen läßt. Weder im zyklischen Verlauf von Wirtschaftswachstum und Beschäftigung noch im Entwicklungstrend der Produktivität gibt es markante Brüche. Die Anzeichen für wesentliche Beschleunigungen des industriellen Strukturwandels, der das vorhandene Arbeitskraftangebot überfordern könnte, sind schwach: Nach wie vor stehen einander nicht unbefriedigte Nachfrage nach „modern qualifizierten" Arbeitskräften und ein „unbrauchbares" Angebot an Arbeitskräften gegenüber. Vielmehr zeigt das immense Mißverhältnis zwischen Arbeitssuchenden und offenen Stellen, daß die relativ konstante Nachfrage nach Arbeitskräften weitgehend befriedigt werden kann, trotzdem aber ein nicht absorbierbarer Angebotsberg an Arbeitskräften bleibt. Diese Konstellation hat dazu geführt, die Aufmerksamkeit mehr auf Fragen der Verteilung zu richten und die persistente Massenarbeitslosigkeit eher als Ausdruck einer „Krise der Verteilung" zu interpretieren. Vor diesem Hintergrund ist in erster Linie die breite Diskussion um Arbeitszeitverkürzung (Verteilung von Arbeit) der letzten Jahre zu sehen. Die Notwendigkeit von Arbeitszeitverkürzungen wird heute kaum noch bestritten. Zur Diskussion stehen allerdings die Bedingungen ihrer Realisierung und ihrer Realisierbarkeit. Eine wesentliche Einsicht aus der sozialwissenschaftlichen und politischen Befassung mit Arbeitszeitverkürzung ist, daß ihre Umverteilungsmöglichkeiten keinesfalls ausreichen, um die gesamte Arbeitslosigkeit abzubauen. Neben einigen Untersuchungen zu Problemen kollektiven Handelns in der arbeitszeitpolitischen Arena (vergleiche Hinrichs 1988a, Wiesenthal 1988) sind für diese Einschätzung vor allem die praktischen Erfahrungen mit dem Tarifkonflikt 1984 in der Bundesrepublik Deutschland ausschlaggebend. Trotz des hohen organisatorischen Aufwands und eines hohen Mobilisierungsgrads gelang der IG Metall – immerhin die größte Einzelgewerkschaft der westlichen Welt – kein Tarifabschluß, der zu einer ins Gewicht fallenden Umverteilung von Arbeit zwischen Arbeitenden und Arbeitslosen geführt hätte.

Aus dem Sichtbarwerden solcher Grenzen der Umverteilung von Arbeit bei Massenarbeitslosigkeit hat die Diskussion um ein garantiertes Grundeinkommen (Verteilung von Einkommen) wesentliche Impulse erhalten. Diese Diskussion knüpft an konservative, liberale und „libertär-sozialistische" (anarchistische) Traditionen an (siehe oben). Im Gegensatz zu der akademischen Rezeption der Debatte und der Experimente mit der negativen Einkommensteuer in den sechziger und siebziger Jahren in den USA stößt diese neue Grundeinkommens-Diskussion in zahlreichen Staaten Westeuropas auf breites Interesse (vergleiche Opielka, Vobruba 1986, Netherlands Scientific Council 1985, Walter 1988). Diese Diskussion wurde bisher überwiegend unabhängig von der Arbeitszeitdiskussion geführt. Denn aus der Einsicht in die Grenzen der Leistungsfähigkeit von Arbeitszeitverkürzung wurde – mehr oder weniger explizit – die Konsequenz gezogen, ein garantiertes Grundeinkommen als Alternative anzubieten. Damit ist eine alte – und wie ich glaube: unfruchtbare – Kontroverse wieder belebt worden. Auf die weltanschaulichen Grundlagen dieser Kontroverse werde ich erst kurz eingehen. Dann werde ich untersuchen, ob es Komplementaritäten und Kombinationsmöglichkeiten von Arbeitszeitverkürzung und garantiertem Grundeinkommen gibt; ob die alte Kontroverse also heute überholt ist.

Die weltanschaulichen Wurzeln

Forderungen nach Arbeitszeitverkürzung und nach einem garantierten Grundeinkommen haben dies gemeinsam: Beide reagieren auf Funktionsdefizite der gesellschaftlich dominanten Instanz zur Verteilung von Arbeit und Einkommen; sie reagieren auf Funktionsdefizite des Arbeitsmarkts. Beide Forderungen verstehen sich somit als Reaktionen auf eine Krise der Verteilung. Es ist nicht primär die Produktion, sondern die Verteilung, von der die gegenwärtigen Probleme ausgehen – Probleme, die freilich auf die Produktion zurückschlagen können.

So sehr nun die beiden Forderungen in ihrem Anknüpfungspunkt übereinstimmen, so deutlich unterscheiden sie sich in ihren gesellschaftspolitischen Implikationen und ihrer Zielrichtung. Arbeitszeitverkürzung orientiert sich am Recht auf Arbeit. Sie bezweckt die Verteilung von Arbeit an alle, die dies zwecks Existenzsicherung brauchen. Arbeitszeitverkürzung läuft damit auf die Anerkennung und Befestigung des Arbeitsmarkts als der dominanten Instanz zur simultanen Verteilung von Arbeit und Einkommen hinaus. Die Forderung nach Arbeitszeitverkürzung steht in einer lohnarbeitszentrierten Perspektive gesellschaftlicher Entwicklung.

Das garantierte Grundeinkommen dagegen orientiert sich am Recht auf Einkommen. Es bezweckt die Existenzsicherung aller – unabhängig von der individuellen Arbeitsleistung. Das garantierte Grundeinkommen relativiert damit den dominanten gesellschaftlichen Stellenwert des Arbeitsmarkts. Damit zugleich löst es die dem Arbeitsmarkt eigene Simultaneität der Verteilung von Arbeit und Einkommen für den Grundsicherungsbereich auf. Daraus folgt, daß sich vor dem Hintergrund der Vorstellung eines garantierten Grundeinkommens die Frage nach der Organisation des Arbeitseinsatzes separat thematisieren läßt. Je nach dem Grundeinkommenskonzept wird diese Frage durch administrierte Arbeitspflicht, durch utopische Annahmen über Freiwilligkeit des Arbeitseinsatzes oder durch den Einbau von ökonomischen Anreizsystemen zur Arbeitsaufnahme in die Grundeinkommenskonzepte bewältigt (siehe oben). Mehr oder weniger ausgeprägt steht die Forderung nach einem garantierten

Grundeinkommen in einer subsistenzorientierten Perspektive gesellschaftlicher Entwicklung. Den unterschiedlichen Gesellschaftsprojekten – lohnarbeitszentrierte und subsistenzorientierte Entwicklung – entsprechen unterschiedliche Annahmen über die jeweils vorgesehenen relevanten gesellschaftspolitischen Akteure. Arbeitszeitverkürzung diente und dient zur Herstellung einer kollektiv handlungsfähigen Arbeitnehmerschaft. Sie diente und dient der Stärkung der kollektiven Anbieterposition auf dem Arbeitsmarkt, in deren Rahmen sich die Situation der Einzelnen – dadurch – verbessert: Der kollektive Erfolg gelungener Arbeitszeitverkürzung ist zugleich die Verbesserung der individuellen Situation. Das garantierte Grundeinkommen zielt unmittelbar auf die Ausstattung des Individuums. Sofern sich die/der Einzelne in einer grundeinkommensgesicherten Gesellschaft auf den Arbeitsmarkt hin orientiert, bewirkt es direkt die Stärkung der individuellen Anbieterposition der Einzelnen. Welche Rückwirkungen dies auf gesellschaftliche Kollektive hat, in welcher Weise die traditionellen Interessenvertretungen von der Einführung einer sozialen Grundsicherung oder (gar) eines garantierten Grundeinkommens tangiert werden, ist bisher erst ansatzweise untersucht worden (vergleiche Nissen 1988). Kaum erörtert ist die – noch grundsätzlichere – Frage, welche neuen gesellschaftlichen Interessenprofile sich durch ein garantiertes Grundeinkommen ausbilden und zu welchen neuen Interessenkollektiven sie führen könnten.

Die Unterbelichtung der Frage nach kollektiven Akteuren in der Diskussion um ein garantiertes Grundeinkommen im Vergleich zur Diskussion um Arbeitszeitverkürzung hat mit den unterschiedlichen ordnungspolitischen Leitvorstellungen der weltanschaulichen Lager zu tun, welche historisch als Protagonisten der beiden Forderungen auftraten: des Sozialismus, dem die kleinste politisch handlungsfähige Einheit das Interessenkollektiv ist, und des Anarchismus samt seinem – in Blochs gehässiger Charakterisierung – „undurchdachte(n), in Unmittelbarkeiten sich erschöpfende(n) Freiheitsgefühl". (Bloch 1979 (II): 668) Ähnlich drastisch fällt die Abgrenzung Kropotkins von der anderen Seite her aus: „Das Recht auf Wohlstand ist die soziale Revolution, das Recht auf Arbeit ist günstigstenfalls ein industrielles Zuchthaus." (Kropotkin 1906: 27) Kühler bezeichnet Bertrand Russell dies als

> einen grundlegenden Unterschied zwischen Sozialismus und Anarchismus. Der Sozialismus würde – jedenfalls in seinen meisten Formen – den Lohn für die geleistete Arbeit oder die Bereitwilligkeit zu arbeiten beibehalten ... jedenfalls für einen Lebensstandard, der über das Existenzminimum hinausgeht. Dagegen möchte der Anarchismus jedermann ohne eine wie auch immer geartete Bedingung genausoviel von allen gewöhnlichen Erzeugnissen zubilligen, wie er verbrauchen möchte. (Russell 1971: 83)

Daraus wird zweierlei deutlich. Zum einen sind mit Fragen nach der Organisation des Verhältnisses von „Arbeiten und Essen", von Arbeitsverpflichtung und Einkommensberechtigung, offensichtlich gesellschaftspolitische Grundsatzfragen aufgeworfen. Anders wäre nicht verständlich zu machen, daß mit diesen Fragen konträre – und einander im Laufe der Geschichte heftig befehdende – gesellschaftliche Leitbilder verbunden sind. Und zum anderen machen die unterschiedlichen politischen Richtungen, aus denen die Forderungen stammen, deutlich: Die beiden Forderungen stehen traditionell zueinander in Konflikt. Recht auf Arbeit oder Recht auf Einkommen – so hieß es bisher immer.

Ich interessiere mich dagegen hier für die Frage, ob es zwischen Arbeitszeitverkürzung und einem garantierten Grundeinkommen nicht auch positive Zusammenhänge geben kann. Die Frage ist also, ob die historische Unversöhnlichkeit der Forderungen zugleich eine prinzipielle Unversöhnbarkeit ist oder nicht.

Diese Frage ist für die Gegenwart von Belang. Um ihr nachzugehen, muß man veränderte Konzeptionen der Forderungen einerseits und veränderte Rahmenbedingungen für die Forderungen andererseits untersuchen.

Ergänzungsbedürftigkeit und Anschlußfähigkeit

Die neuere Entwicklung der Arbeitszeitpolitik zeigt, daß Arbeitszeitverkürzung in zwei Dimensionen an Leistungsfähigkeit verloren hat. Zum einen übersteigt die gegenwärtige Massenarbeitslosigkeit bei weitem die beschäftigungspolitische Leistungsfähigkeit von Arbeitszeitverkürzung. Zum anderen führen die Tendenz zu sektoral unterschiedlicher Arbeitszeitverkürzung, die Kompromißpakete aus Arbeitszeitverkürzung und Arbeitszeitflexibilisierung und die Ausdifferenzierung zunehmend unterschiedlicher und nach Lebensabschnitten sich ändernder Arbeitszeitpräferenzen zu einem Verlust an Kollektivierungsfähigkeit. Die arbeitszeitpolitischen Erfolge der jüngsten Vergangenheit haben die Qualität von Pyrrhus-Siegen: Ihr Preis ist die nachhaltige Schwächung jener kollektiven Akteure, welche weitere, zukünftige Erfolge erzielen könnten. Diese Entwicklungstendenzen machen Arbeitszeitpolitik ergänzungsbedürftig.

In der historischen Entwicklung der Konzepte für ein garantiertes Grundeinkommen läßt sich – bei allem Respekt vor originell abweichenden Einzelgängern (vergleiche Adler-Karlsson 1979) – eine klare Tendenz erkennen. Die Konzepte entwickelten sich von solchen, die sich gegen den Arbeitsmarkt richteten, über solche, die den Arbeitsmarkt begrenzt wirksam werden lassen wollten, zu solchen, welche die Funktion des Arbeitsmarkts erhalten, wenn nicht gar besser zur Geltung bringen wollen. Dies gilt einerseits im Sinn der technischen Konzeptionen heutiger Vorschläge zum garantierten Grundeinkommen: Fast alle Vorschläge laufen im Ergebnis auf die Funktionsweise der negativen Einkommensteuer hinaus. Und es gilt andererseits im Sinne ordnungspolitischer Begründungen: Das garantierte Grundeinkommen wird als reale Annäherung an jene Erstausstattung der Anbieter von Arbeitskraft angesehen, welche das neoklassische Verständnis des Arbeitsmarkts realitätswidrig immer schon als gegeben annimmt. Die Einführung eines garantierten Grundeinkommens wird damit zur Bedingung für die Realisierung eines modellkonformen (und nicht: kapitalverwertungskonformen) Arbeitsmarkts angesehen. Diese beiden Entwicklungstendenzen lösen das garantierte Grundeinkommen aus seiner traditionellen Entgegensetzung zum Arbeitsmarkt und machen es damit für arbeitsmarktbezogene Politiken anschlußfähig.

Auf dieser Ebene der Logik und Interpretation von Konzeptionen hat es also eine Entwicklung beider Forderungen aufeinander zu gegeben. Es ist jedenfalls wahrscheinlich, daß dies in Zukunft die Entwicklung von Konzepten, welche Arbeitszeitpolitik und garantiertes Grundeinkommen miteinander kombinieren, begünstigt. Freilich besagt die Entwicklung der Logik und Interpretation von Konzeptionen für sich allein genommen noch nicht sehr viel. Es ist wichtig sie zu verfolgen, um Denkhindernisse aus dem Weg zu räumen. Einfacher gesagt: Es läßt sich auf diese Weise zeigen, daß man kombinierte Konzepte entwickeln kann. Die praktischen Anstöße für solche Konzepte kommen jedoch aus der realen gesellschaftlichen Entwicklung. Die Probleme, die sie mit sich bringt, sind die Ursache dafür, daß solche Konzepte tatsächlich entwickelt werden.

Ich gehe im folgenden von Unternehmerwiderstand gegen Arbeitszeitverkürzung als „in der Natur der Sache liegend“ aus. Brisant, weil mehrheitsfähig, wird die unternehmerische Gegenposition aber erst, wenn sie mit Teilen der Nicht-Produktionsmittelbesitzer Abwehrkoalitionen gegen Arbeitszeitverkürzung eingehen kann. Widerstand von Nicht-Produktionsmittelbesitzern gegen Arbeitszeitverkürzung ist erklärungsbedürftig. Gegenwärtig stehen der Durchsetzung von kollektiven Arbeitszeitverkürzungen gleich mehrere Bündel von Problemen entgegen (vergleiche Vobruba 1989).

(1) Arbeitszeitverkürzungen mit Lohnausgleich gefährden die Existenz von Grenzbetrieben und stoßen daher auf den Widerstand der in diesen Betrieben Beschäftigten, die um ihre Arbeitsplätze fürchten. Sie geraten noch dazu mit den Arbeitsplatzinteressen der Beschäftigten im weltmarktexponierten Sektor in Konflikt, wenn die dort Beschäftigten Wettbewerbsnachteile aufgrund lohnkostenbedingter Preissteigerungen für „ihre“ Produkte erwarten. „Arbeitszeitverkürzung schafft Arbeitsplätze – in Fernost“ ist der Text eines Aufklebers, der diese Sorge zu verstärken trachtet. Arbeitszeitverkürzungen ohne Lohnausgleich wiederum überfordern die Niedriglohnbezieher(innen) quer durch alle Branchen. Diese Blockade gegen Arbeitszeitverkürzung wird umso härter, je geringer die Verteilungsspielräume insgesamt sind und je größer der Anteil der Niedrigverdiener(innen) an allen Beschäftigten ist. Der Hinweis, daß in einzelnen Untersuchungen zu Arbeitszeitwünschen gerade bei Niedrigverdienern eine relativ hohe Bereitschaft zu Arbeitszeitverkürzung mit Einkommenseinbußen besteht, eignet sich vermutlich nicht dazu, die These von einer Blockade gegen Arbeitszeitverkürzung zu widerlegen. Denn „in solchen Äußerungen mögen ganz andere Aspekte zum Ausdruck kommen (beispielsweise extreme Arbeitsunzufriedenheit), aber kei-

ne stabilen Arbeitszeitpräferenzen". (Hinrichs 1988: 30)

(2) Sieht man von dem – unrealistischen – Extremfall ab, daß Lohnsteigerungen durch eine Arbeitszeitverkürzung in keinerlei Weise beeinträchtigt werden, dann begünstigen Arbeitszeitverkürzungen die in Normalarbeitsverhältnissen stehenden Beschäftigten gegenüber all jenen, die in davon abweichenden Beschäftigungsformen tätig sind. Da die Zahl der in solchen Beschäftigungsformen Tätigen in allen westlichen Industriestaaten laufend zunimmt, sind aus dieser Entwicklung auch zunehmende Durchsetzungsprobleme für kollektive Arbeitszeitverkürzung zu erwarten. Diesem Problem ist Arbeitszeitverkürzung nur dann nicht ausgesetzt, wenn durch entsprechende Regelungen die abweichend Beschäftigten an kollektiven Arbeitszeitverkürzungen zu einem aliquoten Anteil „beteiligt" werden. Aber selbst in diesem Fall ist aufgrund der Kompliziertheit des Zusammenhangs mit verringerter Mobilisierbarkeit abweichend Beschäftigter für kollektive Arbeitszeitverkürzungen zu rechnen. Ähnlich steht es um die Interessen all jener Transferleistungsbezieher, deren Einkommen brutto- oder nettolohngekoppelt ist. Sie können nur (vermittelt) an Einkommenssteigerungen, nicht aber an Arbeitszeitverkürzung interessiert sein.

(3) Über die zunehmende Fraktionierung von Verteilungsinteressen und die Ausbildung von Rivalitäten zwischen den Interessenblöcken hinaus, ist mit einem langfristigen Nachlassen der Kraft traditioneller Motive für Arbeitszeitverkürzung zu rechnen. Zum einen verblassen die traditionellen Wir-Identitäten der Arbeiterbewegung, und es erodieren damit die normativen Verbindlichkeiten, welche jenseits individueller Interessenkalküle und gegen sie Solidarität zwischen Arbeitenden und Arbeitslosen zu stiften vermochten. Weiters führt die zunehmende Pluralisierung von Lebensweisen dazu, daß die Beziehungen zwischen „objektiver" ökonomischer Lage und den aus der

individuellen Lebensgestaltung herrührenden Wünschen und Interessen immer mehrdeutiger werden. Und schließlich verliert die Verheißung weiter vorangetriebener Entlastung von Arbeitsmühe selbst an Überzeugungskraft. Arbeitsentlastung läßt sich nicht ad infinitum als tragendes Motiv für Arbeitszeitverkürzung verwenden.

Wir kommen damit auf der Ebene der realen gesellschaftlichen Entwicklung zu einem ähnlichen Ergebnis wie davor auf der Ebene der Entwicklung der Logik und der Interpretationen der Konzepte: Politik der Arbeitszeitverkürzung vermag der quantitativen (Massenarbeitslosigkeit) und der qualitativen (abweichende Beschäftigungsformen, zunehmende Differenzierung der Arbeitszeitwünsche) Probleme allein nicht Herr zu werden. Politik der Arbeitszeitverkürzung ist ergänzungsbedürftig.

Die Frage ist nun, ob das Konzept eines garantierten Grundeinkommens derart an Arbeitszeitverkürzung anschlußfähig ist, daß es diese von Problemen entlasten und die gegenwärtige arbeitszeitpolitische Blockade lösen kann. Diese Frage muß man teilen. Zuerst ist zu fragen, ob Kombinationen von Arbeitszeitpolitik und garantiertem Grundeinkommen einen Beitrag zur Lösung jener Probleme leisten können, an denen isolierte Arbeitszeitpolitik zu scheitern droht. Und dann ist zu fragen, ob sich Tendenzen ausfindig machen lassen, die auf die Formierung von kollektiven Interessen hinauslaufen, welche solche Kombinationen von Arbeitszeitpolitik und garantiertem Grundeinkommen politisch voranbringen können.

(1) Das Problem, daß Arbeitszeitverkürzung durch den Mangel an Verteilungsspielraum zwischen Lohnarbeit und Kapital blockiert ist, kann durch ein garantiertes Grundeinkommen gemildert werden, wenn es diesen Verteilungsspielraum erweitert. In diesem Sinne ist der Vorschlag gemacht worden, Arbeitszeitverkürzungen ohne betrieblichen Lohnausgleich durchzuführen, so daß

sie für die Unternehmen tragbar werden, und die Lohneinbußen den Beschäftigten durch ein Grundeinkommen – also als „überbetrieblichen Lohnausgleich" – zu kompensieren (vergleiche Opielka, Stalb 1986), so daß auch sie eine solche Arbeitszeitverkürzung mitmachen können.
(2) Das Problem, daß all jene, die abseits der Normalarbeitszeit beschäftigt sind und alle, deren Transfereinkommen an die aktuelle Lohnentwicklung gekoppelt ist, keinen Vorteil davon haben, wenn die Steigerung der Arbeitsproduktivität (pro Stunde) zur Verkürzung der Arbeitszeit statt zur Erhöhung von (Stunden-)Löhnen verwendet wird, kann durch ein garantiertes Grundeinkommen gelöst werden, wenn die Höhe des Grundeinkommens mit der Produktivitätsentwicklung gekoppelt wird und wenn das garantierte Grundeinkommen mit solchen Einkommensarten kombinierbar gemacht wird.
(3) Das Problem, daß immer weiter voranschreitende Arbeitszeitverkürzungen für die von Arbeit Entlasteten unterhalb eines – wenn auch kaum exakt bestimmbaren – Arbeitszeitniveaus mehr und mehr ihre Anziehungskraft verlieren, ist mit der Verteilung des Produktivitätsfortschritts via Grundeinkommen im Ansatz bereits mitgelöst. Es fällt verhältnismäßig leicht, sich ein langfristig angelegtes Konzept für einen langsamen Übergang von der Umverteilung der Arbeit zur Umverteilung der Einkommen vorzustellen. Auch der zunehmenden Pluralisierung der Lebensweisen – und damit: der Interessen – kann ein garantiertes Grundeinkommen gerecht werden. Denn es ermöglicht individuelle Verringerungen der Arbeitszeit, schreibt sie aber nicht vor. Und es garantiert – im Prinzip – die Reversibilität einer einmal getroffenen individuellen Arbeitszeit-Entscheidung. Insbesondere an letzteren Umstand lassen sich Hoffnungen auf die Freisetzung erheblicher Umverteilungspotentiale von Arbeit und Einkommen knüpfen. Wenn ein garantiertes Grundeinkom-

men tatsächlich die Freiheit und die Reversibilität individueller Arbeitszeitentscheidungen absichern kann, dann leistet es einen erheblichen Beitrag zur Umverteilung der Arbeit.

Kollektivierungsdilemma und Individualisierungsfalle

Der Durchgang durch die Probleme, welche kollektiven Arbeitszeitverkürzungen entgegenstehen, zeigt: Das Konzept eines garantierten Grundeinkommens ist „technisch" in hohem Maße anschlußfähig – sowohl in dem Sinn, daß es sich mit Arbeitszeitverkürzung verbinden läßt als auch in dem Sinn, daß es Arbeitszeitverkürzung langfristig ablösen kann. Der Befund ist also sowohl auf der Ebene der Entwicklung der Logik der Konzepte als auch auf der Ebene „technischer" Interventionen in reale Probleme günstig. Es bleibt zuletzt noch die Frage nach der Entwicklung kollektiver Interessen, welche Kombinationen von Arbeitszeitpolitik und garantiertem Grundeinkommen politisch tragen können.

Die Frage ist, ob mit der Erosion jener kollektiven Interessen, welche historisch Arbeitszeitverkürzungen vorangetrieben hatten, zugleich neue kollektive Interessen entstehen, die zum Motor für die Forderung nach einem garantierten Grundeinkommen werden können.

(1) Arbeitszeitverkürzungen bringen zwar einem relativ kleinen Kreis von Begünstigten Vorteile, diese aber erbringen sie sofort und unmittelbar zurechenbar: zusätzliche Freizeit. Das garantierte Grundeinkommen dagegen begünstigt virtuell einen viel größeren Kreis. Zwar gibt es auch hier eine begrenzte Anzahl unmittelbar Begünstigter. Doch die – Armutsbevölkerung und Aussteiger – sind allein keinesfalls in der Lage, politischen Druck in Richtung auf ein garantiertes Grundeinkommen zu entfal-

ten. Dazu bedarf es zusätzlich der weit größeren Durchsetzungsfähigkeit all jener, denen ein Grundeinkommen ein höheres Maß an individuellen Wahlmöglichkeiten und verbesserte Durchsetzungschancen in Interessenkonflikten eröffnen könnte. Für all die jedoch stiftet ein garantiertes Grundeinkommen nicht per se Nutzen, sondern bietet nur Möglichkeiten. Diese kann man ergreifen oder nicht; und oft wird der/dem Einzelnen gar nicht bekannt sein, ob, wie und wann sie/er diese Möglichkeiten nutzen will und wird. Somit deckt die Forderung nach Arbeitszeitverkürzung einen schmaleren Bereich an Interessen ab, integriert diese aber stärker, während die Forderung nach einem garantierten Grundeinkommen einen weiteren Bereich an Interessen erfaßt, diese aber schwächer integriert. Ich nenne dies das Kollektivierungsdilemma.

(2) Arbeitszeitverkürzungen bieten einheitliche Lösungen für Leute mit gleichen Problemen; insbesondere dem Problem zeitlicher Arbeitsüberlastung und unzureichender Freizeit. Die Kollektivierung der Interessen kann daher über die Gleichartigkeit der Erfahrungen mit dem Problem und des Kampfes dagegen hergestellt werden. Ein garantiertes Grundeinkommen bietet im Gegensatz dazu einen einheitlichen Lösungsrahmen für Leute mit unterschiedlichen Problemen. Damit ergibt sich die Schwierigkeit, daß das kollektivierende Moment erst im politischen Ergebnis, nicht aber in der Ausgangslage steckt. Man kann es als kollektiv herzustellende Rahmenbedingung für die Verbesserung der Chancen individueller Interessenverfolgung begreifen. In der Tat können alle, die an der Verbesserung der kollektiven Voraussetzungen für ihre individuelle Interessenverfolgung interessiert sind, ein gemeinsames Interesse an einem garantierten Grundeinkommen haben. Aber dieses gemeinsame Interesse ist abstrakt. Die Realisierung der Forderung nach einem garantierten Grundeinkommen ist darum stets in Gefahr, in

einen Teufelskreis zu geraten: Die Kollektivierung der Interessen, die ein garantiertes Grundeinkommen voranbringen könnten, setzt die Einführung des Grundeinkommens bereits voraus. Aus diesem Teufelskreis führen nur relativ anspruchsvolle – und in der Praxis darum eher unwahrscheinliche – intellektuelle Antizipationen: Handlungsleitend müßte ein kollektives Interesse an der Herstellung und Erhaltung von kollektiven Rahmenbedingungen für die Verbesserung der Chancen individueller Interessenverfolgung werden. Ich nenne dies die Individualisierungsfalle.

(3) Schließlich bleiben noch Durchsetzungshindernisse zu bedenken, die sich gerade dann ergeben, wenn sich das Kollektivierungsdilemma und die Individualisierungsfalle bewältigen lassen. Zum einen ist mit dem Widerstand jener Interessengruppen zu rechnen, die weder an Arbeitszeitverkürzung noch an einem garantierten Grundeinkommen interessiert sind, weil sie – realistisch oder nicht – sich von der Umverteilung von Arbeit und/oder Einkommen Nachteile erwarten. Und zum anderen entstehen Durchsetzungsprobleme für ein garantiertes Grundeinkommen gegenüber allen Verfechtern der Forderung nach allgemeiner Arbeitszeitverkürzung, die – realistisch oder nicht – ein garantiertes Grundeinkommen als Konkurrenz zu Arbeitszeitverkürzung ansehen. Diese Ansicht läßt sich in einem gewissen Maße durch Hinweise auf die Ergänzungsbedürftigkeit von Arbeitszeitverkürzung und die Anschlußfähigkeit des Konzepts eines garantierten Grundeinkommens abbauen. Aber solche „Überzeugungsleistungen" vermögen gegen den tiefsitzenden historischen Konflikt über die Wahl alternativer gesellschaftlicher Entwicklungspfade: die eingangs skizzierte Differenz zwischen einer lohnarbeitszentrierten und einer subsistenzorientierten Perspektive nicht viel. Bisher ist die subsistenzorientierte Perspektive in der Konkurrenz der Gesell-

schaftsentwürfe stets unterlegen. Von einer abermaligen „Runde“ in dieser historischen Konfrontation ist heute nichts zu erwarten. Gesellschaftliche Entwicklungschancen könnten sich dagegen dort ergeben, wo es zu praktischen Auflösungstendenzen der historischen Entgegensetzung kommt. Voraussetzung dafür ist, daß die Entwicklung in der lohnarbeitszentrierten Perspektive derart an Grenzen stößt, daß die kollektiven Akteure ihr in dieser Perspektive „investiertes“ Eigen-(Verbands-)Interesse gefährdet sehen. Die Aufnahme von Elementen einer sozialen Grundsicherung in gewerkschaftliche Forderungskataloge (vergleiche Nissen 1988) ist dafür ein Anzeichen.

Zur Zukunft von Arbeit und sozialer Sicherheit Drei Szenarien

Ein Korridor der wahrscheinlichen Entwicklung

Schlechte Erfahrungen mit der Treffsicherheit von Prognosen über gesellschaftliche Entwicklungen haben dazu geführt, daß in der jüngsten Vergangenheit Zukunftsprojektionen mehr und mehr in Form von Szenarien präsentiert werden. Szenarien beschreiben nicht wählbare Alternativen, sondern – prinzipiell gleich wahrscheinliche – alternative Möglichkeiten zukünftiger gesellschaftlicher Entwicklung.

Ich knüpfe hier an die Szenarientechnik an, nehme aber auch Elemente von Prognosen auf. Und zwar werde ich versuchen, erst einen Korridor der wahrscheinlichen (nicht der wünschbaren!) Entwicklung abzustecken.

Der Korridor wahrscheinlicher Entwicklung bis etwa zum Jahr 2010 läßt sich folgendermaßen beschreiben: Ich gehe davon aus, daß es in der Entwicklung ökonomischer Basistrends zu keinen dramatischen Brüchen kommt. Das bedeutet, daß gesamtwirtschaftlich weder mit besonders hohen Steigerungsraten des BSP noch mit besonderen Steigerungen der Arbeitsproduktivität pro Stunde zu rechnen ist. Ich stimme mit den meisten einschlägigen Prognosen darin überein, daß die Steigerungsraten des BSP etwa in der Größenordnung von 2 Prozent bis 3 Prozent, die Steigerungsraten der Arbeitsproduktivität pro Stunde in der Größenordnung von 3 Prozent bis 4 Prozent liegen werden (vergleiche von Rothkirch, Weidig 1985). Wichtiger als die Schätzung der Entwicklung von Produktion und Produktivität ist dabei allerdings die Einschätzung des Verhältnisses von Produktion und Produktivität. Denn die Relation dieser beiden Kennzahlen zueinander ist unmittelbar für das nachgefragte Arbeitskraftvolumen von Bedeutung. Ich gehe davon aus, daß die Steigerungsraten der Arbeitsproduktivität pro Stunde konstant über den Steigerungsraten des BSP-Wachstums liegen werden. Das bedeutet, daß – ebenso wie in der Vergangenheit – das nachgefragte Arbeitsvolumen langsam aber kontinuierlich abnehmen wird. Ich gehe dagegen nicht davon aus, daß, wie in zahlreichen Abhandlungen (vergleiche Berger, Offe 1982, Habermas 1985, Beck 1986) bereits für die Gegenwart empiriewidrig unterstellt wird, mit einem sprunghaften Anstieg der Arbeitsproduktivität zu rechnen ist (vergleiche Welsch 1985).

Ich gehe weiter davon aus, daß das Angebot an Arbeitskraft etwa auf konstantem Niveau bleibt. Diese Einschätzung ergibt sich aus einer Zusammenschau gegenläufiger Trends: Einerseits wird, demographisch bedingt, der Anteil der im erwerbsfähigen Alter stehenden Personen (nach heutiger Legaldefinition) zurückgehen. Auch ist mit einem geringfügigen Rückgang der Erwerbsneigung der Männer zu rechnen. Andererseits aber ist eine kontinuierliche Fortsetzung des Trends zu zunehmender Erwerbsneigung der Frauen sehr wahrscheinlich (vergleiche Cornetz 1986). Weiter ist damit zu rechnen, daß die Politik der Rücksendung ausländischer Arbeitskräfte in ihre Heimatländer an Grenzen stößt und daß – ganz im Gegenteil – die Ausländerbeschäftigung wieder leicht ansteigt. Und schließlich werden sich Tendenzen zur Verlängerung der Lebensarbeitszeit durchsetzen. Dies erscheint wahrscheinlich, weil zwischen dem fiskalischen Interesse an einer Entlastung der Rentenversicherungsfonds (vergleiche Schmähl 1983) und Arbeitnehmerinteressen an fortdauernder Partizipation am Arbeitsgeschehen angesichts steigender Lebenserwartung ein gewisser Gleichklang besteht. Als wie auch immer „ideologisch“ überformt man diesen Gleichklang der Interessen ansehen mag – es scheint ausgeschlossen, ihm auf die Dauer zu widerstehen. Zusammenfassend nehme ich somit für die Angebotsseite des Arbeitsmarkts an, daß der Rückgang der Zahl der Personen im erwerbsfähigen Alter durch steigende Erwerbsneigung und politischen Eingriff kompensiert wird.

Zusammen genommen bedeutet der erwartete leichte Rückgang des nachgefragten Arbeitsvolumens und die gleichbleibende Höhe des Angebots an Arbeitskraft, daß eine „naturwüchsige“ Lösung der Beschäftigungsproblematik nicht zu erwarten ist. Allfällige Hoffnungen auf eine demographische Lösung des Arbeitslosigkeitsproblems – das heißt: politisches Nichts-Tun – werden sich nicht erfüllen.

Eher läuft die mittelfristige ökonomische Entwicklung, vom gegenwärtigen hohen Arbeitslosenstand ausgehend, auf eine weiter leicht steigende Arbeitslosigkeit hinaus. Dabei ist zu beachten, daß aufgrund von Ausgliederungsprozessen aus der Arbeitslosenunterstützung einerseits und von Modifizierungen der Arbeitslosenstatistik andererseits mit der Dauer der Massenarbeitslosigkeit der Anteil der stillen Reserve an der Gesamtheit der Arbeitslosen zunimmt.

Nun war freilich bereits die ökonomische Entwicklung der letzten dreißig Jahre durchgehend vom Trend eines abnehmenden nachgefragten Arbeitsvolumens gekennzeichnet, ohne daß dies stets zu Arbeitslosigkeit geführt hätte. Dies ist damit zu erklären, daß es in der Vergangenheit überwiegend gelungen ist, die Differenz zwischen Produktions- und Produktivitätssteigerungen mittels kollektiver Arbeitszeitverkürzungen so aufzufangen, daß der Beschäftigtenstand überzyklisch konstant blieb. Die Frage nach den zukünftigen Arbeitsmarkteffekten, die sich aus den skizzierten ökonomischen Entwicklungstrends ergeben, hängt also wesentlich von der Frage nach der Zukunft der Arbeitszeitverkürzung ab.

Von Rothkirch und Weidig (1985: 25) nehmen an, daß die Arbeitszeiten im Trend jährlich etwa 1 Prozent verkürzt werden. Eine österreichische Prognose rechnet mit 0,75 Prozent jährlicher Arbeitszeitverkürzung (vergleiche Biffl 1988: 13). Auch ich gehe von einer Fortsetzung des Trends zu kürzeren Arbeitszeiten aus. Allerdings wird dieser Trend abflachen: Die jährlichen Arbeitszeitverkürzungsschritte werden kleiner. Für diese Annahme lassen sich vier Gründe nennen (vergleiche Wiesenthal 1987, Vobruba 1989, siehe oben).

(1) Kollektive Arbeitszeitverkürzungen sind dann am leichtesten durchzusetzen, wenn das Angebot an Arbeitskraft in Relation zur Nachfrage knapp, die Verhandlungsposition der Anbieter auf dem Arbeitsmarkt somit stark ist. Daraus entsteht das leicht einsehbare Paradoxon, daß kollektive Arbeitszeitverkürzungen genau dann, wenn sie beschäftigungspolitisch am notwendigsten sind, die geringsten Durchsetzungschancen haben.

(2) Den Durchsetzungschancen kollektiver Arbeitszeitverkürzungen stehen weiter die gegenwärtigen Verteilungsdifferenzen der Einkommen – und zwar von Arbeitnehmern und Unternehmen – entgegen. Arbeitszeitverkürzungen mit Lohnausgleich bedrohen die krisenbetroffenen Unternehmen und stoßen sich an den Unternehmerinteressen und den Arbeitsplatzsicherheitsinteressen der dortigen Arbeitnehmer. Arbeitszeitverkürzungen ohne Lohnausgleich wiederum konfligieren mit den Einkommensinteressen der Niedriglohnbezieher(innen) quer durch alle Branchen.

(3) Noch zusätzliche Durchsetzungsprobleme für kollektive Arbeitszeitverkürzungen ergeben sich aus der zuneh-

menden Fraktionierung der Arbeitssituationen und Lebenslagen. So bleibt die – wachsende – Gruppe der Teilzeitbeschäftigten von den Vorteilen kollektiver Arbeitszeitverkürzung unberührt, muß aber mit dem Entgang von (ohne Arbeitszeitverkürzung möglichen) Stundenlohnsteigerungen rechnen. Ebenso kann die – deutlich wachsende – Gruppe der Altersrentner nur an Lohnsteigerungen, an welche Rentensteigerungen gekoppelt sind, interessiert sein; nicht aber an zusätzlicher freier Zeit infolge von Arbeitszeitverkürzungen. Wenn die Rentner an Tarifvertragsverhandlungen auch nicht beteiligt sind, so stellen sie dennoch ein politisches Potential (vergleiche Hermann 1987) dar, gegen das Politik in Zukunft immer weniger machbar sein wird.

(4) Schließlich bergen die Arbeitszeitverkürzungen der Vergangenheit selbst Schwierigkeiten für weitere Arbeitszeitverkürzungen. Wenn auch nicht konkret quantifizierbar, so nimmt der Grenznutzen zusätzlicher Freizeit doch ab. Gerade wenn man den eigenständigen „Wert" der Teilnahme an Lohnarbeit betont, so muß man sich auch auf den Gedanken einlassen, daß die Beschäftigten nicht bereit sind, in Zukunft davon beliebig viel abzugeben.

All dies bedeutet natürlich keinesfalls, daß zukünftige Arbeitszeitverkürzungen nicht wichtig oder unmöglich wären. Aber eine Lösung des Arbeitslosigkeitsproblems ist von kollektiver Arbeitszeitpolitik nicht zu erwarten. Schon der Versuch, die produktivitätsbedingten Freisetzungen bis auf weiteres arbeitszeitpolitisch zu kompensieren, muß als ambitioniertes beschäftigungspolitisches Ziel angesehen werden.

Im folgenden skizziere ich drei Szenarien, die Möglichkeiten der Entwicklung im Beschäftigungssystem in der näheren Zukunft beschreiben. Ich nenne sie: Massenarbeitslosigkeit, Deregulierung, grundgesicherte Vollbeschäftigung.

Für die Beschreibung dieses Szenarios ergeben sich aus der gegenwärtigen Situation im Beschäftigungssystem die meisten Anhaltspunkte; das heißt: Dieses Szenario läuft auf die Fortschreibung der gegenwärtigen Situation hinaus. Das heißt freilich nicht, daß dieses Szenario eine höhere Realisierungswahrscheinlichkeit als die anderen für sich hat. Aber es bedeutet, daß sich über dieses Szenario vor einem relativ gesättigten Erfahrungshintergrund sprechen läßt.

In der Tat rechnen zahlreiche Prognostiker der Arbeitsmarktentwicklung mit einer mittelfristigen Fortschreibung der gegenwärtigen Arbeitsmarktsituation. So geht etwa Schäfer (1987: 505) für das Jahr 2010 von einer Arbeitslosigkeit (einschließlich der stillen Reserve) in der Höhe von über 4 Millionen aus. Dabei sind Arbeitszeitverkürzungen im Ausmaß der das Sozialproduktwachstum übersteigenden Produktivitätszuwächse bereits berücksichtigt. Klauder, Schnur und Thon (1985) kommen in ihrer Modellrechnung für das Jahr 2000 unter pessimistischen Annahmen (betreffend Wirtschaftswachstum und Erwerbstätigenproduktivität) zu einem Angebotsüberhang von 7 Millionen, unter mittleren Annahmen zu 3 Millionen und unter optimistischen Annahmen zu 1 Million. Auch in der aktualisierten Version dieser Modellrechnung hat sich an der Prognose anhaltender Massenarbeitslosigkeit kaum etwas geändert (vergleiche Kühl 1988: 4).

Für das Massenarbeitslosigkeitsszenario also nehme ich an, daß die Arbeitslosigkeit in den westlichen Industriestaaten (und nicht nur dort) auf einem Niveau von etwa 10 Prozent verharren, wenn nicht gar noch weiter steigen wird. Dennoch läßt sich der Entwurf des Massenarbeitslosigkeitsszenarios nicht im Wege einer platten Beschreibung der gegenwärtigen Verhältnisse auf dem Arbeitsmarkt bewerkstelligen.

Dies hat seine Ursache darin, daß Massenarbeitslosigkeit in der Gesellschaft eine Dynamik entfaltet, so daß auch bei gleichbleibendem Niveau an Arbeitslosigkeit Veränderungen zu erwarten sind, die der Entwurf eines Massenarbeitslosigkeitsszenarios für die mittlere Zukunft berücksichtigen muß, und zwar: Veränderungen der Arbeitslosigkeit selbst und Veränderungen im Verhältnis von Arbeitslosigkeit und Politik.

Diese Veränderungen gewinnen vor dem Hintergrund der Überlegung an Bedeutung, daß ich das Massenarbeitslosigkeitsszenario nicht als Momentaufnahme aus dem Jahre 2010, sondern als Ergebnis einer bis dahin hartnäckig anhaltenden Arbeitslosigkeit beschreibe. Um das Argument noch einmal zuzuspitzen: Ein Massenarbeitslosigkeitsszenario für 2010, dem eine Vollbeschäftigungsperiode vorangegangen wäre, sähe ganz anders aus.

Das Risiko der Arbeitslosigkeit ist im Massenarbeitslosigkeitsszenario hochgradig ungleich verteilt. Die Arbeitslosen sich zum größten Teil Langzeitarbeitslose ohne Hoffnung auf Wiedereingliederung in den Arbeitsmarkt. Ein kleiner Teil pendelt zwischen Arbeitslosigkeit und peripheren Jobs; auch dieser Teil ist ohne Hoffnung, aus seiner gesellschaftlichen Randlage herauszukommen. Der Anteil der Arbeitslosen, die zwischen zwei stabilen Beschäftigungsverhältnissen eine kurze Arbeitslosigkeit als biographische Episode erleben, ist verschwindend gering. Der hohen Konzentration des Arbeitslosigkeitsrisikos entspricht die weitgehende Entpolitisierung des sozialen Problems Arbeitslosigkeit. Es besteht weder ein direktes Mehrheitsinteresse an einer Politik zugunsten der Minderheit der Arbeitslosen: Die Mehrheit der Beschäftigten fürchtet das Arbeitslosigkeitsrisiko nicht und hat es auch realistischerweise nicht zu fürchten (vergleiche Vobruba

1988). Noch besteht ein indirektes Interesse der Mehrheit an einer Politik zugunsten der Minderheit der Arbeitslosen: Die Arbeitslosen kommen durch ihre lange Arbeitslosigkeit als potentielle Konkurrenten der Beschäftigten kaum mehr in Betracht. Der Funktionsmechanismus der industriellen Reservearmee, der ein indirektes Interesse der Beschäftigten an der Reduzierung der Arbeitslosigkeit begründen könnte, fällt flach. Die Mehrheitsinteressen werden durch die Lage der Minderheit nicht oder kaum beeinträchtigt.

Die Kosten der Arbeitslosigkeit, die von den Beschäftigten zu tragen sind, verringern sich mit deren Dauer. Sowohl aufgrund der in lohnarbeitszentrierten Systemen sozialer Sicherung angelegten sozialpolitischen Abgruppierungsautomatismen (vergleiche Vobruba 1989) als auch in Folge politischen Eingriffs genießt der überwiegende Teil der Arbeitslosen keine Einkommenssicherung, sondern nur noch eine notdürftig existenzsichernde Mindestsicherung. „Maßgeschneiderte" – die Vereinzelung fördernde – administrative Zuteilung dieser Mindestsicherung einerseits und beschönigende Modifikationen der Arbeitslosenstatistik andererseits besiegeln das „Kleinarbeiten" der Arbeitslosigkeit als politisches Problem.

Das Massenarbeitslosigkeitsszenario bedeutet den stabilen Zustand einer rigide gespaltenen Gesellschaft. Die Entwicklung dahin wird von einer Rhetorik über Reformen begleitet, die bei den „Stärkeren" ansetzen, um den Schwächeren zu helfen. Die Orientierung der Gesellschaft auf abhängige Erwerbsarbeit bleibt – positiv wie negativ – stark. Die gesamte Verteilungssituation ist ungerecht, aber niemand muß verhungern.

Schon im Deregulierungsszenario bewegen wir uns auf sehr unsicherem Terrain. Die Darstellung kann hier viel weniger an reale Entwicklungen anknüpfen, sondern muß sich weitgehend darauf konzentrieren, aus gegenwärtig vorliegenden gesellschaftspolitischen Absichtserklärungen eine für die Zukunft mögliche gesellschaftliche Konstellation zu destillieren.

Im Deregulierungsszenario herrscht ein höheres Maß an Durchlässigkeit als im Massenarbeitslosigkeitsszenario. Es gibt eine Vielzahl an Maßnahmen zur Erleichterung des Wechsels zwischen Beschäftigung und Arbeitslosigkeit sowie Maßnahmen zur Erleichterung des Eintritts in Selbständigkeit. Wesentlicher Bestandteil dieser Maßnahmenbündel ist ein erheblicher Umbau sozialstaatlicher Sicherung, mit der allgemeinen Tendenz, das sozialstaatliche Sicherungsniveau abzusenken, begleitet von einer Vielzahl an Versionen reprivatisierter Hilfeleistungen entsprechend einer konservativen Auslegung des Subsidiaritätsprinzips (vergleiche Kronberger Kreis 1983). Daraus folgt, daß der Andrang zu stabilen abhängigen und selbständigen Formen von Erwerbstätigkeit groß ist. Die Chance, in stabile Erwerbstätigkeit zu finden, ist jedoch gering und noch dazu ungleich verteilt: Stabile Verhältnisse herrschen in einem – im Vergleich zum Massenarbeitslosigkeitsszenario – kleinen Gesellschaftssegment. Ergebnis ist ein Gesellschaftszustand, in dem die überwiegende Zahl der Mitglieder der Gesellschaft in einem umfassenden Konkurrenzzusammenhang steht. Konsequenz ist, daß im Deregulierungsszenario dauernd die Gefahr von „Verzichtsspiralen“ besteht: Um der Förderung der individuellen Wettbewerbsfähigkeit willen beteiligt man sich an Prozessen des Verfalls von Lohnniveau und -struktur. Die Zahl derer, die formal selbständig, faktisch jedoch einseitig ökonomisch abhängig sind, wächst. In einer großen Anzahl von Fällen handelt es sich um Auslagerungen aus größeren Unternehmen. Insbesondere bei diesen „neuen Selbständigen" kommt es zu fortschreitenden Preisunterbietungen und ungeregelter Arbeitszeitverlängerung. Solche „Verzichtsspiralen" münden in ein insgesamt herabgesetztes makroökonomisches Aktivitätsniveau und führen zu Verschlechterungen der internationalen Wettbewerbsfähigkeit. Daraus ergeben sich dann – im Sinne einer positiven Rückkopplung – für die einzelnen Vereinzelten vermehrte Notwendigkeiten, durch Zurücknehmen individueller Ansprüche die eigene Wettbewerbsposition zu verbessern. Insbesondere wächst die Notwendigkeit zu experimentellem Erwerbsverhalten.

Kehrseite davon ist ein gewisses Maß an Erweiterung der gesellschaftlichen Normalitätsvorstellungen: betreffend Arbeit, Einkommen und Lebensplanung. Ausgenommen von all dem ist ein kleines Gesellschaftssegment, das gleichsam die traditionellen Verhältnisse im Deregulierungsszenario repräsentiert. Zwischen diesem kleinen stabilen Kern und der breiten deregulierten Peripherie bestehen funktionale Interdependenzen. Existenzen im deregulierten Bereich sind in zahlreichen Fällen nur lebbar auf der Grundlage von „Beziehungen" zum stabilen Kern. Und der stabile Kern wiederum bedarf einiger Teile der deregulierten Peripherie als Flexibilitätsreserve. Diese funktionalen Interdependenzen begründen allerdings keineswegs auch nur einigermaßen gerechte Austauschverhältnisse. Allenfalls gibt es im Deregulierungsszenario Chancengleichheit innerhalb der Gesamtheit der Deregulierten; zwischen diesen und dem Gesellschafts„kern" besteht jedoch ein erhebliches Gefälle der Einkommens- und Lebenschancen. Die Entwicklung des Deregulierungsszenarios wird begleitet von einer Rhetorik ökonomischer Effizienzsteigerung durch (Re-)Installierung von Marktzwängen.

Das Deregulierungsszenario beschreibt eine Gesellschaftssituation, deren funktionale Beziehungen stabil sind, deren soziale Stabilität jedoch Stabilität auf des Messers Schneide ist. Die Situation ist insgesamt etwas gerechter als im Massenarbeitslosigkeitsszenario. Das makroökonomische Aktivitätsniveau ist niedriger, vereinzelt gibt es die Drohung des Hungers.

Drittes Szenario: Grundgesicherte Vollbeschäftigung

Dieses Szenario hat mit dem Typus der Vollbeschäftigung der sechziger und der beginnenden siebziger Jahre wenig zu tun. Vollbeschäftigung bedeutete damals Arbeit des männlichen Teils der Erwerbsbevölkerung in „Normalarbeitsverhältnissen". Das heißt: Abhängige Erwerbstätigkeit wurde auf Dauerarbeitsplätzen geleistet; die Arbeit war Ganztagsarbeit, die Arbeitsbiographie kontinuierlich. Der Arbeit des Mannes im Normalarbeitsverhältnis entsprach seine Rolle als Ernährer der Familie. Abhängige Erwerbstätigkeit von Frauen gab es überwiegend als Teilzeitarbeit, um zusätzliches Arbeitspotential zum Eintritt in den leergefegten Arbeitsmarkt zu bewegen (vergleiche Eckart 1983).

Das Szenario „grundgesicherte Vollbeschäftigung" sieht anders aus. Hier existiert eine große Vielfalt an Arbeitsformen. Einerseits gibt es zahlreiche Arten abhängiger Erwerbstätigkeit, die dem (alten) Normalarbeitsverhältnis nicht entsprechen. Und andererseits werden zahlreiche Arbeiten außerhalb abhängiger Erwerbstätigkeit geleistet. Insofern hat dieses Szenario eine gewisse Ähnlichkeit mit dem Deregulierungsszenario. Allerdings bestehen diesem gegenüber drei wesentliche Unterschiede. Erstens ist das System sozialer Sicherung dem Strukturwandel der Arbeit entsprechend umgebaut. Das bedeutet, daß die Wahl unterschiedlicher Formen von abhängiger Erwerbstätigkeit oder sonstiger Erwerbstätigkeit nicht mit dem Risiko unzulänglicher sozialer Absicherung belastet ist. Das System sozialer Sicherung ist vielmehr so gestaltet, daß die individuelle Wahl zwischen unterschiedlichen Tätigkeiten vor dem Hintergrund gleicher sozialer Absicherung stattfinden kann. Schon dies ermöglicht ein höheres Maß an Autonomie der Tätigkeits-Wahl als im Deregulierungsszenario. Zweitens eröffnen sich durch die zunehmende Erleichterung des Zugangs zu sozialstaatlichen Transferleistungen – also: durch die Entwicklung in Richtung auf ein garantiertes Grundeinkommen – Möglichkeiten, ohne existentielle Bedrohung zwischen Erwerbstätigkeit und kaum bezahlten oder unbezahlten Tätigkeiten (inklusive „Nicht-Tätigkeit“ – was immer das sein mag) zu wählen. Dazu kommt, daß „Mischverhältnisse“ zwischen Erwerbseinkommen und Sozialeinkommen zugelassen werden; daß also nicht mehr die Aufnahme von Erwerbsarbeit den Entzug (so gut wie) aller Lohnersatzleistungen zur Folge hat (vergleiche Wegner 1988). Diese sozialpolitische Neuerung führt unmittelbar zu einem veränderten Angebotsverhalten auf dem Arbeitsmarkt. Als Motiv, eine Arbeit anzunehmen, gewinnt neben dem bisher dominierenden Einkommenserwerb die intrinsische Arbeitsgratifikation an Bedeutung. Alle Tätigkeiten, die zwar als sinnstiftend eingeschätzt werden, die aber als Einkommensquelle schlecht geeignet sind und die man sich darum bisher nicht „leisten“ konnte, werden jetzt vermehrt ergriffen. Das bedeutet, daß verschiedene Formen von sozialen Dienstleistungen, Betreuungs- und Pflegetätigkeiten, Engagement auf lokaler Ebene, Tätigkeiten in diversen Bereichen der Wirtschaft, die ihren dauerhaften Bestand über den Markt allein nicht sichern können, vermehrt ergriffen werden. Dagegen werden solche Tätigkeiten, gegen die von seiten der Beschäftigten besondere „intrinsische“

Einwände bestehen, die aber bisher aus Einkommensmotiven und gegen „innere Überzeugungen" ausgeübt wurden, seltener oder nur noch zu höheren Löhnen ergriffen. Dies betrifft Arbeiten, die besonders monoton oder abstoßend sind ebenso wie solche, gegen die und gegen deren Ergebnisse umweltpolitische, gesundheitspolitische oder moralische Bedenken bestehen. Das Grundeinkommen wird also von seinen Beziehern/innen, je nach eigener Präferenz, entweder wie eine „Lohnsubvention" oder als Grundlage der Verweigerung bestimmter Tätigkeiten verwendet (vergleiche van Parijs 1989).

Die Wahl zwischen alternativen Beschäftigungen erfolgt im grundgesicherten Vollbeschäftigungsszenario nicht nur nach Einkommenskriterien, sondern sie kann zusätzlich daran orientiert werden, welchen Wert die/der Einzelne der Arbeit selbst beimißt. Dies bedeutet nicht nur ein höheres Ausmaß, sondern auch eine neue Dimension an Autonomie der Arbeitswahl.

Drittens verhindert die materielle „Abdichtung" der Gesellschaft nach unten das Einsetzen von „Verzichtsspiralen" mit all ihren ökonomisch abträglichen Folgen. Das hat zwei Gründe:

(1) Während im Deregulierungsszenario Einkommensverzichte unter existenziellem Konkurrenzdruck zustandekommen, sind sie im grundgesicherten Vollbeschäftigungsszenario das Ergebnis von individuellen Präferenzen zwischen Einkommen und Wert der Arbeit. Die erstere Sorte von Einkommensverzichten ruft im Konkurrenzzusammenhang immer weitere, weitergehende hervor, setzt also einen eigendynamischen Prozeß in Gang. Letztere dagegen fallen geringer aus, da sie durch Sozialtransfers zum Teil kompensiert werden, sie lassen sich von den Beschäftigten nach Maßgabe ihrer Präferenzen individuell begrenzen, und sie provozieren daher auch keine eigendynamische Abwärtsspirale.

(2) Jene Arbeiten, die aufgrund ihres als gering eingeschätzten Wertes nur noch bei höherer Entlohnung ergriffen werden, werden erhöhtem Rationalisierungsdruck ausgesetzt – der eben in diesen Bereichen höchst erwünscht ist. Insgesamt kommt es zu keiner globalen Absenkung des Einkommensniveaus und somit auch zu keinem Schrumpfen des makroökonomischen Aktivitätsniveaus.

Damit sind die Bedingungen für einen neuen Typus von Vollbeschäftigung gegeben: Zum einen eröffnet die soziale Absicherung der Vielfalt an Arbeitsformen ein hohes Maß an Autonomie der Arbeitswahl, legt verschüttete Potentiale der Arbeitsumverteilung frei (ohne daß die gegenwärtig geläufigen Formen der Arbeitsumverteilung von heute auf morgen aufgegeben werden müßten) und macht eine Anzahl an zusätzlichen Arbeiten für die daran Interessierten ökonomisch tragbar. Und zum anderen bürgt die Verhinderung von Verzichtsspiralen dafür, daß mit dem ökonomischen Aktivitätsniveau auch die Nachfrage nach Arbeitskraft stabil bleibt. Mehr noch: Die in der Folge eines Grundeinkommens erwartbare Umverteilung zugunsten von Bevölkerungsgruppen mit relativ hoher Komsumneigung (vergleiche Wegner 1987) trägt zur Ausdehnung der Nachfrage nach Arbeitskraft bei. Das ist dann aber nicht mehr so wichtig.

Abbildungen

Abbildung 1

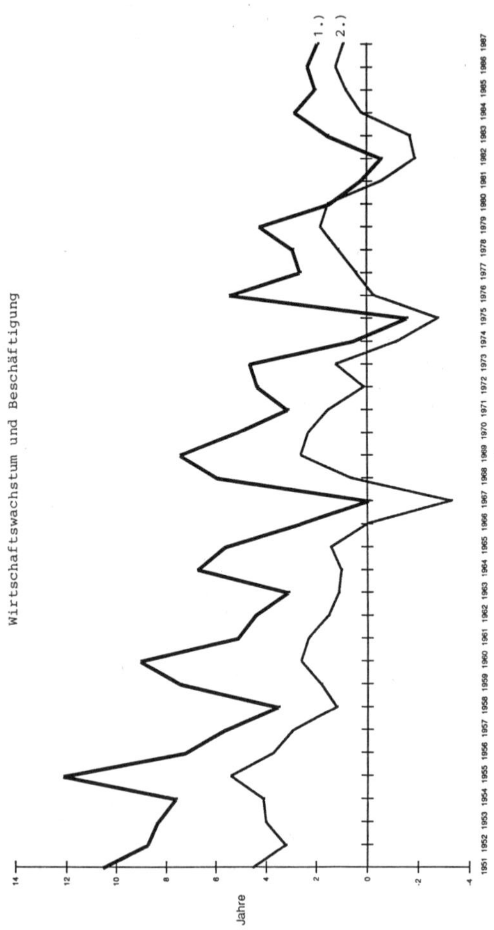

1.) Wachstumsrate des Bruttoinlandsprodukts in Preise von 198o.

2.) Veränderung der Anzahl der beschäftigten Arbeitnehmer (Inländerkonzept) gegenüber Vorjahr

Quelle: Jahresgutachten des Sachverständigenrates, diverse Jahrgänge

Arbeitslosenrate

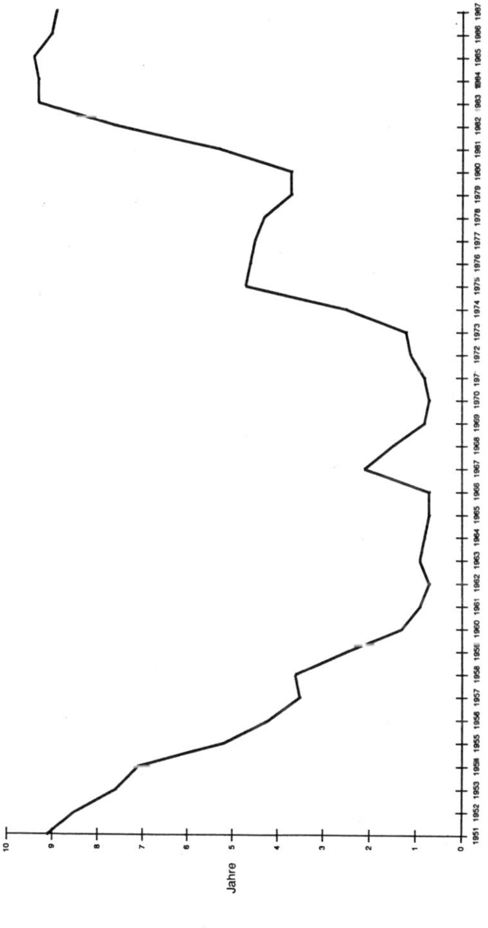

Quelle: Jahresgutachten des Sachverständigenrates, diverse Jahrgänge

Abbildung 2

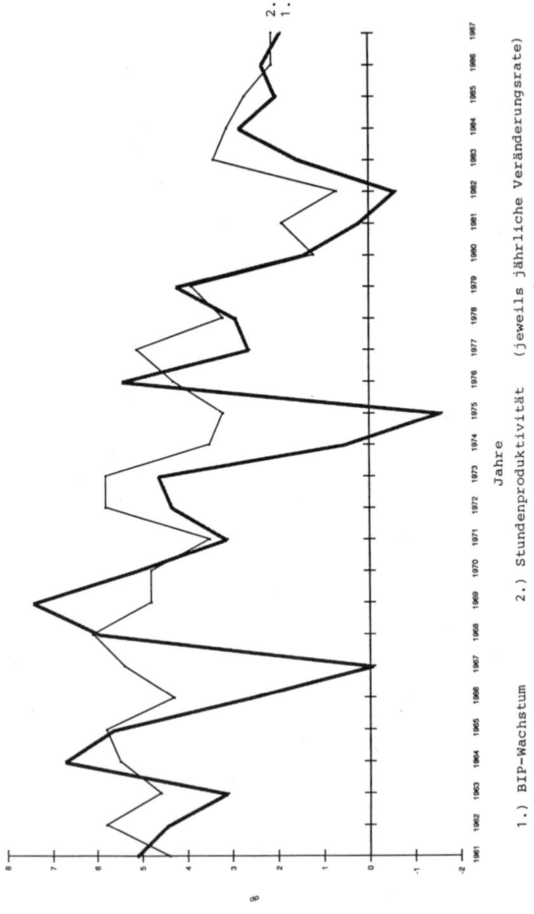
%
Jahre
1.) BIP-Wachstum
2.) Stundenproduktivität
(jeweils jährliche Veränderungsrate)
1961 1962 1963 1964 1965 1966 1967 1968 1969 1970 1971 1972 1973 1974 1975 1976 1977 1978 1979 1980 1981 1982 1983 1984 1985 1986 1987
8 7 6 5 4 3 2 1 0 -1 -2
2.)
1.)

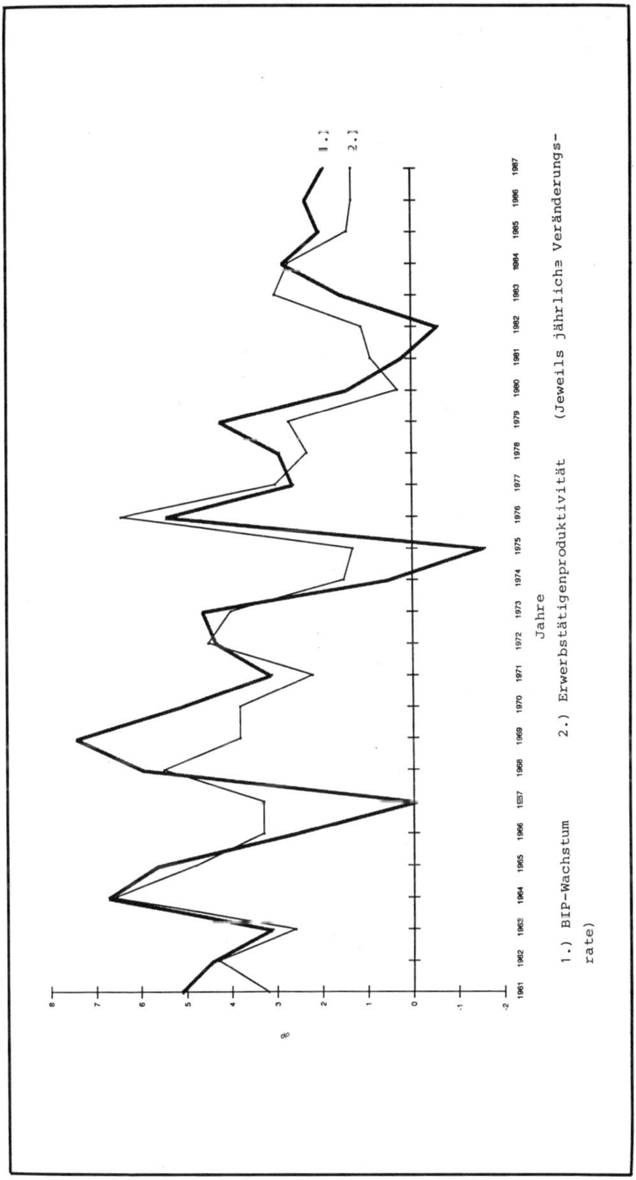
%
8
7
6
5
4
3
2
1
0
-1
-2
1961
1962
1963
1964
1965
1966
1967
1968
1969
1970
1971
1972
1973
1974
1975
1976
1977
1978
1979
1980
1981
1982
1983
1984
1985
1986
1987
Jahre
1.)
2.)
1.) BIP-Wachstum
2.) Erwerbstätigenproduktivität
(Jeweils jährliche Veränderungsrate)

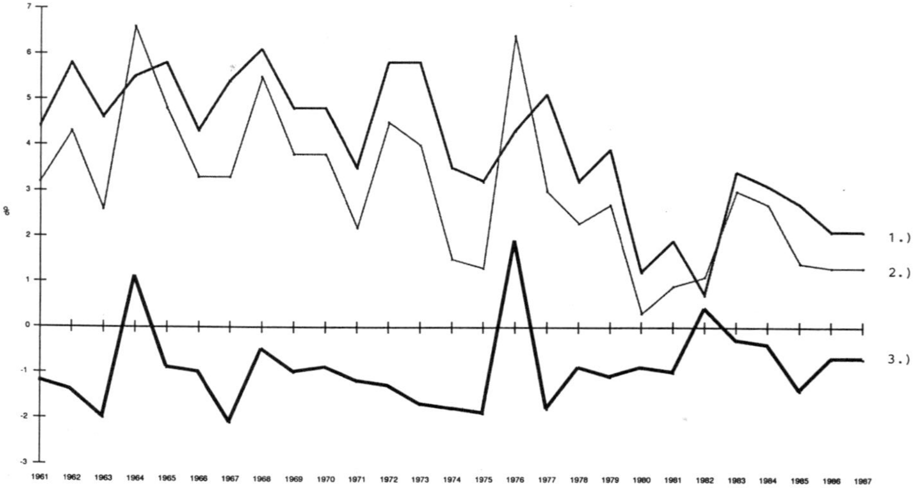

Jahre

1.) Stundenproduktivität 2.) Erwerbstätigenproduktivität 3. Arbeitszeit
(jeweils jährliche Veränderungsrate)

Quellen: Jahresgutachten des Sachverständigenrates 1988. H. Kohler, L. Reyher, Arbeitszeit und Arbeitsvolumen in der Bundesrepublik Deutschland 196o - 1986. Nürnberg 1988.

Abbildung 3

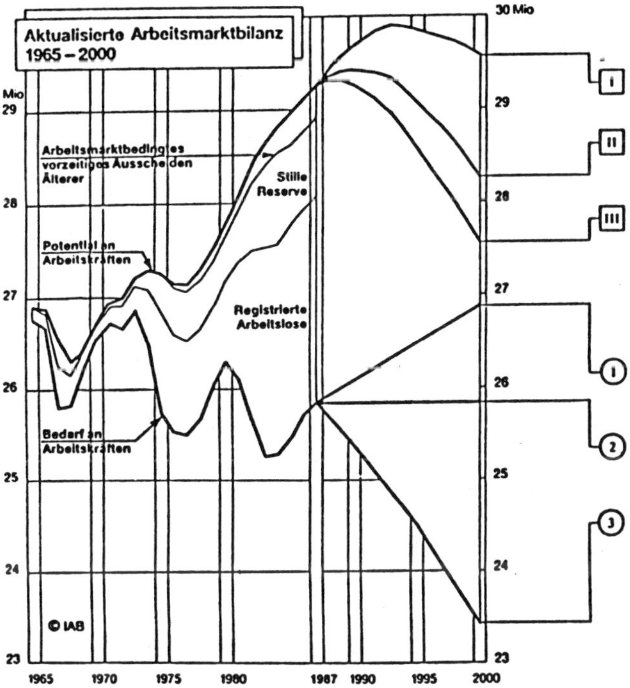

Quelle: MatAB aktuell, Nr. 1/1988
Legende siehe Seite 230

Angebot an Arbeitskräften

In den 90er Jahren geht bei allen Entwicklungslinien das Angebot an Arbeitskräften zurück – je nach Annahme früher oder später, stärker oder schwächer.

I Obere Entwicklungslinie

Annahme: Sehr viel mehr Frauen wollen bis zum Jahr 2000 berufstätig werden. Es wandern mehr Ausländer zu als ab.

II Mittlere Entwicklungslinie

Annahme: Die Erwerbsquoten[1] der Deutschen entwickeln sich weiter so wie bisher. Zu- und Abwanderungen der Ausländer halten sich die Waage.

III Untere Entwicklungslinie

Annahme: Die Erwerbsquoten[1] ändern sich nicht. Es wirkt sich lediglich die natürliche Bevölkerungsentwicklung aus.

Bedarf an Arbeitskräften

Auf längere Sicht entscheiden Wachstumsdynamik und Tempo des Strukturwandels, ob auf Dauer zusätzliche Arbeitsplätze entstehen.

1 Oberer Wachstumspfad

Voraussetzung: Bis zum Jahr 2000 ändert sich die Struktur der Wirtschaft stark; die Arbeitszeit wird kürzer und flexibler. Das Sozialprodukt[2] wächst pro Jahr um 3%, die Produktivität[3] um 2,8%.

2 Mittlerer Wachstumspfad

Voraussetzung: Das Tempo des Strukturwandels ist nicht höher als bisher; die Arbeitszeit geht wie bisher zurück. Sozialprodukt und Produktivität steigen um 2,5%.

3 Unterer Wachstumspfad

Voraussetzung: Die Kräfte des Wandels lassen nach; die Arbeitszeit wird verkürzt, neue Arbeitszeitformen dringen aber nur langsam vor. Das Sozialprodukt steigt nur um 1,2%, die Produktivität um 1,9%.

[1] Erwerbsquoten = Anteil von Erwerbspersonen an den entsprechenden Bevölkerungsgruppen

[2] preisbereinigte Summe aller im Inland erstellten Güter und Dienstleistungen (reales Bruttoinlandsprodukt = BIP)

[3] BIP je Erwerbstätigen

Literatur

ACHINGER, H. (1971), Sozialpolitik als Gesellschaftspolitik, Köln, Berlin.

ACHTEN, U. (1979), Illustrierte Geschichte des 1. Mai, Oberhausen.

ADLER-KARLSSON, G. (1979), Gedanken zur Vollbeschäftigung. In: MittAB 4.

ADORNO, Th.W. (1979), Reflexionen zur Klassentheorie. In: Th.W. ADORNO, Soziologische Schriften I, Frankfurt a.M.

ALBER, J. (1982), Vom Armenhaus zum Wohlfahrtsstaat, Frankfurt a.M.

ARENDT, H. (1981), Vita activa oder vom tätigen Leben, München.

ATLANTICUS (1898), Ein Blick in den Zukunftsstaat. Produktion und Konsum im Sozialstaat, Stuttgart.

AXELROD, R. (1987), Die Evolution der Kooperation, München.

BÄCKER, G. (1985), Mindestsicherung und Maschinensteuer: Wege zur Lösung der sozialen und finanziellen Defizite der lohnbezogenen Sozialversicherung? In: Soziale Sicherheit, Heft 2.

BÄCKER, G., H. SEIFERT (1982), Arbeitszeitpolitische Kontroverse: Individuelle Flexibilität oder tarifvertragliches Regelsystem. In: C. OFFE u.a. (Hrsg.), Arbeitszeitpolitik. Formen und Folgen einer Neuverteilung der Arbeitszeit, Frankfurt a.M.

BARON, R. (1979), Weder Zuckerbrot noch Peitsche. In: Gesellschaft, Beiträge zur Marxschen Theorie 12, Frankfurt a.M.

BECK, U. (1986), Die Risikogesellschaft, Frankfurt a.M.

Beirat für Wirtschafts- und Sozialfragen (1984), Arbeitszeitentwicklung und Arbeitszeitpolitik, Wien.

BELLAMY, E. (1887), Rückblick aus dem Jahr 2000 auf 1887.

BERGER, J. (unter Mitarbeit von L. VOIGT) (1982), Zur Zukunft der Dualwirtschaft. In: F. BENSELER, R.G. HEINZE, A. KLÖNNE (Hrsg.), Zukunft der Arbeit, Hamburg.

BERGER, J. (1988), Modernitätsbegriffe und Modernitätskritik in der Soziologie. In: Soziale Welt, Heft 2.

BERGER, J., C. OFFE (1982), Die Zukunft des Arbeitsmarktes. Zur Ergänzungsbedürftigkeit eines versagenden Allokationsprinzips. In: G. SCHMIDT u.a. (Hrsg.), Materialien zur Industriesoziologie, Sonderheft 24 der KZfSS, Opladen.

BIEBACK, K.-J. (1984), Leistungsabbau und Strukturwandel im Sozialrecht. In: Kritische Justiz 3.

BIELENSKI, H., B. STRÜMPEL (1988), Eingeschränkte Erwerbsarbeit bei Frauen und Männern, Berlin.

BIFFL, G. (1988), Arbeitsmarkt 2000. Vorausschau der Entwicklung am Arbeitsmarkt bis zum Jahr 2000. Forschungsbericht aus Sozial- und Arbeitsmarktpolitik (Bundesministerium für Arbeit und Soziales), Wien.

BLÜM, N. (1983), Die Arbeit geht weiter, München, Zürich.

BLOCH, E. (1979), Das Prinzip Hoffnung, Band II, Frankfurt a.M.

BMfAuS – Bundesministerium für Arbeit und Soziales (Hrsg.) (1981), Forschungsbericht (EMNID). Lage, Dauer, Tatsachen, Entwicklungen, Erwartungen und Verteilung der Arbeitszeit, Bonn.

BOEHRINGER, R. (1905), Macaulays Rede über den Zehnstundentag. Übertragen mit einer Vorbemerkung von R. BOEHRINGER. In: Schweizerische Blätter für Wirtschaft und Sozialpolitik.

BOGS, W. (1969), Von der Freiheit durch das Gesetz. In: A. BLIND u.a. (Hrsg.), Sozialpolitik und persönliche Existenz, Berlin.

BRENTANO, L. (1877), Das Arbeitsverhältnis gemäß dem heutigen Recht, Leipzig.

BROCKHAUS, C. (1979), Lohnarbeit als Existenzgrund von Gewerkschaften, Frankfurt a.M.

BÜCHELE, H., L. WOHLGENANNT (1985), Grundeinkommen ohne Arbeit, Wien.

CORNETZ, W. (1986), Theorie und Empirie des Arbeitskraftangebots. In: WSI-Mitteilungen, Heft 3.

DAHRENDORF, R. (1983), Wenn der Arbeitsgesellschaft die Arbeit ausgeht. In: J. MATTHES (Hrsg.), Krise der Arbeitsgesellschaft? Verhandlungen des 21. Deutschen Soziologentages in Bamberg 1982, Frankfurt a.M.

DAHRENDORF, R. (1986), Für jeden Bürger ein garantiertes Einkommen. In: Die Zeit, Nr. 4, 17.1.1986.

DEUTSCHMANN, Ch. (1982), Zeitflexibilität und Arbeitsmarkt. Zur Entstehungsgeschichte und Funktion des Normalarbeitstages. In: C. OFFE, K. HINRICHS, H. WIESENTHAL (Hrsg.), Arbeitszeitpolitik. Formen und Folgen einer Neuverteilung der Arbeitszeit, Frankfurt a.M.

DETTLING, W. (1982), Die „Neue Soziale Frage". In: J.J. BECHER (Hrsg.), Die Neue Soziale Frage, Opladen.

Die Grünen (1984), Gesetzesentwurf des Abgeordneten Hoss und der Fraktion DIE GRÜNEN. Entwurf eines Arbeitszeitgesetzes. Drucksache 10/2188, 25.10.1984.

DUX, G. (1982), Die Logik der Weltbilder, Frankfurt a.M.

ECKART, Ch. (1983), Die Teilzeitarbeit von Frauen. In: E. TALOS, G. VOBRUBA (Hrsg.), Perspektiven der Arbeitszeitpolitik, Wien.

EMMERICH, W. (Hrsg.) (1974), Proletarische Lebensläufe, Band 1, Reinbek bei Hamburg.

ENGELS, W. (1979), Eine konstruktive Kritik des Wohlfahrtstaates, Tübingen.

ENGELS, W. (1984), Arbeitslosigkeit. Woher sie kommt und wie man sie beheben kann (hrsg. vom Kronberger Kreis), Bad Homburg.

ENGELS, W. (1985), Über Freiheit, Gleichheit und Brüderlichkeit. Kritik des Wohlfahrtsstaates, Theorie der Sozialordnung und Utopie der sozialen Marktwirtschaft, Bad Homburg.

ENGELS, W. (1986), Stoppsignal. In: Wirtschaftswoche, Nr. 18, 25.4.1986.

ENGFER, U. u.a. (1983), Arbeitszeitsituation und Arbeitszeitverkürzung in der Sicht der Beschäftigten. Ergebnisse einer Arbeitnehmerbefragung. In: MittAB 2.

ESSER, J. (1982), Gewerkschaften in der Krise, Frankfurt a.M.

FACH, W. (1981), Die konservative Abrechnung mit der Staatsbürokratie. In: PVS, Heft 1.

FETSCHER, I. (1983), Arbeit und Spiel, Stuttgart.

FISCHER, Th. (1979), Städtische Armut und Armenfürsorge im 15. und 16. Jahrhundert, Göttingen.

FOUCAULT, M. (1977), Wahnsinn und Gesellschaft, Frankfurt a.M.

FRASER, D. (1982), Das Armengesetz und die Ursprünge des britischen Wohlfahrtsstaates. In: W. MOMMSEN, W. MOCK (Hrsg.), Die Entstehung des Wohlfahrtsstaates in Großbritannien und Deutschland 1850–1950, Stuttgart.

FRIEDMANN, M. (1984), Kapitalismus und Freiheit, Frankfurt, Berlin.

GANSSMANN, H. (1989), Pull-down effects and interests in the welfare state. Paper presented at the I.S.A. – International Seminar on the Sociology of Social Security. University of Edinburgh, July 4–6, 1989.

GEISSLER, H. (1976), Die Neue Soziale Frage, Freiburg.

GEREMEK, B. (1988), Geschichte der Armut, München, Zürich.

GERHARDT, K.-U., A. WEBER (1984), Garantiertes Mindesteinkommen. Für einen libertären Umgang mit der Krise. In: Th. SCHMID (Hrsg.), Befreiung von falscher Arbeit, Berlin.

GLOTZ, P. (1986): Freiwillige Arbeitslosigkeit? Zur neueren Diskussion um das „garantierte Grundeinkommen". In: M. OPIELKA, G. VOBRUBA (Hrsg.), Das garantierte Grundeinkommen. Entwicklung und Perspektiven einer Forderung, Frankfurt a.M.

GORZ, A. (1983), Wege ins Paradies, Berlin.

GORZ, A. (1986), Garantierte Grundversorgung aus rechter und linker Sicht. In: M. OPIELKA, G. VOBRUBA (Hrsg.), Das garantierte Grundeinkommen. Entwicklung und Perspektiven einer Forderung, Frankfurt.

GRETSCHMANN, K. u.a. (1989), Neue Technologien und soziale Sicherung, Opladen.

GRETSCHMANN, K., R.G. HEINZE (1985), Neue Technologien und soziale Sicherung. Werkstattbericht 2, Ministerium für Arbeit, Gesundheit und Soziales des Landes Nordrhein-Westfalen.

GREVEN, M.Th. (1980), Soziale Probleme und politische Antworten – Sozialpolitische Konflikte und Konzeptionen der siebziger Jahre. In:

M.Th. Greven, R. Prätorius, Th. Schiller, Sozialstaat und Sozialpolitik, Neuwied, Darmstadt.

Gross, P. (1982), Der Wohlfahrtsstaat und die Bedeutung der Selbsthilfebewegung. In: Soziale Welt 2.

Gubitzer, L. (1985), Plädoyer für ein Basiseinkommen. In: Mehr sein, mehr wagen. Einstieg in eine grün-alternative Wirtschaftsdiskussion, Graz.

Guger, A., E. Walterskirchen (1987), Budget- und Geldpolitik im Übergang von armen zu reichen Industriegesellschaften: Vorschläge nach Keynes und Kalecki. In: E. Matzner u.a. (Hrsg.), Arbeit für alle ist möglich, Berlin.

Gurjewitsch, A.J. (1980), Das Weltbild des mittelalterlichen Menschen, München.

Habermas, J. (1973), Erkenntnis und Interesse, Frankfurt a.M.

Habermas, J. (1985), Die Krise des Wohlfahrtsstaates und die Erschöpfung utopischer Energien. In: J. Habermas, Die Neue Unübersichtlichkeit, Frankfurt a.M.

Hahn, F.H. (1982), Reflections of the Invisible Hand. In: Lloyds Bank Review, No. 144.

Hahn, F.H., R.M. Solow (1986), Is Wage Flexibility a Good Thing? In: W. Beckerman (Hrsg.), Wage Rigidity and Unemployment, London.

Hartmann, H. (1985), Armut trotz Sozialhilfe. Zur Nichtinanspruchnahme von Sozialhilfe in der Bundesrepublik. In: St. Leibfried, F. Tennstedt (Hrsg.), Politik der Armut und die Spaltung des Sozialstaats, Frankfurt a.M.

Heimann, E. (1929, 1980), Soziale Theorie des Kapitalismus. Theorie der Sozialpolitik, Frankfurt a.M.

Henninges, H. von (1979), Gewünschte Arbeitszeit vollzeitbeschäftigter Arbeitnehmer. In: MittAB 12.

Herder-Dorneich, Ph. (1982), Der Sozialstaat in der Rationalitätenfalle, Stuttgart.

Hermann, Ch. (1987), Die Rentenversicherung als politisches Potential – Rentenpolitik in der Bundesrepublik Deutschland und unter den

Bedingungen steigender Altenquotienten. In: Deutsche Rentenversicherung, Heft 6.
HERTZKA, Th. (1890), Freiland. Ein sociales Zukunftsbild, Leipzig.
HINRICHS, K. (1988), Die Arbeitszeitpräferenzen der Arbeitnehmer – Zu einigen methodischen Problemen von Umfragen und den Grenzen der Interpretation ihrer Ergebnisse. In: Arbeitszeit zwischen Wunsch und Wirklichkeit. Schriftenreihe der Angestelltenkammer Bremen, Bremen.
HINRICHS, K. (1988a), Motive und Interessen im Arbeitszeitkonflikt. Eine Analyse der Entwicklung von Normalarbeitsstandards, Frankfurt a.M.
HOHN, H.W. (1984), Die Zerstörung der Zeit, Frankfurt a.M.
HUNECKE, V. (1983), Überlegungen zur Geschichte der Armut im vorindustriellen Europa. In: Geschichte und Gesellschaft, Heft 4.

IGM – Industriegewerkschaft Metall (1986), Arbeitszeitflexibilisierung und Arbeitnehmerinteressen – Positionspapier der IG Metall. In: Prokla 64, Berlin.
ILLICH, I. (1982), Vom Recht auf Gemeinheit, Reinbek bei Hamburg.

JÄNICKE, M. (1982), Arbeitsplätze durch umweltgerechtes Wirtschaften oder Die Krise der Ausbeutung von Natur, Mensch und Gesellschaft. In: J. BERGER u.a. (Red.), Kongreß Zukunft der Arbeit, Bielefeld.
JANSSEN, H., K. LANG (1985), Offensiv durch die Krise – der weite Weg der Gewerkschaften. In: Frankfurter Rundschau, 12.2.1985.

KAUFMANN, F.-X. (1982), Der Schutz der Vermögensrechte des Bürgers gegenüber dem Staat aus soziologischer Sicht. In: Verfassungsrechtlicher Eigentumsschutz sozialer Rechtspositionen. 2. Sozialrechtslehrertagung, Wiesbaden.
KEYNES, J.M. (1980), Collected Writings, Band 27, London.
KLAGES, H. (1981), Überlasteter Staat – verdrossene Bürger?, Frankfurt.
KLAUDER, W. (1985), Phasenbildung aus der Sicht des Arbeitsmarktes. In: H. RIESE (Hrsg.), Vermögensmarkt, Investitionen und Beschäftigung, Berlin.
KLAUDER, W., P. SCHNUR, M. THON (1985), Arbeitsmarktperspektiven der 80er und 90er Jahre. In: MittAB 1.

KLÖNNE, A. (1984), Alternativ oder neokonservativ? Mehrdeutigkeiten der Sozialstaatskritik. In: Gewerkschaftliche Monatshefte 8.

KOHL, H. (1983), Verantwortung für Stabilität und Wachstum der Wirtschaft. In: Bulletin Nr. 19, Bonn.

Kollektiv Charles Fourier (1985), Das allgemeine Grundeinkommen. In: M. OPIELKA (Hrsg.), Die ökosoziale Frage, Frankfurt a.M.

KREGEL, J.A. (1987), Die Theorie der Arbeitsnachfrage und des Arbeitsangebots – die keynesianische Sichtweise. In: E. MATZNER u.a. (Hrsg.), Arbeit für alle ist möglich, Berlin.

Kronberger Kreis (1983), Mehr Mut zum Markt, Bad Homburg v.d.H.

KROPOTKIN, P. (1918), Der Wohlstand für alle, Zürich.

KÜHL, J. (1988), 15 Jahre Massenarbeitslosigkeit. Aspekte einer Halbzeitbilanz. In: Aus Politik und Zeitgeschichte B 38.

LANDENBERGER, M. (1983), Arbeitszeitwünsche. Vergleichende Analyse vorliegender Befragungsergebnisse. Discussion paper IIM/LMP 83–17, Wissenschaftszentrum Berlin.

LEIBFRIED, St. (1981), Existenzminimum und Fürsorgerichtsätze in der Weimarer Republik. In: Ch. SACHSSE, F. TENNSTEDT (Hrsg.), Jahrbuch der Sozialarbeit 4, Reinbek bei Hamburg.

LEIBFRIED, St., F. TENNSTEDT (1985), Armenpolitik und Arbeiterpolitik. Zur Entwicklung und Krise der traditionellen Sozialpolitik der Verteilungsformen. In: St. LEIBFRIED, F. TENNSTEDT (Hrsg.), Politik der Armut und die Spaltung des Sozialstaats, Frankfurt a.M.

LEIBFRIED, St. u.a. (1985), Vom Ende einer bedarfsfundierten Armenpolitik? Anmerkungen zu einem Regime sozialer Grundsicherung und seinen Gefährdungen. In: St. LEIBFRIED, F. TENNSTEDT (Hrsg.), Politik der Armut und die Spaltung des Sozialstaats, Frankfurt a.M.

LENHARDT, G., C. OFFE (1977), Staatstheorie und Sozialpolitik. Politisch-soziologische Erklärungsansätze für Funktionen und Innovationsprozesse der Sozialpolitik. In: Ch. von FERBER, F.-X. KAUFMANN (Hrsg.), Soziologie und Sozialpolitik, Sonderheft 19 der KZfSS, Opladen.

LÜSCHER, R.M. (1989), Henry und die Krümelmonster. Versuch über den fordistischen Sozialcharakter, Tübingen.

LUHMANN, N. (1975), Formen des Helfens im Wandel gesellschaftlicher Bedingungen. In: N. LUHMANN, Soziologische Aufklärung 2, Opladen.
LUHMANN, N. (1983), Anspruchsinflation im Krankheitssystem. Eine Stellungnahme aus gesellschaftstheoretischer Sicht. In: Ph. HERDER-DORNEICH, A. SCHULLER (Hrsg.), Die Anspruchsspirale, Stuttgart.
LUHMANN, N. (1986), Kapital und Arbeit. Probleme einer Unterscheidung. In: J. BERGER (Hrsg.), Die Moderne – Kontinuitäten und Zäsuren. Soziale Welt, Sonderband 4, Göttingen.

MANDEVILLE, B. (1705, 1980), Die Bienenfabel, Frankfurt a.M.
MARX, K. (1968), Schriften, Manuskripte, Briefe bis 1844, Berlin.
MARX, K. (1974), Grundrisse der Kritik der Politischen Ökonomie, Berlin.
MERTENS, D. (1982), Das Steuerungspotential „alter" und „neuer" Arbeitszeitpolitik. In: C. OFFE u.a. (Hrsg.), Arbeitszeitpolitik. Formen und Folgen einer Neuverteilung der Arbeitszeit, Frankfurt a.M.
MIESES, L. von (1931), Die Ursachen der Wirtschaftskrise, Tübingen.
MITSCHKE, J. (1985), Steuer- und Transferordnung aus einem Guß, Baden-Baden.
MÜCKENBERGER, U. (1982), Entwicklung und Funktion des Arbeitszeitrechts. In: C. OFFE u.a. (Hrsg.), Arbeitszeitpolitik. Formen und Folgen einer Neuverteilung der Arbeitszeit, Frankfurt a.M.

Netherlands Scientific Council for Government Policy (1985), Safeguarding social security, The Hague.
NEUENDORFF, H. (1982), Arbeitsmarktstrukturen und Tendenzen der Arbeitsmarktentwicklung. In: W. LITTEK, W. RAMMERT, G. WACHTLER (Hrsg.), Arbeits- und Industriesoziologie, Frankfurt a.M.
NEUSÜSS, Ch. (1980), Der „freie" Bürger gegen den Sozialstaat. In: Prokla 39, Berlin.
NIKISCH, A. (1966), Arbeitsrecht, Tübingen.
NISSEN, S. (1988), Jenseits des Arbeitsverhältnisses. Sozialpolitische Positionen der Tarifparteien zwischen Mitglieder- und Verbandsinteresse. In: Zeitschrift für Sozialreform, Heft 11/12.

NISSEN, S. (1989), Zwischen lohnarbeitszentrierter Sozialpolitik und sozialer Grundsicherung: Sozialpolitische Reformvorschläge in der parteipolitischen Diskussion. In: G. VOBRUBA (Hrsg.), Strukturwandel der Sozialpolitik. Lohnarbeitszentrierte Sozialpolitik und soziale Grundsicherung, Frankfurt a.M.

NOLL, A., D. Dimmel (1988), Autopoiesis und Selbstreferentialität als „postmoderne Rechtstheorie“ – Die neue reine Rechtslehre. In: Demokratie und Recht, Heft 4.

NOLL, H. (1978), Die individuelle Betroffenheit und subjektive Wahrnehmung von Beschäftigungsproblemen. Ergebnisse einer Repräsentativbefragung. In: MittAB 4.

OFFE, C. (1969), Politische Herrschaft und Klassenstrukturen. In: G. KRESS, D. SENGHAAS (Hrsg.), Politikwissenschaft, Frankfurt a.M.

OFFE, C., K. HINRICHS (1984), Sozialökonomie des Arbeitsmarktes: primäres und sekundäres Machtgefälle. In: C. OFFE, „Arbeitsgesellschaft“. Strukturprobleme und Entwicklungsperspektiven, Frankfurt a.M.

OLK, Th., R.G. HEINZE (1985), Selbsthilfe im Sozialsektor. In: Th. OLK, H.U. OTTO (Hrsg.), Gesellschaftliche Perspektiven der Sozialarbeit 4. Lokale Sozialpolitik und Selbsthilfe, Neuwied, Darmstadt.

OPIELKA, M. (1985), Umverteilung von Arbeit und Einkommen. In: Kommune, Nr. 5.

OPIELKA, M. (1985a), Sozialreform ohne Wirtschaftswachstum. Das garantierte Grundeinkommen und die Umverteilung der Arbeit. In: St. LEIBFRIED, R. MÜLLER (Red.), Sozialpolitische Bilanz, Bremen.

OPIELKA, M., H. STALB (1986), Das garantierte Grundeinkommen ist unabdingbar, aber es genügt nicht. In: M. OPIELKA, G. VOBRUBA (Hrsg.), Das garantierte Grundeinkommen. Entwicklung und Perspektiven einer Forderung, Frankfurt a.M.

OPIELKA, M., G. VOBRUBA (Hrsg.) (1986), Das garantierte Grundeinkommen. Entwicklung und Perspektiven einer Forderung, Frankfurt a.M.

PARIJS, Ph. van (1989), Recht auf Einkommen, Recht auf Arbeit und der wirtschaftliche Wert der Sozialpolitik. In: G. VOBRUBA (Hrsg.), Der wirtschaftliche Wert der Sozialpolitik, Berlin.

PARKIN, F. (1983), Strategien sozialer Schließung und Klassenbildung. In: R. KRECKEL (Hrsg.), Soziale Ungleichheiten. Soziale Welt, Sonderband 2, Göttingen.

PFAFF, M. (1986), Garantiertes Einkommen oder garantierte Arbeit? In: M. OPIELKA, G. VOBRUBA (Hrsg.), Das garantierte Grundeinkommen. Entwicklung und Perspektiven einer Forderung, Frankfurt a.M.

POLANYI, K. (1977), The Great Transformation, Wien.

POLANYI, K. (1978), Kritik des ökonomistischen Menschenbildes. In: Technologie und Politik 12, Reinbek bei Hamburg.

POPPER-LYNKEUS, J. (1912), Die allgemeine Nährpflicht als Lösung der sozialen Frage, Dresden.

PRELLER, L. (1949, 1978), Sozialpolitik in der Weimarer Republik, Düsseldorf.

PRZEWORSKI, A., J. SPRAGUE (1986), Paper Stones. A History of Electoral Socialism, Chicago.

PULS, D. (1979), „Ein im ganzen gutartiger Streik". Bemerkungen zu Alltagserfahrungen und Protestverhalten der oberschlesischen Bergarbeiter am Ende des 19. Jahrhunderts. In: D. PULS (Hrsg.), Wahrnehmungsformen und Protestverhalten. Studien zur Lage der Unterschichten im 18. und 19. Jahrhundert, Frankfurt a.M.

REICH, N. (1984), Staatliche Regulierung zwischen Marktversagen und Politikversagen, Heidelberg.

RHYS-WILLIAMS, J. (1942), Something to Look Forward to, London.

RIESE, H. (1986), Theorie der Inflation, Tübingen.

ROBINS, Ph.K. (1985), A Comparison of the Labour Supply. Findings from the Four Negative Income Experiments. In: Journal of Human Ressources, XX, 4.

ROTHKIRCH, Ch. von, I. WEIDIG (1985), Die Zukunft der Arbeitslandschaft. Zum Arbeitskräftebedarf nach Umfang und Tätigkeiten bis zum Jahr 2000. In: BeitrAB 94.1.

RUSSELL, B. (1971), Wege zur Freiheit. Sozialismus, Anarchismus, Syndikalismus, Frankfurt a.M.

SACHSSE, Ch., F. TENNSTEDT (1980), Geschichte der Armenfürsorge in Deutschland, Stuttgart.

SCHÄFER, C. (1987), Ein Arbeitszeitverkürzungs-Plan für den Zeitraum von 1990 bis 2010. In: WSI-Mitteilungen 8.

SCHMÄHL, W. (1983), Ist die Rentenversicherung in ihrer dynamischen Form noch finanzierbar? In: D. KOSLOWSKI u.a. (Hrsg.), Chancen und Grenzen des Sozialstaats, Tübingen.

SCHMID, T. (1984), Terra incognita. Erkundungen über die Deutschen und ein Pladoyer für die Rückkehr der Linken in ihr Land. In: L. BAIER u.a., Die Linke neu denken, Berlin.

SCHMIDT, R., R. TRINCZEK (1986), Erfahrungen und Perspektiven gewerkschaftlicher Arbeitszeitpolitik. In: Prokla 64, Berlin.

SPAHN, H.-P. (1983), Gemeinsinn als Ressource der Wirtschaftspolitik? In: G. VOBRUBA (Hrsg.), „Wir sitzen alle in einem Boot.“ Gemeinschaftrhetorik in der Krise, Frankfurt a.M.

SPAHN, H.-P. (1986), Stagnation in der Geldwirtschaft – Dogmengeschichte, Theorie und Politik aus keynesianischer Sicht, Frankfurt a.M.

SPAHN, H.-P. (1987), Sind „effiziente“ Löhne zu hoch für die Vollbeschäftigung? In: Jahrbücher für Nationalökonomie und Statistik, Band 203/3, Stuttgart.

SPAHN, H.-P. (1988), Bundesbank und Wirtschaftskrise, Regensburg.

STAMM, V. (1982), Ursprünge der Wirtschaftsgesellschaft, Frankfurt.

STEARNS, P.N. (1980), Arbeiterleben, Frankfurt a.M.

STEIN, L. von (1850), Der Begriff der Gesellschaft und die sociale Geschichte der französischen Revolution bis zum Jahr 1830, Leipzig.

STEINKÜHLER, F. (1988), Die andere Zukunft gestalten. Referat am Internationalen Zukunftskongreß der IG Metall, 29. Oktober 1988, Frankfurt.

STRASSER, J. (1979), Grenzen des Sozialstaats? Köln, Frankfurt a.M.

Tagesspiegel (26.10.1985), Bonn warnt vor den Folgen eines Frauen-Sturms auf Arbeitsämter, Berlin.

TALOS, E. (1983), Arbeitszeitpolitik – Der Kampf um die Arbeitszeit. In: E. TALOS, G. VOBRUBA (Hrsg.), Perspektiven der Arbeitszeitpolitik, Wien.

TENNSTEDT, F. (1976), Zur Ökonomisierung und Verrechtlichung in der Sozialpolitik. In: A. MURSWIECK (Hrsg.), Staatliche Politik im Sozialsektor, München.

TENNSTEDT, F. (1983), Vom Proleten zum Industriearbeiter, Köln.

TERIET, B. (1977), Die Wiedergewinnung der Zeitsouveränität. In: Technologie und Politik 8, Reinbek bei Hamburg.

TEUBNER, G. (1985), Verrechtlichung – Begriffe, Merkmale, Grenzen, Auswege. In: F. KÜBLER (Hrsg.), Verrechtlichung von Wirtschaft, Arbeit und sozialer Solidarität, Frankfurt a.M.

TEUBNER, G., H. WILLKE (1984), Kontext und Autonomie: Gesellschaftliche Selbststeuerung durch reflexives Recht. In: Zeitschrift für Rechtssoziologie, Heft 1.

TÖNNIES, B. (1963), Gemeinschaft und Gesellschaft, Darmstadt.

TRAXLER, F., G. VOBRUBA (1987), Selbststeuerung als funktionales Äquivalent zum Recht? Zur Steuerungskapazität von neokorporatistischen Arrangements und reflexivem Recht. In: Zeitschrift für Soziologie, Heft 1.

TREIBER, H., H. STEINERT (1980), Die Fabrikation des zuverlässigen Menschen, München.

UHEN, L. (1964), Gruppenbewußtsein und informelle Gruppenbildung bei deutschen Arbeitern im Jahrhundert der Industrialisierung, Berlin.

VIETHEN, E. (1985), Wiener Arbeiterinnen. Leben zwischen Familie, Lohnarbeit und politischem Engagement. Phil. Diss. Wien.

VOBRUBA, G. (1983), Politik mit dem Wohlfahrtsstaat, Frankfurt a.M.

VOBRUBA, G. (1983a), Entrechtlichungstendenzen im Wohlfahrtsstaat. In: R. VOIGT (Hrsg.), Abschied vom Recht? Frankfurt a.M.

VOBRUBA, G. (1986), Die Entflechtung von Arbeiten und Essen. Lohnarbeitszentrierte Sozialpolitik und garantiertes Grundeinkommen. In: M. OPIELKA, G. VOBRUBA (Hrsg.), Das garantierte Grundeinkommen. Entwicklung und Perspektiven einer Forderung, Frankfurt a.M.

VOBRUBA, G. (1987), Entwicklung und Stand der deutschen Diskussion um ein garantiertes Grundeinkommen. In: M. OPIELKA, I. OSTNER (Hrsg.), Umbau des Sozialstaats, Essen.

VOBRUBA, G. (1988), Gesellschaftsspaltungen und solidarisierende Sozialpolitik. In: E. NATTER, A. RIEDLSPERGER (Hrsg.), Zweidrittelgesellschaft, Wien.

VOBRUBA, G. (1988a), Ökonomischer Nutzen sozialstaatlicher Sicherung. Zur Logik der Diskurse über den wirtschaftlichen Wert der Sozialpolitik. Discussion paper FS I 88–11, Wissenschaftszentrum Berlin für Sozialforschung.

VOBRUBA (1989), Lohnarbeitszentrierte Sozialpolitik in der Krise der Lohnarbeit. In: G. VOBRUBA (Hrsg.), Strukturwandel der Sozialpolitik. Lohnarbeitszentrierte Sozialpolitik und soziale Grundsicherung, Frankfurt a.M.

VOBRUBA, G. (1989a), Die Entwicklung des Verhältnisses von Ökonomie und Sozialpolitik. Normen, Interessen und Theorien als Entwicklungsfaktoren. In: G. VOBRUBA (Hrsg.), Der wirtschaftliche Wert der Sozialpolitik, Berlin.

VOGT, W. (1983), Eine Theorie des kapitalistischen Gleichgewichts. In: P. de GEIJSEL u.a. (Hrsg.), Ökonomie und Gesellschaft, Jahrbuch 1: Die Neoklassik und ihre Herausforderungen, Frankfurt a.M.

WAGNER, W. (1982), Die nützliche Armut, Berlin.

WALTER, T. (1988), Basic Income, London.

WEBB, S. und B. (1912), Das Problem der Armut, Jena.

WEBER, M. (1972), Wirtschaft und Gesellschaft, Tübingen.

WEBER, M. (1975), Die protestantische Ethik I. Hrsg. von J. WINCKELMANN, Hamburg.

WEGNER, E. (1987), Ein allgemein zugängliches, im Steuersystem berücksichtigtes Grundeinkommen: Finanzierungserfordernisse und Verteilungswirkungen. In: B. RAHMANN, O. ROLOFF (Hrsg.), Beschäftigungspolitik zwischen Abgabenwiderstand und Ausgabenwachstum, Regensburg.

WEGNER, E. (1988), Soziale Sicherung. In: G. MICHELSEN (Hrsg.), Die Zukunft der Bundesrepublik. Szenarien und Prognosen, Hamburg.

WEISBROD, B. (1982), Die Krise der Arbeitslosenversicherung und der Bruch der Großen Koalition (1928–1930). In: W. MOMMSEN, W. MOCK (Hrsg.), Die Entstehung des Wohlfahrtsstaates in Großbritannien und Deutschland 1850–1950, Stuttgart.

WEISSER, W. (1984), Der Kampf um die Arbeitszeit in der Metallindustrie 1984, Köln.

WEITZEL, R., A. HOFF (1982), Öffentliche Förderung von Teilzeitarbeit? In: F.W. SCHARPF u.a. (Hrsg.), Aktive Arbeitsmarktpolitik, Frankfurt.

WELSCH, U. (1985), Auf dem Weg in eine technologische Arbeitslosigkeit? Technischer Fortschritt und Beschäftigung als Problem der achtziger Jahre. In: Wirtschaft und Gesellschaft, Heft 2.

WELZMÜLLER, R. (1985), Bedarfsbezogene Grundsicherung – Element einer Anti-Krisenpolitik. In: WSI-Mitteilungen 7.

WIESENTHAL, H. (1985), Themenraub und falsche Allgemeinheiten. In: Th. SCHMID (Hrsg.), Das Ende der starren Zeit, Berlin.

WIESENTHAL, H. (1987), Alternativen zur industriellen Zeit – Arbeitszeitpolitik im Wandel. In: M. OPIELKA, I. OSTNER (Hrsg.), Umbau des Sozialstaats, Essen.

WIESENTHAL, H. (1988), Strategie und Illusion. Rationalitätsgrenzen kollektiver Akteure am Beispiel Arbeitszeitpolitik, Frankfurt a.M.

WIESENTHAL, H. u.a. (1984), Arbeitszeitflexibilisierung und gewerkschaftliche Interessenvertretung. In: C. OFFE, „Arbeitsgesellschaft". Strukturprobleme und Entwicklungsperspektiven, Frankfurt a.M.

WILLEKE, E. (1956), „Arbeitsmarkt". In: HdSW, Band 1.

WINDHOFF-HÉRITIER, A. (1982), Selbsthilfe-Organisation – eine Lösung für die Sozialpolitik der mageren Jahre? In: Soziale Welt 2.

YELLEN, J.L. (1984), Efficient Wage Models of Unemployment. In: American Economic Review 74, Papers and Proceedings.

ZAPF, W. u.a. (1987), Individualisierung und Sicherheit, München.

Drucknachweise

Arbeit. Zuerst in: Th. MEYER u.a. (Hrsg.), Lexikon des Sozialismus. Köln 1986, Bund-Verlag; Das Beschäftigungsproblem. Die ökonomische Sonderstellung des Arbeitsmarktes und die Grenzen der Wirtschaftspolitik. Zuerst in: Wirtschaft und Gesellschaft, Heft 4, 1986; Arbeitszeitpolitik als Gesellschaftspolitik. Zuerst in: E. TALOS, G. VOBRUBA (Hrsg.), Perspektiven der Arbeitszeitpolitik, Wien 1983, Verlag für Gesellschaftskritik; Wege aus der Flexibilisierungsfalle. Plädoyer für die Verbindung von Arbeitszeitverkürzung, Flexibilisierung und garantiertem Grundeinkommen. Zuerst in: Th. SCHMID (Hrsg.), Das Ende der starren Zeit. Vorschläge zur flexiblen Arbeitszeit, Berlin 1985, Wagenbach-Verlag; Arbeiten und Essen. Die Logik im Wandel des Verhältnisses von gesellschaftlicher Arbeit und existenzieller Sicherung im Kapitalismus. Zuerst in: St. LEIBFRIED, F. TENNSTEDT (Hrsg.), Politik der Armut und die Spaltung des Sozialstaats, Frankfurt 1985, Suhrkamp-Verlag; Sozialstaatskritik, Die neokonservative Konstellation. Zuerst in: M. OPIELKA, I. OSTNER (Hrsg.), Umbau des Sozialstaat, Essen 1987, Klartext-Verlag; Zur Zukunft von Arbeit und sozialer Sicherheit. Drei Szenarien. Zuerst in: pds, Heft 4, 1988.

Die Beiträge wurden für die Wiederveröffentlichung gründlich überarbeitet. In der Mehrzahl der Fälle wurden die Untertitel gegenüber der Erstveröffentlichung abgeändert.

Die folgenden Beiträge sind hier zum ersten Mal veröffentlicht:
Arbeitskraft und Arbeitsmarkt; Zwischen Anpassung und Utopie. Vorschläge zur Verallgemeinerung materieller Existenzsicherheit; Indivdualisierung und Solidarität; Verteilung in der Krise. Akteursprobleme bei Arbeitszeitverkürzung und garantiertem Grundeinkommen.

Passagen Philosophie

Immanuel Kant zur Geschlechterdifferenz
Aufklärererische Vorurteilskritik und bürgerliche Geschlechtsvormundschaft
Von Ursula Pia Jauch

Schopenhauers Aktualität
Ein Philosoph wird neu gelesen
(Schopenhauer Studien 1/2)
Wolfgang Schirmacher (Hrsg.)

Vier Fragen zur Philosophie in Afrika, Asien und Lateinamerika
Franz M. Wimmer (Hrsg.)

Randgänge der Philosophie
Erste vollständige deutsche Ausgabe
Von Jacques Derrida

Freud-Legende
Vier Studien zum psychoanalytischen Denken
Von Samuel Weber

Schopenhauer in der Postmoderne
(Schopenhauer Studien 3)
Wolfgang Schirmacher (Hrsg.)

Der unbetrauerbare Tod
Von Laurence A. Rickels
Mit einem Vorwort von Friedrich Kittler

Die Wahrheit in der Malerei
Von Jacques Derrida

Die Freimaurer und ihr Menschenbild
Über die Philosophie der Freimaurer
Von Giuliano di Bernardo

Zur Möglichkeit von Technikphilosophie
Versuch einer modernen Kritik der Urteilskraft
Von Rainer Schubert

Passagen Kunst

Das gläserne U-Boot
Von Edith Almhofer/Ulli Lindmayr/Eleonore Louis (Hrsg.)

Der Hund in der Kunst
Vom Rokoko zur Postmoderne
Von Robert Rosenblum

Passagen Ökonomie

Zwanzig Millionen suchen Arbeit
Bericht der Kreisky-Kommission
Ein Programm für Vollbeschäftigung in den 90er Jahren
Bruno Kreisky (Hrsg.)